江西财经大学信毅学术文库

多维就业资本视角下江西高校贫困生就业质量及其异质性研究

——基于精准扶贫期和脱贫巩固叠加疫情期的调查

季俊杰 著

中国财经出版传媒集团
中国财政经济出版社
北京

图书在版编目（CIP）数据

多维就业资本视角下江西高校贫困生就业质量及其异质性研究：基于精准扶贫期和脱贫巩固叠加疫情期的调查／季俊杰著．--北京：中国财政经济出版社，2024.1

（江西财经大学信毅学术文库）

ISBN 978-7-5223-2672-6

Ⅰ.①多… Ⅱ.①季… Ⅲ.①高等学校－特困生－就业－研究－江西 Ⅳ.①G647.38

中国国家版本馆 CIP 数据核字（2024）第 034853 号

责任编辑：彭　波　　　　责任印制：史大鹏

封面设计：卜建辰　　　　责任校对：张　凡

多维就业资本视角下江西高校贫困生就业质量及其异质性研究

——基于精准扶贫期和脱贫巩固叠加疫情期的调查

DUOWEI JIUYE ZIBEN SHIJIAOXIA JIANGXI GAOXIAO PINKUNSHENG JIUYE ZHILIANG JIQI YIZHIXING YANJIU

——JIYU JINGZHUN FUPINQI HE TUOPIN GONGGU DIEJIA YIQINGQI DE DIAOCHA

中国财政经济出版社 出版

URL：http：//www.cfeph.cn

E-mail：cfeph@cfeph.cn

社址：北京市海淀区阜成路甲 28 号　邮政编码：100142

营销中心电话：010-88191522

天猫网店：中国财政经济出版社旗舰店

网址：https：//zgczjjcbs.tmall.com

中煤（北京）印务有限公司印刷　各地新华书店经销

成品尺寸：170mm×230mm　16 开　16 印张　248 000 字

2024 年 1 月第 1 版　2024 年 1 月北京第 1 次印刷

定价：88.00 元

ISBN 978-7-5223-2672-6

（图书出现印装问题，本社负责调换，电话：010-88190548）

本社图书质量投诉电话：010-88190744

打击盗版举报热线：010-88191661　QQ：2242791300

总 序

书籍是人类进步的阶梯。通过书籍出版，由语言文字所承载的人类智慧得到较为完好的保存，作者思想得到快速传播，这大大地方便了知识传承与人类学习交流活动。当前，国家和社会对知识创新的高度重视和巨大需求促成了中国学术出版事业的新一轮繁荣。学术能力已成为高校综合服务水平的重要体现，是高校价值追求和价值创造的关键衡量指标。

科学合理的学科专业、引领学术前沿的师资队伍、作为知识载体和传播媒介的优秀作品，是高校作为学术创新主体必备的三大要素。江西财经大学较为合理的学科结构和相对优秀的师资队伍，为学校学术发展与繁荣奠定了坚实的基础。近年来，学校教师教材、学术专著编撰和出版活动相当活跃。

为加强我校学术专著出版管理，锤炼教师学术科研能力，提高学术科研质量和教师整体科研水平，将师资、学科、学术等优势转化为人才培养优势，我校决定分批次出版高质量专著系列；并选取学校“信敏廉毅”校训精神的前尾两字，将该专著系列命名为“信毅学术文库”。在此之前，我校已分批出版“江西财经大学学术文库”和“江西财经大学博士论文文库”。为打造学术品牌，突出江财特色，学校在上述两个文库出版经验的基础上，推出“信毅学术文库”。在复旦大学出版社的大力支持下，“信毅学术文库”已成功出版两期，获得了业界的广泛好评。

“信毅学术文库”每年选取10部学术专著予以资助出版。这些学术专著囊括经济、管理、法律、社会等方面内容，均为关注社会热点论题或有重要研究参考价值的选题。这些专著不仅对专业研究人员开展研究工作具有参考价值，也贴近人们的实际生活，有一定的学术价值和现实指导意义。专著的作者既有学术领域的资深学者，也有初出茅庐的优秀博士。资深学者因其学术涵养深厚，他们的学术观点代表着专业研究领域的理论前沿，对他们专著的出版能够带来较好的学术影响和社会效益。优秀博士作为青年学者，他们学术思维活跃，容易提出新的甚至是有突破性的学术观点，从而成为学术研究或学术争论的焦点，出版他们学术成果的社会效益也不言自明。一般而言，国家级科研基金资助项目具有较强的创新性，该类研究成果常常在国内甚至国际专业研究领域处于领先水平，基于以上考虑，我们在本次出版的专著中也吸纳了国家级科研课题项目研究成果。

“信毅学术文库”将分期分批出版问世，我们将严格质量管理，努力提升学术专著水平，力争将“信毅学术文库”打造成为业内有影响力的高端品牌。

王　乔

2016 年 11 月

前　言

高校贫困生的就业质量关系到贫困家庭减贫成效，对脱贫巩固成效具有重要影响，然而这一问题以往并未得到系统研究。基于此，本书将以江西为调查省域，对高校贫困生就业质量及其异质性进行跨期调研、量化评价和群体比较，以探求高校贫困生就业质量的基本状况、影响因素、异质性成因与提升对策，以促进高校贫困生高质量就业。

本书首先构建了包括 5 个一级指标和 16 个二级指标的大学生就业质量评价体系，然后通过 2015 年与 2022 年的两项江西高校调查，得出以下发现：

第一，精准扶贫初期，江西革命老区高校贫困生的就业质量存在内外部异质性：从外部异质性看，高校贫困生就业质量综合得分为 60.09 分，低于非贫困生的 64.23 分，这就证实了以往社会各界对高校贫困生就业质量状况的直观判断，表明了高校贫困生就业帮扶的必要性；两者的差异小于预期，这与精准扶贫工作优化了贫困生经济资本、改善了其就业质量有关，折射出扶贫工作的成效。从内部异质性看，理工科贫困生的就业质量高于人文社科类贫困生，江西省外就业的贫困生就业质量高于省内就业的贫困生，理工科与发达地区就业的贫困生就业质量与同类非贫困生的毕业生就业质量相对更均衡。贫困生就业质量内外部异质性的主因都指向了社会资本。即，精准扶贫改善了高校贫困生的经济资本，但其社会资本依然匮乏，导致其体制内就业人数比例和就业质量均低于非贫困生；而在贫困生群体内部，选择理工类就读和省外就业，能限制社会资本的运作空间，规避社会资本匮乏的不利影响，因而其就业质量相对较高。这就提示我们，今后要积极总结贫困生高质量就业经验，强化贫困生社会资本，引导其制定合理的就业就学策略，以提升高校贫困生就业质量。

第二，脱贫巩固叠加疫情时期，江西革命老区高校贫困生的就业质量内外部异质性都发生了变化：从外部异质性看，新冠疫情的确对大学毕业生就业造成了冲击，高校贫困生与非贫困生的就业质量均出现下滑，但得益于国家扶贫政策，贫困生就业质量下滑幅度较小，虽有不利影响但不会干扰脱贫巩固大局；高校贫困生与非贫困生的就业质量分别为56.94分和51.95分，高校贫困生的就业质量罕见地超越了非贫困生。表面上是由贫困生体制内就业比例上升所致，但其实质在于国家扶贫行动改善了高校贫困生的经济资本，教育扶贫夯实了高校贫困生的人力资本，体制内就业环境优化弱化了社会资本对就业的影响，在多方发力下高校贫困生的就业竞争力得到释放。高校贫困生就业质量的改善具有历史的必然性。在内部异质性方面，高校贫困生就业质量与其经济资本、人力资本和社会资本正相关，表明高校贫困生就业服从大学生就业的一般规律，疫情背景下内部异质性最大的变化在于人文社科类贫困生就业质量赶超了理工科贫困生，非发达地区就业质量与发达地区趋同。这一变化表面上系疫情背景下人文社科类和非发达地区就业贫困生更多地进入了体制内“避风港”所致，但其根源在于前者学科更为对口，后者招考难度更低，从而更多地分享了国家释放的体制内岗位红利。第二阶段调查表明，国家扶贫战略和就业帮扶政策是颇有成效的，高校贫困生就业的阻碍因素正在逐步消减，下一阶段就业支持工作的重点应转向全面提升贫困生就业率和就业资本，同时应做好后疫情时代贫困生就业帮扶回归常态化的准备，防范就业质量过快回落，影响脱贫巩固。

第三，江西高校贫困生的高质量就业经验可以概括为：勤于积累人力资本；积极拓展社会资本；尽力改善经济资本；制定科学的就业规划与就业就学策略。基于上述认识，今后高校贫困生就业帮扶工作应扩大视野，提高认知站位，从局限于就业环节发力的狭义就业帮扶观，向“全方位、全过程、可持续、协同发力”的“大就业帮扶”观念转变，从根本上提高高校贫困生就业资本，扭转高校贫困生就业的被动局面。新的大就业帮扶体系可从贫困生多维就业资本建设和完善帮扶机制切入。其具体的工作路径包括：以脱贫巩固为抓手全面夯实贫困生经济资本；以教育扶贫为理念提高贫困生人力资本；劳动力市场建设与拓展贫困生社会资本并行；将劳动力市场建设与全面拓展高校贫困生的后致性社会资本相结合等。此外，还应完善高校贫困生就业创业的常态化帮扶机制，构建以就业率为预警和调节指标的自适应应急帮扶机制。

本书是国内首部动态考察高校贫困生就业质量的专著，具有较强的创新性和探索性，可供高等教育管理者、高等教育研究人员、相关专业的学生以及广大从事和关心学生就业工作和教育扶贫工作的社会人士阅读与参考。

作　者

2023 年 12 月

目　　录

第1章 绪　论

1.1 问题的提出

教育扶贫是扶贫工作的重要方略。“扶贫先扶智”，教育短缺是导致家庭贫困的重要原因。由于受教育水平不高，贫困群体大多从事农业、基建建造、低端制造和服务业等行业，工作环境差，劳动强度大，收入有限，就业质量普遍偏低。因此，贫困家庭要实现脱贫，一方面可通过职业教育和成人教育水平提高成年劳动力的劳动能力，进而改善工作状况和收入水平；另一方面可让其子女通过接受系统教育，实现个人发展和收入提升，最后惠及原生家庭，堪称最根本、最长效和多效的精准扶贫。这也是千百年来中国社会信奉“知识改变命运”的原生动力和有效经验。而在该扶贫效应的传导链条中，实现贫困家庭大学生高质量就业是教育扶贫的终端环节，也是贫困家庭兑现教育投资收益、摆脱贫困命运的重要途径，为高校贫困生本人和家庭及其社会所期盼。另外，由于经济资本和社会资本匮乏，高校贫困生往往又是高校劳动力市场中的弱势群体，他们比普通大学生面临更加严峻的就业挑战。因此，如何促进贫困家庭大学生高质量就业，从源头阻断贫困代际传递，提升高等教育投资价值，一直是教育扶贫和就业扶贫工作的着力点之一。

要促进高校贫困生高质量就业，首先要对其就业质量有所了解。就业质量是综合反映和评价就业状况的量与质的核心指标，可以将以往独立分散的各项就业特征值系统地整合为一个量化值，因而比传统的就业率指标更能简洁全面地反映和比较毕业生的就业状况。那么，精准扶贫工作实施以来贫困家庭大学毕业生的就业质量如何？与普通学生有何差异？贫困生内部的就业质量又有何差异？又该如何从根本上治理高校贫困生就业困境，提高其就业质量？这些都是就业扶贫工作亟待解答的问题。对其进行专门的调查研究，不仅有助于保障贫困家庭减贫，彰显教育扶贫成效，而且对于总结我国教育脱贫与就业扶贫经验，完善就业帮扶对策，推动共同富裕战略实施，都具有重要的现实意义和政策价值。

再从动态角度看，就业质量水平不是一成不变的，而是随着劳动力市场状况、国家政策和劳动者素质的变化而波动的，大学毕业生群体当然也不例外。近年来，国内外宏观形势发生了巨大变化，可能会对高校贫困生就业造成正面或负面的重大影响。前者如2013年起陆续开展的精准扶贫工作和脱贫巩固工作，可能会对高校贫困生就业产生积极影响；后者如三年新冠疫情，叠加经济下行压力加大、国际贸易摩擦等因素，则可能对高校贫困生就业造成冲击。那么，从精准扶贫到脱贫巩固叠加新冠疫情时期，贫困家庭大学毕业生的就业质量发生了哪些变化？其变化的动因何在？有哪些高质量就业经验可供借鉴？这些都是深入认识贫困家庭大学毕业生就业状况必须解答的问题，有待深入调查。

在调查区域的选择上，革命老区颇具代表性。在历史上，中央苏区、井冈山革命老区、陕甘宁边区等革命老区为中国革命胜利作出了重大贡献和巨大牺牲。新中国成立后，其经济大多欠发达，许多革命老区处于集中连片贫困地区或深度贫困区。促进革命老区减贫发展不仅是形成高质量发展的区域经济布局的必然要求，具有重要的经济和民生意义，也是传承红色基因、彰显社会主义建设成就的必需，具有很强的政治象征意味和社会意义，因而革命老区一直是我国扶贫工作的重点区域。而且，革命老区贫困家庭密度大，贫困度高，其就业状况对地区脱贫巩固和共同富裕进程有着更为重要的影响。因此，以革命老区密集的江西省为调查区域，不仅有利于扩大调研样本，而且具有很强的典型性和社会意义。

基于上述认识，本书将引入就业质量概念，构建高校毕业生就业质量评价体系，然后以江西高校贫困家庭大学毕业生为主要调研群体，对其家庭经济困难毕业生的就业质量状况进行跨期问卷调研、量化评价和群体比较。本书的主要任务包括：第一，从内外部异质性角度，量化评价和比较贫困家庭毕业生和非贫困毕业生群体、贫困家庭毕业生内部各种子群体之间的就业质量水平，揭示差异成因，总结高质量就业经验，从而为相关部门提供科学的就业质量监测信号，提高毕业生就业管理工作的科学化程度。第二，从时间异质性角度，以疫情为界，比较精准扶贫期和脱贫巩固期江西高校贫困生的就业质量水平，探求就业危机应对经验，以巩固、修正和深化对于高校贫困生就业规律、特征和经验的认识。第三，摆脱以往就业帮扶工作局限于就业环节发力的窠臼，树立更为科学宏观的“大就业帮扶”理念，着力构建高校贫困生就业资本的拓展路径与帮扶机制，从而从源头上治理高校贫困生就业困境，提升高校贫困生的就业质量，促进革命老区贫困家庭脱贫巩固。

1.2 研究意义

本书以江西革命老区贫困家庭大学毕业生为主要调研群体，探求高校贫困生的就业质量及其治理策略，具有高校贫困生就业问题研究和地区减贫发展研究的双重属性。但从学理上看，本书首先从属于高校贫困生就业问题研究。其原因在于：若将高校贫困生看作一个整体，革命老区贫困家庭大学生是其子群体之一，其就业问题的背景、政策待遇、难点和需求与其他贫困学生并无不同，两者是一般与特殊、总体与样本的关系。其次，本书的选题主旨和研究范式也源自高校贫困生就业问题研究。基于此，本书的立意在于：第一，以革命老区贫困家庭大学生为主要样本，量化评价高校贫困生就业质量，摆脱以往依赖直观判断的窠臼，明确“高校贫困生就业质量如何”的问题；第二，通过就业资本建设治理高校贫困生就业困境，提升贫困生就业质量，明确“应如何提升高校贫困生就业质量”的问题。另外，相比普通贫困地区，革命老区减贫发展具有更强的国家需求和符号意义，本书将革命老区贫困家庭大学毕业生作为主要调研群体，可丰富研究意义，保障革命老区在扶贫工作中的优先地位。因此，本书具有促进高校贫困生高质量就业和革命老区减贫发展的双重意义。

本书的首要意义在于深入认知高校贫困生就业的一般规律，促进高校贫困生高质量就业。目前，学术界虽然对大学生就业质量的研究颇丰，但关于贫困大学生就业质量的专门研究较少，就导致了在高校就业扶助工作中，对贫困生就业质量仍存在着“水平如何”“有何经验借鉴”“如何提高就业质量”等疑问，导致帮扶工作缺乏精准度。基于此，本书对上述问题展开系统研究，在学术上有助于深化对高校贫困生就业规律的认识，丰富经济学和社会学所共同关注的反贫困理论研究，促进公共管理和劳动经济学视域下的就业理论研究；在实践上，本书构建的大学生就业质量评价体系，具有相当的普适性，可为高校和就业管理部门提供一套切实可行的就业质量评价工具，为科学评价大学生和各行业劳动者的就业质量提供借鉴；本书提出的贫困生就业资本建设方案不仅可为贫困家庭大学生服务，还可为改善其他贫困人口就业质量分类施策提供借鉴，促进脱贫巩固。

再从革命老区减贫发展的角度看，革命老区是扶贫工作的重点区域，一直备受关注。而就业是最大的民生问题，贫困家庭大学生高质量就业是革命老区减贫发展的重要途径和迫切的民生需求，也是革命老区减贫发展研究中被忽视的问题。因此，本书以革命老区贫困家庭大学生为主要调研对象，探究高校贫困生就业的质量水平及其异质性与就业资本建设方案，应用价值也更为直接：首先，本书将科学测度以革命老区贫困家庭大学毕业生为主体的高校贫困生就业质量水平及其异质性，可为新时期革命老区高校和政府就业帮扶工作提供更准确的“数字化管理”信号，也有利于总结就业经验，进而为贫困家庭制定更为精准的就业就学策略，提升其就业质量；其次，本书可促进其家庭教育投资的科学性和合理性，推动革命老区“造血式扶贫”；最后，本书构建宏观层面的就业资本建设方案，可提升其就业质量及其家庭减贫效应，阻断革命老区贫困代际传递，促进革命老区新时期脱贫巩固和振兴发展。

1.3 文献综述

高校贫困生就业质量问题是本书的主题，它在以往的研究中非常少见；正如前所述，本书归属于高校贫困生就业质量问题研究和革命老区减贫发展研究的交叉范畴，综合性较强，所以本书涉及的相关文献包括高校贫困生就业问题研究和革命老区减贫发展研究两大类。按照研究的具体问题，相关文献又可以分为就业质量研究、教育减贫效应研究、高校贫困生就业扶助机制研究、革命老区脱贫攻坚研究等四个具体问题领域。下面本书分别加以考察。

1.3.1 就业质量研究

就业质量是本书的核心概念之一。本书对革命老区贫困家庭大学生就业质量的分析路径、评价体系和测度方法，就在相关理论和研究基础上发展而来。

就业质量最初源自国际劳工组织（1999）的“体面劳动”概念。此后，国外学界对就业质量进行多种诠释，但侧重点不同。此后，学界对就业质量进行多种诠释，但侧重点不同。例如，Mayo（1993）认为，就业质量体现为就业者的工作效率、薪酬激励等；欧盟（2001）认为，“工作质量”包括工作特征、工作者与工作的匹配以及工作者主观评价等指标。这些概念成为我国就业质量研究的理论渊源。另外，西方国家由于劳动力市场和就业服务体系完善，就业相对公平，贫困生就业研究通常放在一般就业理论下解释，并纳入“促进低收入群体就业”的政策框架管理。其中，帕森斯（1908）的职业指导论、彼得·多林格尔（1966）的“双重劳动力市场模型”、三大国际组织（UN/WB/ILO，2000）的“4E”就业政策，美国的“社区经济发展计划”、《复苏与再投资法案》（2009）等，为理解和解决我国贫困生就业问题提供了全局性的理论解释和政策视野。

国内相关研究始于20世纪末。2004年提高就业质量首次被纳入政府工作目标，其后我国学者从经济学、公共管理、社会学和教育学等多学科视角出发，对其进行了广泛探索。其内容可概括为以下四类：

第一，宏观研究。主要关注就业质量与宏观经济、制度和技术的关系、劳动者整体就业状况、宏观就业环境建设等内容要素。蔡舫（2000）发现，计划体制下行政级别、政治面貌等因素影响就业质量，而市场体制下高教育水平利于就业质量提升。[①] 周平（2005）认为，就业质量在宏观上一般用就业率、平均工资等统计数据反映。[②] 刘素华（2005）从劳动报

① 蔡舫．劳动力流动对市场发育、经济增长的影响［J］．人口世界，2000（06）．

② 周平．谈如何提高就业质量［J］．中国培训，2005，3．

酬与时间等10个方面总结了我国就业质量的问题。[①] 此外，探讨的命题还包括：非正规就业的收入水平（胡鞍钢，2001）、[②] 就业质量与经济增长质量的互动（赖得胜，2011）[③]、政策取向与就业质量变动（郑功成，2006）[④]；就业质量与就业数量的关系（杨河清，2011）；就业质量与国家发展转型（赵人伟，2010）[⑤]；就业质量与产业升级（袁良栋，2013）[⑥]。在近年来的研究中，还出现了产业结构调整与就业质量（杨海波、王军，2018）、[⑦] 语言能力与就业质量（张卫国等，2021）、[⑧] 数字普惠金融与就业质量（郭晴，2022）、就业质量与居民福利（凌珑，2022）、[⑨] 财政压力与就业质量（田丹，2022）[⑩]、人工智能与就业质量（田丹，2022）[⑪] 等热点问题，涉及面较为广泛。

第二，微观研究。这类研究大多出现在国内研究的早期阶段，是就业质量理论和就业质量评价的基础性研究，其目的是探讨影响劳动者个体就业状况的因素或影响就业质量的微观因素与作用机制，进而为构建就业质量评价指标体系奠定基础。国富丽（2009）认为，就业质量微观上反映劳动者个人工作优劣度，广义上还包括就业前劳动力市场服务水平，以及退休后待遇等整个就业过程。[⑫] 马庆发（2004）认为，就业质量可概括为职

---

① 刘素华．建立我国就业质量量化评价体系的步骤与方法［J］．人口与经济，2005（06）．

② 胡鞍钢，杨韵新．非正规就业：未来就业的发展趋势［J］．中国社会保障，2001（06）．

③ 赖德胜．中国劳动力市场报告——包容性增长背景下的就业质量［M］．北京：北京师范大学出版社，2011．

④ 郑功成．政府的政策取向与大学生就业难［J］．中国劳动，2006（04）．

⑤ 赵人伟．中国的经济转型和社会保障改革［M］．北京：北京师范大学出版社，2010．

⑥ 袁良栋．提升就业质量，拓展就业空间［N］．中国劳动保障报，2014．

⑦ 杨海波，王军．就业质量与产业结构调整关系的实证检验［J］．统计与决策，2018，34（03）．

⑧ 张卫国，李晓文．语言能力与择地就业质量——基于普通话的工资效应及其地域差异的考察［J］．宏观质量研究，2021，9（05）．

⑨ 凌珑．就业质量与居民主观福利——基于中国劳动力动态调查的实证研究［J］．统计研究，2022，39（10）．

⑩ 田丹．财政压力如何影响就业质量——基于地方政府收支行为视角的实证研究［J］．学习与实践，2022（10）．

⑪ 谭玉松，王林辉，胡晟明．人工智能技术能促进就业质量提升吗？［J］．哈尔滨商业大学学报（社会科学版），2022（03）：65－77，89．

⑫ 国富丽．国外劳动领域的质量探讨——就业质量的相关范畴［J］．北京行政学院学报，2009（01）．

业身份、工资水平、社会保障水平、职业发展空间四个方面。[①] 苏丽峰（2013）选用15个评价指标对个人就业质量进行比较；[②] 张常新（2016）探讨了大学生就业质量的各种评价因素。[③] 近年来这类研究总体上已不多见。

第三，社会群体就业质量研究。农民工和农村转移人口等弱势群体是这类研究的重点群体。谢勇（2009）指出，受教育水平低、社会资本匮乏、社保制度不健全等因素引致了农民工群体就业质量不高；[④] 罗竖元（2015）探讨了新生代农民工就业质量；[⑤] 李中建（2017）探讨了务工距离对农民工就业质量的影响；[⑥] 林龙飞等（2022）探讨了居住证对农民工就业质量的影响；许岩等（2022）探讨了农村转移人口落户城市后的就业质量及其影响因素。[⑦] 此外，这类研究涉及群体还包括外卖骑手（崔岩，2021）[⑧]、退役运动员（邹德新，2021）等。[⑨] 大学毕业生是就业质量研究的另一个重点群体：柯羽（2007）[⑩] 等对如何评价大学毕业生的质量进行了分析，并构建了相关指标评价体系；史淑桃（2010）发现，大学毕业生就业质量的性别差异有扩大趋势；[⑪] 刘善仕（2005）[⑫] 等探究了就业能力、专业设置等大学生就业质量影响因素，但未对因素权重进行实证分析；曲

① 马庆发．提升就业质量：职业教育发展的新视角［J］．教育与职业，2004（12）．

② 苏丽锋．我国转型期各地就业质量的测算与决定机制研究［J］．经济科学，2013（04）：41．

③ 张常新．大学生就业质量的影响因素及对策［J］．继续教育研究，2016（01）：113－114．

④ 谢勇．基于就业主体视角的农民工就业质量的影响因素研究——以南京市为例［J］．财贸研究，2009（05）．

⑤ 罗竖元．新生代农民工的择业行为与就业质量［J］．华南农业大学学报（社会科学版），2015，14（01）．

⑥ 李中建，袁璐璐．务工距离对农民工就业质量的影响分析［J］．中国农村经济，2017（06）．

⑦ 许岩，杨竹荣．农业转移人口落户城市的就业质量提升效应研究［J］．西部论坛，2022，32（04）．

⑧ 崔岩．就业质量视角下的外卖骑手就业脆弱性研究［J］．山东社会科学，2021（05）．

⑨ 邹德新，姜翀．退役运动员就业质量影响因素的实证研究［J］．体育学研究，2021，35．

⑩ 柯羽．就业能力对就业质量的影响［J］．当代青年研究，2010（06）．

⑪ 史淑桃．大学生就业质量性别差异渐显的原因与对策［J］．湖北社会科学，2010（12）．

⑫ 刘善仕．李颖．翁赛珠大学生就业能力对就业质量的影响［J］．高教探索，2005（02）．

绍卫等（2018）探讨了大学生资助对就业质量的影响；[①] 万一（2018）等探讨了重点高校的大学生就业去向；[②] 冯沁雪等（2021）等基于 2009～2019 年全国高校毕业生就业状况抽样调查数据，探讨了专业兴趣对就业质量的影响；[③] 王红雨等（2021）考察了京津冀地区学术型硕士的就业质量；[④] 柳芸芸等（2021）探讨了海外留学生回国后的就业质量；[⑤] 王向东等（2022）探讨了浙江省连续十年大学生就业质量变化趋势；[⑥] 刘保中等（2022）探讨了新冠疫情对大学生就业质量的影响；[⑦] 麦克思研究院连续十余年来定期发布大样本的毕业生就业质量报告，国内 100 多所高校也都先后发布了本校的就业质量报告。上述研究都认为，如何提高高校毕业生就业质量已成为亟待解决的问题。另外，上述研究最大的问题都在于，只对大学生就业质量的单个评价指标进行了分析，却未能对其总体水平予以量化评价；以往相关研究绝大多数都是针对普通大学生群体，对高校贫困生这一特殊群体的就业质量专项研究非常少见，即便有少数研究涉及这一问题，也是以定性研究为主，探讨诸如社会资本等影响因素，却并未对贫困生就业质量进行量化测评（钟云华，2020[⑧]）。

第四，测度方法研究。主要反映就业质量评价的主要流程和方法。国内就业质量评价一般沿用“评价模型设计—实地调查—质量测度”的三步流程。其关键在于构建评价体系：在指标选择上，赖德胜主编的《2011 中

---

① 曲绍卫，汪英晖．大学生资助对德育水平、学业成绩和就业质量的促进作用［J］．中国高等教育，2018（05）．

② 万一，金蕾莅，林成涛，等．国内顶尖大学毕业生去哪了——基于对 C9 高校 2014－2016 年毕业生就业质量报告的调查［J］．高教探索，2018（06）．

③ 冯沁雪，曹宇莲，岳昌君．专业兴趣会影响就业质量吗？——基于 2009－2019 年高校毕业生就业调查的实证研究［J］．教育与经济，2021，37（04）：56－64．

④ 王红雨，闫广芬．高学历贫困毕业生与非贫困毕业生就业质量的比较研究——以京津冀地区研究型大学学术型硕士毕业生自我评价为中心的调查［J］．高教探索，2021（05）：103－110．

⑤ 柳芸芸，叶映华．“新生代海归”就业质量的影响因素研究——基于有序 Logistic－ISM 模型的实证分析［J］．华东师范大学学报（教育科学版），2021，39（12）：42－58．

⑥ 王向东，张应敏，孙铁燕．高校毕业生就业质量监测及其提升策略研究——以浙江省十年实证调查为例［J］．现代大学教育，2022，38（05）：100－111．

⑦ 刘保中，郭亚平，敖妮花．新冠肺炎疫情对大学毕业生就业质量的影响——基于疫情前后全国 19 所高校的调查对比分析［J］．中国青年研究，2022（10）．

⑧ 钟云华，王骄华．强弱社会关系对贫困生就业质量影响的时空差异及其发生机制［J］．城市学刊，2020，41（02）：102－108．

国劳动力市场报告》建立了6个维度指标，20个二级指标和50个三级指标的就业质量评价体系，指标体系全面深入，借鉴意义较大；[①] 在指标赋权上常用层次分析法（柯羽，2007）[②] 或主成分分析法（高兴艺，2012）[③] 进行处理；在测度方法上可用相对指数加权平均法（李军峰，2003）或综合评价法（刘素华，2005）[④]，前者虽简便但忽略了不同指标的性质差异，而后者可对不同指标进行可公度性处理，相对更科学。总体来看，上述研究的理念内容颇为相似，对本书设计评价体系有一定的借鉴意义。在近年的研究中，吴新中（2017）构建了基于政府、毕业生和社会层面的大学毕业生就业质量评价指标体系，再采用层次分析法赋权，构建了大学毕业生就业质量评价模型；[⑤] 张梅（2019）建立了包含专业毕业生人数、院系毕业生总数、年终就业率、学生满意度、用人单位满意度等八要素的院系就业质量评价模型。[⑥] 对本书的研究借鉴意义较大的是钟云华（2020）的研究。钟云华等（2020）从价值、层次与时间3个维度出发，构建了包含就业机会、工作特征、待遇水平和主观认同4个一级指标，就业地区和单位类型等9个二级指标的大学毕业生就业质量测量指标体系，并对各个指标进行赋值与赋权，然后基于6省市15所高校2967名大学毕业生就业数据进行案例检验，研究的科学性较强。[⑦]

1.3.2 教育减贫效应研究

教育扶贫逻辑的有效性是本书开展高校贫困生就业质量研究的重要前提。"扶贫先扶智"，教育的反贫困功能早已被全世界广泛接受。美国国家经济研究署对146个国家1950～2010年的相关数据分析表

① 赖德胜. 中国劳动力市场报告——包容性增长背景下的就业质量［M］. 北京：北京师范大学出版社，2011.

② 柯羽. 就业能力对就业质量的影响［J］. 当代青年研究，2010（06）.

③ 高兴艺. 就业质量测度及其对就业数量影响的实证研究：1990－2009［D］. 青岛：山东大学，2012.

④ 刘素华. 建立我国就业质量量化评价体系的步骤与方法［J］. 人口与经济，2005（06）.

⑤ 吴新中. 大学生就业质量综合评价指标体系设计［J］. 统计与决策，2017（22）.

⑥ 张梅. 高校毕业生就业质量量化考核评价方法研究［J］. 江苏高教，2019（08）.

⑦ 钟云华，罗筑华，唐芳芳. 大学毕业生就业质量测量指标体系建构——基于6省市15所高校抽样问卷调查数据的探索［J］. 教育科学研究，2020（09）：30－37.

明，人均受教育年限每增加 1 年，由此转化而来的经济总量至少增加 2%；世界银行相关研究也表明，劳动力人均受教育时间每增加 1 年，国内生产总值就会增加 9%。[①] 基于此，教育减贫工作很早就受到国际组织的关注，1999 年联合国教科文组织和国际劳工组织等发表联合声明表示，为了促进人的个性发展，提高劳动生产率，推动国际减贫，必须以教育为桥梁，畅通知识传播，从而促进经济增长，减少贫困人口。[②] 联合国教科文组织在《教育 2030》中进一步要求“必须利用广泛的教育和培训方式，增加学习机会并使之多样化，以便所有青年和成人，特别是女孩和妇女，都能获得体面工作和生活的相关知识、技能和能力”，以推动全球减贫。[③] 因此，无论对于国家还是个人，教育都具有促进减贫发展的作用。

早在 20 世纪末，我国学者林乘东（1997）就率先提出要加强教育扶贫工作的建议。林乘东（1997）认为，发生贫困不仅有社会经济根源，也有个体素质根源，所以授人以鱼不如授人以渔，只有大力发展教育事业，才能打破贫困的恶性循环。因此，教育扶贫的实质是通过教育传授技能和知识，改变思想观念，使贫困者拥有学习能力和自我完善的能力。[④] 赵茂林（2006）认为，教育反贫困是指通过教育对人的素质和发展技能进行全面提升，阻断贫困的代际传递，从源头降低贫困率。对于教育回报与教育反贫困的关系，吴晓蓉和范小梅（2018）认为，教育回报包括经济回报和非经济回报两种。只有让贫困者接受教育，培养其获得资源、积累人脉的能力，才能满足其生存和发展需要，使其远离贫困。也只有让贫困群体切实感受到教育回报，教育反贫困才能真正落地生根，开花结果。[⑤]

① 劳动人口平均受教育年限提高到 11.3 年！为何提？怎么提？[N]，中国青年报，2021－03－05（06）.

② 联合国教科文组织和国际劳工组织的联合声明［Z］. 汉城会议，1999.

③ UNESCO. Education 2030：Incheon Declaration and Framework for Action for the implementation of Sustainable Development Goal 4：Ensure inclusive and equitable quality education and promote lifelong learning［EB/OL］. https：//unesdoc. unesco. org/ark：/48223/pf0000245656，2016/2018. 12. 17.

④ 林乘东. 教育扶贫论［J］. 民族研究，1997（03）.

⑤ 吴晓蓉. 范小梅. 教育回报的反贫困作用模型及其实现机制［J］. 教育研究，2018，39（09）：80－88.

对于教育减贫的作用途径，国内相关研究还可以概括为两种。

第一种途径劳动者接受教育后，可提高人力资本和综合素质，进而提升自身劳动收入，避免贫困或摆脱贫困。例如，柳建平（2016）在甘肃地区入户调查数据的基础上，对农村劳动力收入水平与教育程度之间的关系等进行了探究。结果表明，农户收入与其受教育年限有显著的正相关性，农户劳动力平均受教育年限每增加1年，农户收益率平均增加5.4%。[①] 农户劳动力受教育程度的提升，不仅能增加农户收入，还能提高教育收益率，减贫效应非常显著，中职教育尤其如此。又如，张永丽和梁顺强（2018）也通过建立与拓展明瑟收入方程对农户家庭教育收益率进行了测算。结果也表明，农户家庭平均教育年限越长，年均教育收益率就越高；农户家庭的教育收益率还受到家庭约束、家庭经济、社会、文化资本等因素的影响，但影响程度具有异质性。[②]

第二种途径作用相对间接，即贫困家庭的子女在接受教育后，以高质量就业为中介，不仅能够自食其力，减轻家庭负担，阻断贫困的代际循环，还能以各种方式（经济和非经济方式）反哺和回报原生家庭，促进原生家庭整体脱贫。这方面的研究数量相对较少，但与本书的逻辑关联度更高。例如，中国青少年研究中心的邓希泉研究员和张文玉博士于2018年对10个省份的20个国家级贫困县开展的5386名“建档立卡贫困家庭大学生（在校大学生3993人，高校毕业生1393人）进行了调查。调查者认为，“大学生就业后把用自身经济收入资助原生家庭，不仅是对父母教育投资的一种回报，同时也有助于家庭减贫”。调查发现，近九成（89.53%）的在校大学生考虑就业后，在保障自己生活前提下，将超过五成的工资反哺原生家庭。有此计划的学生在性别、生源所在地、学校类型方面没有显著差异，但在学科专业和家庭经济水平方面体现出一定的异质性，即理工医农类专业学生以及来自低收入家庭的学生有此打算比例明显高于人文社科类专业学生以及来自中高收入家庭的学生。再从高实际情况看，不管是总体上，还是从不同性别、生源地、学校类型、专业类别等区分看，就业后

① 柳建平，刘卫兵．西部农村教育与减贫研究——基于甘肃14个贫困村调查数据的实证分析［J］．教育与经济，2017，(01)：75-80，65.

② 张永丽，梁顺强．农户家庭教育收益率的测量及其影响因素［J］．华南农业大学学报（社会科学版），2018，17(03).

真正实现这一点的人数占比不到五成（约45%）。无论性别、家庭经济水平、生源地、学校和专业类别，皆是如此。这表明只有不到一半的大学毕业生能够予以原生家庭理想的就业回报。理想和现实错位的成因可概括为三点：第一，尽管贫困家庭子女回馈家庭的意愿很强，但经济状况和巨大的生活压力使其“心有余而力不足”；第二，在校大学生对未来普遍预期过高，计划与实际脱节，低估了现实生活的难度和压力；第三，在调查中贫困生感受到来自家庭、学校和调查者的多重压力，一方面，家庭贫困要求他们必须尽早回馈家庭，帮助家庭减贫；另一方面，由于享受国家资助，毕业后若不反哺家庭，将面临道义压力，而这便导致了多数学生表示愿意将多数收入上交原生家庭。在将一半及其以上工资收入上交原生家庭的毕业生群体中，男生多于女生，西部地区生源高于非西部地区生源，人文社科类专业高于非人文社科类专业，来自中高收入家庭的高校毕业生高于中低收入家庭的高校毕业生。调查还探讨了在校大学生的期望就业回报和高校毕业生的实际就业回报、教育投入和就业回报的关系等问题。

相比之下，李丽娟（2021）的调查结论更加乐观。李丽娟2019年的调查表明，高校贫困生就业初期，近八成毕业生拥有收支结余，年均结余资金略高于全国居民人均可支配收入，约两倍于农村居民年人均可支配收入，家庭经济资助能力颇为可观。从资助面看，近八成毕业生都对原生家庭进行了经济资助，基本实现了“能助尽助”；从资助强度看，平均资助强度相当于两倍的人均脱贫线；从个体资助水平看，近七成毕业生就业初期就使家庭经济得到明显改善。3/4的毕业生自认就业后家庭经济明显改善，超八成毕业生对家庭减贫成效表示满意，表明高校贫困就业初期的家庭减贫效应是较为显著的。另外，高校贫困生的家庭减贫效应在就业时长、性别、专业、就业地域、招生类型等方面存在异质性。以上发现表明，教育扶贫的逻辑是有效的，今后应摒弃“读书无用论”的不良影响，继续坚持高等教育投资，努力提升贫困生就业质量，以进一步发挥高等教育的反贫困功能，巩固拓展脱贫成效。

1.3.3 高校贫困生就业帮扶研究

近年来，随着我国高等教育的日益普及，高校毕业生出现了结构性就业紧张，大学生就业问题成为社会高度关注的话题，高校贫困生尤其如此。由此，高校贫困生就业帮扶问题进入了学者的研究视野，为本书设计贫困家庭大学生精准就业帮扶系统提供了借鉴。总的来看，国内研究可以分为三类。

第一，就业扶贫研究。平卫英（2021）认为，在政府主导模式下我国减贫战略经历了“救济式扶贫”（1949～1977年）、“经济开发式扶贫”（1978～1993年）、“扶贫开发”（1994～2010年）、“精准扶贫”（2011～2020年）四次战略调整，并在实践中不断完善就业帮扶政策。① 吴迎先（2016）从我国农村的扶贫战略所经历的救济式扶贫、区域开发式扶贫和整村推进扶贫3个阶段出发，指出了其中存在的局限性无法达到社会公平的要求。他认为，就业扶贫是最好的脱贫选择，不仅能改善贫困户的生活条件，还可以提高贫困户的知识水平，促进农民收入的增加，对城镇和农村贫困居民均适用。② 元林君（2018）认为，中国在就业扶贫方面取得了显著进步，但现行的就业扶贫政策无法完全满足实践的需要，今后要通过优化就业扶贫政策来提高政策的可及性，发展县域经济以拓宽就地就近就业的空间，同时通过倡导短期技能培训和长期智力扶贫相结合、展开劳务协作，完善公共就业服务体系等措施，加大就业扶贫力度。③ 此外，李鹏（2017）对就业扶贫政策进行了系统分析，认为一些就业扶持政策门槛条件较高，而且劳动力市场分割和贫困家庭负担重等也会影响政策可及性。他建议，整合各项政策构建综合性就业援助体系；应消除政策户籍壁垒，导入积极就业援助理念；加强地区、区域之间的政策衔接、信息互通、帮

① 平卫英，罗良清，张波. 我国就业扶贫的现实基础、理论逻辑与实践经验［J］. 管理世界，2021，37（07）.

② 吴迎先. 就业扶贫在精准脱贫攻坚中的作用分析［J］. 人才资源开发，2016（20）：121.

③ 元林君. 我国就业扶贫的实践成效、存在问题及对策探析［J］. 现代管理科学，2018（09）：109－111.

扶资金融通，以提高政策的可及性。[①]

第二，大学生就业难成因与对策研究。大学生就业难是一种全球性现象，该问题在西方发达国家出现较早，诸多学者对该问题进行了探讨。其中最有影响的观点认为，大学生失业源于教育过度（Overeducation），如理查德·弗里曼（Richard Freeman）、毕晓普（J. Bishop）和约翰·布罗斯特（J. Robst）就持类似观点。在我国，大学生就业难问题是20世纪末高等教育扩招的伴生物。早在高校扩招初期，就有学者对这一问题进行了探讨。在早期研究中，瞿振元（2001）研究了就业指导体系对大学生就业的影响；[②] 谢维和（2003）指出，我国大学毕业生就业受到我国体制机制深度改革和扩招政策等大环境影响，毕业生自身综合素质以及就业观念与社会经济的快速发展脱节也是重要原因；[③] 岳昌君、丁小浩（2003）的研究表明，高等教育就业弹性水平大于一般就业弹性，所以应对工资收入结构进行适当调整，引导高校毕业生去亟需领域就业；[④] 曾湘泉（2004）从就业制度、供求变动、就业意愿和行为、劳动力市场需求等方面对大学生就业难问题进行了分析，并对缓解大学生就业压力提出了相应的政策建议；[⑤] 赖德胜（2009）认为大学生就业难与劳动力市场分割有关；[⑥] 牛金虎（2004）认为，现行就业统计办法失真，也在某种程度上夸大了就业难度。[⑦] 在近年来的研究中，都阳（2022）认为，大学生就业难是长期的结构性矛盾与经济下行压力叠加的周期性矛盾交织作用的结果。[⑧] 王艺菲（2022）分析了农村大学生返乡就业意愿淡薄的原因，如对城市生活的向往、就读高校的城市属地和求职优势，以及原生家庭的城市偏好和灌输，

① 李鹏．精准扶贫视阈下就业扶贫：政策分析、问题诠释与治理路径［J］．广西财经学院学报，2017，30（06）．

② 瞿振元．构建符合中国国情的高校毕业生就业指导和服务体系［J］．世界教育信息，2001（09）：27－31．

③ 谢维和．中国大学生就业体制的分析［J］．中国大学生就业，2003（10）：4－7．

④ 岳昌君，丁小浩．受高等教育者就业的经济学分析［J］．高等教育研究，2003（06）：21－27．

⑤ 曾湘泉．变革中的就业环境与中国大学生就业［J］．经济研究，2004（06）：87－95．

⑥ 赖德胜，田永坡．当前大学生就业难的成因和政策选择［J］．红旗文稿，2009（07）：34－36．

⑦ 牛金虎．透视大学生就业统计［J］．中共山西省委党校学报，2004（04）：42－43．

⑧ 都阳．大学生就业的趋势性变化及对策建议［J］．人民论坛，2022（17）：96－98．

等等。[①] 对于疫情背景下的大学生就业难题，学界进行了多方面的研究：毛宇飞（2022[②]）、陈建伟（2020[③]）、李涛（2020[④]）等学者分析了疫情对大学生就业形势基本面的影响。有的学者探讨疫情对大学生就业心理、价值观、偏好和预期带来的具体影响等（李春玲，2020；[⑤] 刘成斌、张晏郡，2021[⑥]；任艳青、陆元武，2021[⑦]；陈有华、张壮，2020[⑧]）。还有的研究探讨了疫情背景下的就业对策，例如，吴海江（2020）认为，疫情加剧了大学生就业的难度，政府、学校和企业应联合发力，构建多元就业支持机制；[⑨] 祝军、李家华（2020）提出，政府应建设权威的高校毕业生就业信息服务平台，同时在基层单位建立“大学生网上求职加油站”，为滞留大学生提供就业服务，等等。[⑩]

第三，高校贫困生就业帮扶措施研究。高校贫困生就业问题一直为学界所关注，其研究的主要内容包括：①就业现状研究，探究贫困生就业分布、工资待遇、社会流动等状况；②就业能力研究，主要探讨学业技能、综合素质、就业心理等因素对贫困生就业的影响；③就业瓶颈及其对策研究，内容涉及其就业歧视、社会资本、求职投入等（陆惠君，2017[⑪]）。上述研究有以下重要发现：（1）贫困生就业难，待遇差，工作不稳定，向上

① 王艺菲，陈秀兰，杨越，等．乡村振兴背景下大学生返乡就业的难点与对策研究［J］．农业经济，2022（04）．

② 毛宇飞，曾湘泉．新冠肺炎疫情对高校毕业生就业的影响——来自招聘网站数据的经验证据［J］．学术研究，2022（01）．

③ 陈建伟，赖德胜．疫情冲击下大学生就业形势变化与对策［J］．中国大学生就业，2020（11）．

④ 李涛，孙媛，邬志辉，等．新冠疫情冲击下我国高校应届毕业生就业现状实证研究［J］．华东师范大学学报（教育科学版），2020（10）．

⑤ 李春玲．疫情冲击下的大学生就业：就业压力、心理压力与就业选择变化［J］．教育研究，2020（07）．

⑥ 刘成斌，张晏郡．向体制内卷：疫情风险对大学生就业价值观的影响［J］．江汉学术，2021（04）．

⑦ 任艳青，陆元武．疫情背景下大学生就业信心及影响因素实证分析——基于社会性别的视角［J］．中国大学生就业，2021（04）．

⑧ 陈有华，张壮．新冠肺炎疫情认知对就业预期的影响［J］．华南农业大学学报，2020（04）．

⑨ 吴海江．新形势下大学生如何突围就业阴影［J］．人民论坛，2020（24）：80－81．

⑩ 祝军，李家华．精准服务 助力大学生就业［J］．中国高等教育，2020（07）：48－49．

⑪ 陆惠君．高校家庭经济困难学生就业竞争力培养研究［J］．中国成人教育，2017（15）：62－65．

流动难、就业心理焦虑（豆小红，2011；马建新，2014[①]）。(2）贫困生就业难的原因可归结为四点：家庭状况影响就业，缺乏就业资本，导致“贫困封闭循环”（IDE，2008；张丽娟，2009；李蕙羽，2018[②]）；劳动力市场分割（陈永杰，2011）等；就业观念落后，就业心理存在“羊群”效应，自身素质欠缺以及经济与社会资源匮乏（姜策、李晓安，2010[③]）。(3）高校就业援助机制包括心理辅导、就业扶助、优先推荐、就业指导重心前移等；政府扶助应以间接和有偿扶助为主，无偿和临时救助为辅（戴勇，2011[④]）。

柏丽华（2011）探讨了高校贫困生就业困难的成因，并将其概括为就业形势严峻、求职成本高、就业心理不健全、社会资源匮乏和个人综合素质欠佳五个原因。[⑤] 乔心阳（2015）从心理学角度出发，提出要培养贫困生的积极关注能力、尊重意识和共情能力，以增强家庭经济困难学生的一般就业心理素质，再通过情绪疗法和户外心理素质拓展，增强提升家庭经济困难学生的特殊就业心理素质，促进其就业。[⑥] 董晓绒（2016）认为，高校可以从认识到位、项目到位、资金到位、导师到位和效果到位五个方面着手，全面提升贫困生的就业能力。[⑦] 柳建平和刘卫兵（2017）认为，大学生就业帮扶应按照生源地、专业、学历、学校类型等因素，对各类大学生的就业期望进行分类指导。尤其是西部欠发达地区的贫困生，应得到更多的政策倾斜，缩小实际就业回报与期望值的差距，保证他们能够通过教育实现自己的人生价值和家庭减贫。[⑧] 荣立和（2017）认为，家庭经济

① 马建新．高校贫困生就业焦虑的现状及对策［J］．教育与职业，2014（29）．

② 李蕙羽．基于就业资本的高校贫困生就业竞争力研究［J］．学校党建与思想教育，2018（13）：78－79，91．

③ 姜策，李晓安．贫困大学生就业难的原因分析与对策研究［J］．中国大学生就业，2007（12）．

④ 戴勇．基于就业公平的转型期高校贫困学生就业扶助政策研究［D］．南京：南京大学，2011．

⑤ 柏丽华．高校贫困生就业难的原因及对策［J］．继续教育研究．2011，（09）：117－118．

⑥ 乔心阳，武灵芝．心理学视角下高校贫困生就业心理素质的有效提升［J］．教育与职业．2015，（11）：73－75．

⑦ 董晓绒．新形势下提升高校贫困生就业能力的新思路［J］．中国成人教育．2016，（14）：73－75．

⑧ 柳建平，刘卫兵．西部农村教育与减贫研究——基于甘肃14个贫困村调查数据的实证分析［J］．教育与经济，2017，（01）：75－80，65．

困难学生普遍存在就业焦虑，它来源于社会和家庭的双重负担，因此高校应对高校贫困生及时开展就业心理辅导，改善其心理状态，促进贫困生就业。[①] 此外，王红雨和闫广芬（2021）还调查比较了京津冀地区贫困家庭学术型硕士毕业生与非贫困家庭学术型硕士毕业生的就业质量，但未对就业质量进行总体测评。[②] 在疫情冲击大学生就业的背景下，为更好地帮扶高校贫困生就业，刘自团、陆根书（2021）提出了设立贫困生就业专项基金、优先就业见习机会和强化就业技能培训的各种建议。[③]

综合国内外文献还可以发现，在促进贫困生就业方面，发达国家的经验值得借鉴：日本大学很重视对家庭经济困难学生的就业帮扶，并根据个人就业期望采取不同的支持措施；英国高校则通过开设系统化的就业指导课程体系，为家庭经济困难学生提供就业方面的新资讯、新思维和新视野；美国高校通过开设创业教育课程和提供启动资金等方式，鼓励经济困难家庭毕业生创业，实现自我雇佣。另外，促进就业需求的政策：一方面，各国政府力求通过财政政策鼓励企业拓岗增容，增加家庭经济困难学生的就业机会；另一方面，日本政府还通过开设官办的职业培训机构，免费为家庭经济困难学生提供多领域的就业培训，同时为企业提供经济资助和税收减免，鼓励其雇佣家庭经济困难学生。在促进劳动力供求匹配方面，各国政府高度重视向贫困生提供就业信息和指导。如在德国，学校在家庭经济困难学生入学初期，就对其就业意向进行调查摸底，其后根据该学生的就业意向，更有针对性地为其制订和提供职业生涯规划、学习计划和就业信息，直至学生毕业；美国的经验是实行“以劳代偿”政策，通过减免学生贷款或免除学杂费，鼓励家庭经济困难大学生去某些国家需要的领域、地区和岗位工作。这样既解决了家庭经济困难学生的就业岗位，也满足了国家需求，该办法目前也被我国所采纳。

---

① 荣立和，贾春水．贫困大学生就业焦虑状态与应对方式探讨［J］．辽宁教育行政学院学报．2017，34（03）.

② 王红雨，闫广芬．高学历贫困毕业生与非贫困毕业生就业质量的比较研究——以京津冀地区研究型大学学术型硕士毕业生自我评价为中心的调查［J］．高教探索，2021（05）：103－110.

③ 刘自团，陆根书．家庭经济资源对大学毕业生就业质量影响的实证研究——基于陕西高校毕业生就业创业跟踪调查［J］．北京工业大学学报（社会科学版），2021，21（03）：127－140.

1.3.4 革命老区脱贫攻坚研究

革命老区脱贫攻坚研究可为本书提供宏观背景和实践材料，明确本书的研究意义。精准扶贫战略实施以后，革命老区的减贫发展问题得到了社会的广泛关注，相关文献的类型和数量也不断增多，其类型大致可分为政策文本、研究文献和新闻报道三类。这些文献为本书提供了必要的研究背景、研究目标和不少实践材料，但与革命老区贫困家庭大学生就业质量直接相关的研究严重匮乏。

第一，政策文本。它们为革命老区脱贫攻坚实践提供了政策依据，也是本书开展学术研究的政策基础。长期以来，党和国家高度关注革命老区的减贫发展和经济振兴。2012 年 6 月，《国务院关于支持振兴赣南等原中央苏区发展的若干意见》颁布，强调以解决突出民生问题为首要任务，依托革命老区丰富的自然资源及红色文化资源打造全国革命老区扶贫攻坚示范区及红色文化传承创新区。其后，精准扶贫战略的实施加快了革命老区的脱贫攻坚步伐，也促使各级政府不断下发文件，出台支持措施。截至 2016 年底，党中央先后出台了 5 个跨省重点革命老区及 8 个涉及革命老区的集中连片特困区的区域振兴发展计划，初步形成了“1258”老区支持政策体系①。此后，随着精准扶贫力度不断加大，中央各部门又陆续出台了《关于做好 2018 年高校毕业生“三支一扶”计划实施工作的通知》《中央专项彩票公益金支持贫困革命老区脱贫攻坚资金管理办法》《关于进一步加大易地扶贫搬迁后续扶持工作力度的指导意见》等一系列支持政策，从顶层设计的角度，将人才和资金引入革命老区，逐个击破革命老区脱贫攻

① “1258”老区支持政策体系是国家发展改革委会同有关部门和地方，组织起草并推动实施了若干支持老区开发建设的一系列规划和政策，即“1 个总体指导意见、2 个区域性政策意见、5 个重点老区振兴发展规划、8 个涉及老区的片区区域发展与扶贫攻坚规划”。其中，“1”是指中办、国办印发的《关于加大脱贫攻坚力度支持革命老区开发建设的指导意见》，这是指导“十三五”乃至今后一个时期全国革命老区开发建设与脱贫攻坚的纲领性文件；“2”是指《国务院关于支持赣南等原中央苏区振兴发展的若干意见》《国务院办公厅关于山东沂蒙老区参照执行中部地区有关政策的通知》两个区域性政策文件；“5”是指印发实施的陕甘宁、赣闽粤、左右江、大别山和川陕 5 个重点革命老区振兴发展规划；“8”是指印发实施的武陵山、秦巴山、滇桂黔石漠化、六盘山、吕梁山、燕山—太行山、大别山、罗霄山 8 个老区分布相对集中的连片特困地区区域发展与扶贫攻坚规划。

坚的难点问题，促进革命老区振兴发展。此外，在中央文件颁布后，地方也陆续出台了诸多配套文件，以落实和推动革命老区建设。

在上述文件中，很多文件都不同程度地涉及了教育扶贫措施。例如，在国务院办公厅印发《关于加大脱贫攻坚力度支持革命老区开发建设的指导意见》中就明确要求，“尽快补齐老区教育短板，增加公共教育资源配置，消除大班的现象，优化农村中小学校设点布局，改善基本办学条件，强化师资力量配备，确保适龄儿童和少年都能接受良好的义务教育。支持贫困老区加快普及高中阶段教育，办好一批中等、高等职业学校，逐步推进中等职业教育免除学杂费，推动职业学校与企业共建实验实训平台，培养更多适应老区发展需要的技术技能人才。继续实施农村贫困地区定向招生专项计划，畅通贫困老区学生就读重点高校渠道”，等等。在各级地方政府的文件中，地方政府也就老区教育改革创新、兴建更新学校、师资骨干培训、资助贫困学生、捐献图书设备、产教融合、名校结对帮扶、校企合作和就业促进活动等教育扶贫活动提出了支持措施。例如，在《川陕革命老区振兴发展规划》中指出，要大力实施教育扶贫工程，完善学前教育资助制度，加大对家庭经济困难儿童、孤儿和残疾儿童的资助力度，确保普惠性学前教育落到实处；免除老区贫困家庭继续升学的应届初高中毕业生就读中等职业教育学校的学费，建档立卡家庭子女可优先免费就读普通高中，等等。另外，在上述政策文本中，相关支持措施只指向了革命老区的基础教育和职业教育，但并未涉及革命老区贫困家庭子女接受高等教育及其就业的支持措施，表明相关政策存在某些缺漏之处。

第二，研究文献，它们为本书提供了研究借鉴和某些实践材料。在这些文献中，有的是关于老区脱贫攻坚的综合研究（农红彩等，2021①；张高鹏，2018②；徐长玉，2017③；高丹丹，2017④；韩振普，2017⑤）；有的

① 农红彩等．左右江革命老区脱贫实效调查及建议［J］．农村经济与科技，2021，32（13）：136－138.

② 张高鹏．河北省革命老区脱贫及可持续发展研究［D］．石家庄：河北科技大学，2018.

③ 徐长玉，徐生雄．革命老区脱贫致富的现实镜鉴：延安例证［J］．重庆社会科学，2017，No.269（04）：40－45. DOI：10.19631/j.cnki.css.2017.04.004.

④ 高丹丹．政府主导下革命老区精准脱贫问题研究［D］．延安：延安大学，2017.

⑤ 韩振普．山东省革命老区扶贫攻坚的对策建议［J］．理论学习，2017（01）：36－38.

是专项扶贫措施研究，如产业扶贫研究（史莉洁，2019[①]；严辰辰，2018[②]）、旅游扶贫研究（王会战，2021[③]；段南昕，2019[④]；何筠，2018[⑤]；白鹏飞，2017[⑥]）、金融扶贫研究（廖戎戎，2020[⑦]；王铁民，2017[⑧]）、科技扶贫研究（韩文华等，2019[⑨]）、医疗扶贫（谢一，2020[⑩]）、教育扶贫研究（黎俊，2020[⑪]；叶怀凡，2019[⑫]；尹佩文，2018[⑬]），等等。总的来看，上述研究大多为经验研究，总体缺乏学理性，普通期刊论文多，核心期刊论文少，硕士论文多，博士论文少；从研究内容看，产业扶贫研究研究多，教育扶贫研究少；在有限的革命老区教育扶贫研究中，关于基础教育和职业教育扶贫的研究多，关于高等教育扶贫的研究少，关于大学生就业减贫的研究就更少。

此外还有数量丰富的新闻报道。这些报道源自不同层次和类别的传统报刊和网络媒体，内容涉及革命老区减贫发展的方方面面，总体上以介绍

① 史莉洁．精准扶贫背景下革命老区产业脱贫路径研究——以罗田县“五位一体”产业扶贫模式为例［J］．东西南北，2019（06）：94－95.

② 严辰辰．江西革命老区产业精准扶贫新路径研究［D］．福州：福建师范大学，2018.

③ 王会战，顾杰杰．后扶贫时代背景下革命老区旅游扶贫的困境与对策［J］．湖北农业科学，2021，60（20）：206－210. DOI：10.14088/j.cnki.issn0439－8114.2021.20.041.

④ 段南昕．精准扶贫视角下基层革命老区旅游扶贫开发的对策研究［D］．广州：华南理工大学，2019. DOI：10.27151/d.cnki.ghnlu.2019.001826.

⑤ 何筠，熊天任，胡海胜．江西革命老区旅游精准脱贫的路径研究［J］．江西师范大学学报（哲学社会科学版），2018，v.51；No.201（03）：108－113.

⑥ 白鹏飞．陕甘宁革命老区红色旅游扶贫机制与实现路径探析［J］．经济研究导刊，2017（24）.

⑦ 廖戎戎．左右江革命老区精准扶贫金融支持长效发展路径研究［J］．时代金融，2020，780（26）：16－18.

⑧ 王铁民等．探索革命老区政策性金融扶贫新模式［J］．农业发展与金融，2017，275（07）：62－64.

⑨ 韩文华等．高校基层党组织开展革命老区科技扶贫工作的研究——以景德镇学院生物与环境工程学院教工党支部为例［J］．景德镇学院学报，2019，v.34；No.149（05）：121－126.

⑩ 谢一，晏雪鸣，于广军．公立医院助力革命老区健康扶贫的实践与探索：以上海市儿童医院“千里送医到遵义”项目为例［J］．中国卫生资源，2020，23（06）：545－547. DOI：10.13688/j.cnki.chr.2020.20691.

⑪ 黎俊，等．四川革命老区教育精准扶贫的对策研究——以万源茶垭乡为例［J］．南方论刊，2020，342（03）：75－79.

⑫ 叶怀凡．革命老区教育精准扶贫的价值与优化路径——基于川东革命老区的考察［J］．四川理工学院学报（社会科学版），2019，v.34；No.156（04）：88－100.

⑬ 尹佩文．共享发展理念下革命老区教育扶贫问题研究［D］．南昌：江西师范大学，2018.

扶贫实践与经验为主，为本书提供了很多基层实践材料；另外，这些新闻报道具有鲜明的宣传性，普遍缺乏理论和实践分析，深度明显不足；同时，在报道选题上，与研究文献相似，关于产业扶贫的报道最多，关于高等教育扶贫的报道少，几乎没有报道涉及大学生就业减贫效应这一问题；而在关于革命老区就业扶贫的报道中，其帮扶对象均为贫困农民或城镇居民，尚未发现有关于贫困家庭大学生就业帮扶的专门报道。

1.3.5　文献述评

纵观国内外相关研究，虽不乏学术价值，但也存在以下问题。

第一，急需关于高校贫困生就业质量的量化评价及其异质性分析。高校贫困生群体就业质量偏低，似乎是众所周知的社会共识。然而这一观念大多来源于人们的直观印象和某些定性研究，并未得到科学研究的测评，不合乎社会科学的规范和要求。再从实践看，摸清底数，准确评价贫困生就业质量状况，是精准扶贫工作的前提。然而无论是在当前相关研究中，还是在相关实践中，对于贫困生的总体、子群体和个体就业质量水平，仍缺乏科学的量化评价方法，就导致了就业扶助工作可能"心中无数"。因此，本书将对革命老区贫困生的就业质量水平进行量化评价，不仅有利于促进革命老区大学生的就业扶贫工作，而且其评价思路、方法和工具对其他贫困生也有较强的适用性。就业是高校毕业生的普遍难题，但相比非贫困生，贫困家庭学生就业可能更难，就业质量可能更低；而在贫困生群体内部，可能也存在各种维度的就业质量差异。所以只有建立贫困生与非贫困生对照组，以及各种贫困生子群体对照组，探究贫困生就业质量的"内外部异质性"，才能准确把握贫困生就业的本质特征、低质量就业成因与高质量就业经验，然而以往相关研究缺乏群体比较，导致对贫困生就业质量的认知及其帮扶对策缺乏精准性。基于此，本书以革命老区贫困家庭大学生为主要调研对象，对高校贫困生就业质量开展测评和异质性比较，可以弥补相关研究缺少量化评价和分析的不足。

第二，缺乏就业质量的跨期比较和就业危机应对研究。高校贫困生的就业质量会随着宏观经济环境的变化而变化，这也是辩证唯物主义和劳动经济学原理的必然要求。这就使得高校贫困生的就业质量除了具有内外部异质性之外，在大时间尺度上也具有异质性，而这一视角是以往研究者所普遍忽视的，更缺乏疫情背景下高校贫困生就业质量的准确测评。本书借鉴同期群研究范式，以新冠疫情为界，比较精准扶贫阶段与脱贫巩固叠加疫情阶段的就业质量差异，揭示就业质量的时间异质性，探求不同宏观环境下高校贫困生就业质量的共性规律与个性特征，考察疫情对革命老区贫困家庭大学生的冲击和应对经验，在此基础上提出帮扶高校贫困生就业的一般机制和危机应对机制，增强高校贫困生就业质量的抗冲击能力和就业帮扶机制的弹性。

第四，就业帮扶研究缺乏站位高度和精准度。精准扶贫理念提出后得到了学界的热烈回应，但具体到就业扶贫领域，绝大多数研究指向的是社会贫困失业群体，如失地农民、城市低保失业者等，对于革命老区大学贫困生这一特殊群体的就业扶贫研究非常罕见。再进一步看，贫困生就业帮扶研究虽然颇有价值，但由于缺乏对贫困生质量的量化评价和异质性成因分析，因而导致帮扶措施精准度。另外，实践中的相关帮扶措施大多局限于就业环节发力，视角狭窄、站位不高，存在“以就业论就业”的现象。事实上，高校贫困生就业质量不高，其根源在于就业资本不足。基于此，本书将通过调查，采集高校贫困生与非贫困生的就业信息，科学测度其就业质量水平及其影响因素权重，然后通过群体比较，更加精准地揭示影响贫困生就业质量的关键因素、薄弱环节和优势条件。从就业资本建设的角度，构建合乎“六个精准”要求的贫困生高质量就业的保障体系，提升贫困生就业资本，促进贫困生高质量就业，从根本上阻断贫困的代际传递，保障革命老区脱贫巩固。

第五，急需革命老区贫困家庭大学生就业问题的专题研究。绝大多数贫困家庭都迫切希望通过接受高等教育来谋求更好的就业机会，从而实现家庭脱贫的梦想。这既合乎国家倡导的造血式扶贫理念，也是现实中许多贫困家庭实现脱贫的重要途径。鉴于革命老区在减贫发展工作中的特殊地位，对其贫困家庭大学生的就业质量开展专题研究是一项既有必要也有意义的研究工作。然而目前学界此类的专题研究非常少（在笔者检索的文献中，尚未发现有同类选题），而在关于革命老区扶贫的各类政府文件中，高等教育的扶贫功能也未得到充分关注。这表明社会对该问题的重要性可能有所忽略，不利于革命老区的脱贫巩固和相关研究的完善。基于此，本书将以就业质量问题为核心，对革命老区贫困生家庭大学生就业问题进行专题调研，以弥补相关研究的不足。

1.4 研究框架与主要内容

1.4.1 研究思路

本书围绕革命老区贫困家庭大学生的就业质量及其异质性和就业危机应对等问题，可划分为理论研究、实证研究、政策研究三大部分，以“理论基础—就业质量调查—就业质量及其异质性的跨期比较—政策建议”为主线，逐层展开研究，如图1.1所示。

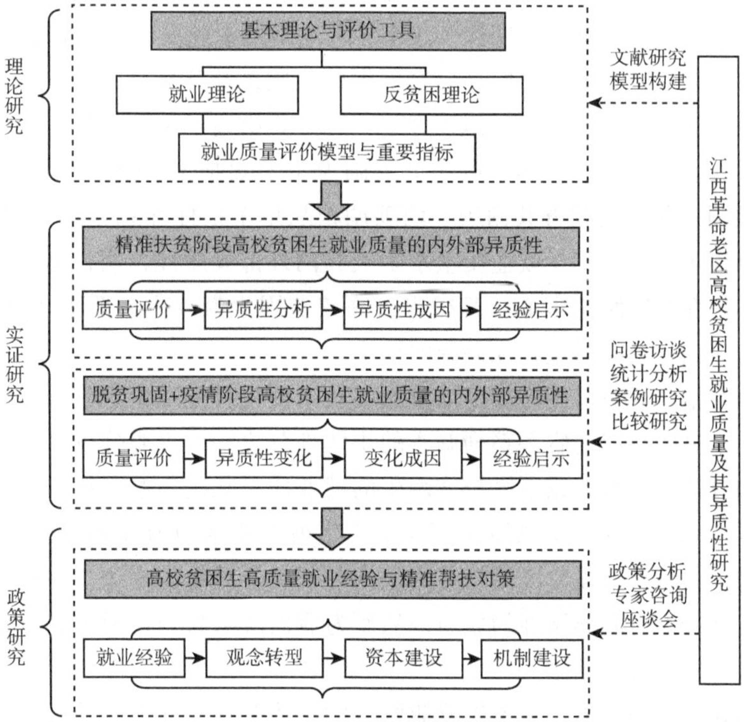

图1.1 本书的研究思路

1.4.2 主要内容

按照上述思路，本书的主要内容共包括7章。除第1章绪论外，其余7章内容分别为：

第2章，理论基础与解释框架。本章主要介绍本书所涉及的主要概念和重要理论，前者包括革命老区、高校贫困生以及就业质量的相关概念，后者包括反贫困理论和就业理论，其中中国特色反贫困理论包括贫困与反贫困理念嬗变、教育扶贫思想、高等教育反贫困理论和精准扶贫思想等内容，就业理论包括一般就业理论、大学生就业相关的微观就业理论和就业公平理论等内容。

第3章，研究设计。本章主要内容包括调研方案、就业质量评价模型构建和分析指标与维度三部分，主要介绍本书的范式和方法论、系列调查的具体方案及其所使用的就业质量评价模型和高校贫困生子群体的分类维度，进而为后面更加简洁明快和集中深入地阐发调查发现奠定基础。

第4章，精准扶贫阶段高校贫困生就业质量及其异质性。本章是本书的重点内容和系列调查的主体部分之一，主要论述了精准扶贫时期高校贫困生的就业质量状况。本章的实证基础为关于就业质量的第一阶段调查，包括预调查和正式调查共两项。两项调查从单个指标和总体水平的角度，分别测评了高校贫困生就业质量水平及其内外部异质性，调查结果虽略有差异，但在基本结论方面，都得出了高校贫困生就业质量低于非贫困生，同时群体内部就业质量存在差异的结论。

第5章，脱贫巩固叠加疫情阶段高校贫困生就业质量及其异质性。本章也是本书的重点内容和系列调查的主体部分之一，主要分析了在脱贫巩固叠加疫情的复杂背景下高校贫困生的就业质量状况。本书从单个指标和总体水平的角度评测了该阶段高校贫困生就业质量的内外部异质性之后，还对比了与精准扶贫阶段高校贫困生内外部就业质量的变化，并查找了特定时代背景下时间异质性的成因，从而为后面总结高校贫困生高质量建议和帮扶机制奠定了基础。

第6章，拓展高校贫困生就业资本的个体路径与社会行动方案。本章将基于就业质量内外部异质性分析，总结高校贫困生高质量就业的经验，然后提出关于帮扶高校贫困生高质量就业的政策机制，主体覆盖政府、高校、社会和个人，内容覆盖多维就业资本建设、常态化机制和危机应对机制，以更好地促进高校贫困生就业、社会流动和共同富裕。

第7章，研究结论与展望。本章为本书研究的终章，具体内容包括主要研究结论、研究创新以及研究不足与展望等三部分的内容。

1.5 研究方法

革命老区高校贫困生就业质量问题研究是一个横跨教育学、劳动经济学、公共管理学等多学科理论知识与方法的研究，在研究中综合运用了多种研究方法。其主要方法包括以下几种。

第一，文献法。笔者通过查找馆藏图书、利用期刊网、搜索引擎等工具收集国内外相关文献资料开展研究，内容覆盖理论研究、政策文本和历史文献等。本书查阅的核心文献包括：关于贫困和反贫困理论、国内外就业质量的理论与实践、教育扶贫、精准扶贫、就业扶贫的理论与实践文献；国内外关于大学生就业的基本理论、统计报告、政策文本和研究文献；关于我国革命老区脱贫攻坚与就业扶贫的研究资料和新闻报道；关于高校贫困生就业状况的研究文献和新闻报道；关于大学生就业减贫的学术研究；关于国内外保障大学贫困生就业质量的政策文本、运行机制和管理模式；大学生就业质量研究，等等。这些文献为本书提供了理论基础、分析工具和研究资料，也确立了本书的研究起点和创新点。此外，本书还综合运用简单计词法、概念组分析法等定量文献方法，从研究文献中提炼就业质量的评价指标和影响因素，以保证指标或因素选取工作的科学性和全面性。文献研究的成果在文献综述部分已有所体现，同时也渗透在全书的各章节。

第二，调查法。调查方法是本书的主要研究方法之一。本书借鉴同期群研究理念进行了三次调查：前两次调查旨在探明精准扶贫阶段革命老区贫困家庭大学生的就业质量及其内外部异质性；最后一次调查的目的是反映脱贫巩固阶段叠加疫情的背景下，革命老区贫困家庭大学生的就业质量及其异质性的变化，以验证和深化对于高校贫困生就业特征和规律的认识，揭示高校贫困生就业质量的时间异质性，探求贫困生高质量就业经验和就业危机的应对之道。

本书应用的具体调查方法包括问卷调查法、访谈法和实地观察法三种。按照既有代表性又有可行性的调查思路，选择江西革命老区作为调研省域。问卷调研高校涉及江西1所双一流学校、5所省属重点公办高校、3所独立学院和1所民办院校。问卷对象是上述高校的贫困生（江西籍贫困生为主）。问卷内容包括革命老区家庭贫困大学生就业质量状况、影响因素及其权重、存在问题与对策、收支状况、资助原生家庭状况，等等。与此同时，本书还对革命老区贫困家庭大学生及其家庭、高校就业办公室和学生资助办公室、企业和劳动部门负责人进行了访谈，累计100多人；访谈采用半开放式结构，内容既覆盖问卷调研内容，对问卷结果进行交叉验证和深入解剖个案，也涉及教育投资意愿、贫困代际流动、精准就业脱贫、疫情冲击等问题，以得出更多新发现。此外，本书研究者还积极深入毕业生群体、求职现场、就业帮扶一线和贫困家庭，以直接观察为主，参与式观察为辅，在自然状态下通过观看、倾听、询问和感悟等方式，获得与贫困家庭大学生就业有关的第一手信息。

第三，统计测算法。数据统计与测算是本书研究的一项重要工作。在描述性统计方面，本书对问卷及访谈的结果进行处理，绘制数据图表，其主要内容包括反映调查者性别、学科、专业、生源地和就业地等基本信息、贫困生的就业质量和影响因素、就业状况与满意度，等等；在测算方面，统计高校就业状况的基本信息，建模统计高校贫困生就业质量水平，测算其异质性，采用层次分析法构建出大学生就业质量评价指标体系及确定其权重，计算就业质量影响因素的权重等。

第四，比较研究法。古罗马著名学者塔西陀说道："要想认识自己，就要把自己同别人进行比较"。比较是认识事物本质的基本方式，是人类认知和区别事物异同关系最常用的思维方式。它通常根据一定的标准将彼此有联系的事物加以对照，从而确定其相似性与差异性，有助于对事物进行初步的分类。在本书中，主要运用群体比较法开展外部异质性和内部异质性分析：前者在调查中设置革命老区贫困生和非贫困生对照组，考察两者就业状况和就业质量水平的差异与成因，以此深入发掘贫困生就业的特点、问题与需求；后者在革命老区贫困生群体内部群体中，根据不同的变量，包括专业、性别、就业地域、本科类型与就业时长等因素，设置子群体对照组，深入比较和总结贫困生就业及其减贫的有益经验，从而为制定更为精准的贫困生就业策略和就业帮扶机制奠定基础。本书以疫情为界，分别对精准扶贫阶段和脱贫巩固阶段疫情背景下革命老区贫困家庭大学生的就业质量状况展开调查，并比较其差异，进而从正反两个方面揭示宏观环境对高校贫困生就业质量的影响，总结促进高校贫困生就业的一般规律与就业危机应对经验，彰显教育扶贫成效。

第2章　理论基础与解释框架

本书是对革命老区贫困家庭大学生就业质量问题的综合研究，涉及高校贫困生就业的质量水平、异质性及其成因、帮扶机制等多个方面，因此，其涉及的基本概念和理论较多。本章将按照研究的具体问题，分别予以介绍。

2.1　基本概念

本书将对革命老区高校贫困生的就业质量进行考察。在相关研究中，核心概念包括“革命老区”“高校贫困生”和“就业质量及其评价体系”。

2.1.1　革命老区

革命老区，全称中国革命老根据地，简称老区，是指土地革命战争时期和抗日战争时期，在中国共产党领导下创建的革命根据地。它分布在除西藏、新疆、青海以外的全国27个省、自治区、直辖市的1000多个县(市、旗、区)。革命老区的创建和发展壮大是老区人民大力支持的结果。在残酷的革命年代，老区人民用生命和热血养育了中国共产党及其领导下的人民军队。仅1935年一年，中央革命根据地就有80多万群众牺牲；当时仅有23万人口的江西省兴国县，参加红军的就达8万多人，5万多人壮烈牺牲，每1公里长征路上就有1名兴国籍的烈士英魂。老区人民为壮大革命力量，坚持革命斗争作出了极大贡献，为中国共产党取得革命的最终胜利提供了坚实的物质和人力保障。

作为一个特定的政治历史概念，“革命老区”最早是毛泽东提出的。1948 年 2 月 6 日毛泽东在给李井泉和习仲勋的一封信中说：“日本投降以前的老解放区，与日本投降以后至全国大反攻时两年内所占地方的半老解放区，与大反攻以后所占地方的新解放区，此三种地区情况不同，实行土地法的内容与步骤亦应有所不同。”毛泽东这里所说的“日本投降以前的老解放区”，是指在第二次国内革命战争（土地革命战争）时期和抗日战争时期共产党所领导的革命根据地。这里所说的“日本投降以后至全国大反攻（去年九月）时两年内所占地方的半老解放区”，是指从日本投降之后到 1947 年 9 月期间的共产党领导的解放区。现在，一般对上述三种情况的革命根据地和解放区，统称为革命老区，简称“老区”。而按照 1979 年民政部和财政部出台的有关文件规定，革命老区主要有土地革命战争根据地和抗日民主革命根据地两类。

前者是指在土地革命时期，在党的领导下建立了工农政权，广泛发动群众进行武装斗争，并进行了“打土豪、分田地”等运动，持续时间在半年以上的革命根据地，又称为红军革命根据地。1927 年湘赣边界秋收起义后，毛泽东率领保留下来的部队在井冈山创建了中国革命战争史上的第一块根据地。其后，历经反“围剿”、九一八事变、红军长征等不同历史时期，红军革命根据地在与国民党反动派的武装斗争中不断发展壮大。直至 1937 年抗战全面爆发前，中国共产党建立了井冈山革命根据地、中央革命根据地、湘鄂西革命根据地、鄂豫皖革命根据地、鄂豫陕革命根据地、西北革命根据地、南方三年游击战争根据地等 19 个革命根据地。后者是指在抗日战争时期，在党的领导和群众拥护下，在与日寇和国民党反动派进行顽强斗争过程中创建和发展起来的。1937 年秋，中国共产党建立起第一个敌后抗日民主根据地——晋察冀抗日根据地，此后在中共领导下，抗日根据地经历了初创阶段、发展阶段、退缩和坚持阶段、恢复和扩大阶段的曲折过程。至 1945 年抗战胜利，党建立了陕甘宁、晋察冀、晋绥、鄂豫皖、河南、浙东等 19 块抗日民主根据地，面积达 100 多万平方千米，人口约 1 亿，遍布全国的 19 个省区。

老区是新中国的摇篮，为中国革命和社会主义建设事业作出了重大贡献。新中国的建立和发展离不开老区，同样，现代中国的发展进步也不能忘记老区的奉献。自新中国成立特别是改革开放以来，在党和国家的坚强领导下，老区面貌焕然一新。在老区人民艰苦奋斗精神支撑和政策帮扶下，原本偏僻的地理位置和险峻的峭壁陡坡已转化成了老区发展红色旅游业的现实资源。如今，红色旅游火遍全国各地，各革命老区也在充分考虑自身实际基础上，对本地旅游业进行创新式发展，从而带动地区经济增长，提高人民的生活水平和幸福指数。而且，革命老区拥有十分雄厚的资源优势和生态优势。如赣南等原中央苏区存有大量对国家发展有重大战略意义的稀土新材料、陕甘宁革命老区拥有储量丰富的石化资源，左右江革命老区地处南疆，毗邻东盟诸国，沿边开放前景广阔，为招商引资提供了绝佳的地域优势。革命老区的振兴和发展，既关系到民生福祉，同时也是推进我国高质量发展进程中的重要一环，对我国经济发展具有重要意义。

另外，由于革命老区多处山区和省域交界处，地理位置偏僻，交通不便，信息闭塞，思想意识较为保守，仍有部分老区经济发展受限，区域性整体贫困依然突出。在一些革命老区贫困村，群众的衣食住行仍然比较困难，医疗资源不足、水电道路基础设施薄弱、教育发展水平落后的状况比较普遍，距离全面小康社会的要求还相距甚远，脱贫攻坚任务较重。在2014年全国832个国定贫困县名单中，有357个革命老区县，占比超过4成；[①] 2018年赣粤两地革命老区县人均GDP只达全国平均水平的六成和不到五成。因此，贫困革命老区一直是我国扶贫工作的重点地区。加快革命老区减贫发展，让老区人民共享经济社会发展成果，不但可为全国其他贫困地区脱贫作出示范作用，是我国减贫发展和共同富裕战略的必然要求，同时也是传承红色基因、发扬红色革命精神的必要举措。

鉴于革命老区在我国革命和社会主义建设时期的特殊重要地位，党和国家极为重视革命老区的减贫发展。党的十八大以来，习近平总书记多次强调，没有老区的全面小康，尤其是没有老区人民的脱贫致富，实现第一个百年奋斗目标，全面建成小康社会是不完整的。而党的十八届五中全会也指出，要全面建成小康社会，必须把革命老区作为脱贫攻坚的重点。2016年2月，国家颁布《关于加大脱贫攻坚力度支持革命老区开发建设的指导意见》（以下简称《意见》），要求继续加大对革命老区的扶持力度，着力解决革命老区减贫振兴中的瓶颈问题，尤其是民生领域的突出问题，

① 习近平在深度贫困地区脱贫攻坚座谈会上的讲话［N］. 人民日报，2017-09-01（02）.

大力提升革命老区的自我发展能力和对内对外开放水平，让老区人民共享全面小康社会建设成果。《意见》要求，到 2020 年底，革命老区基础设施建设水平显著提高，特色优势产业再上一个新台阶，生态环境明显好转，人均可支配收入增幅高于全国平均水平，基本公共服务更加充足均衡，农村贫困人口和贫困县全面摘帽脱贫，区域性整体贫困得到彻底解决。2020 年 10 月，我国脱贫攻坚工作宣告取得全面胜利，革命老区实现了全面脱贫。在这一背景下，2021 年初国家再次颁布《关于新时代支持革命老区振兴发展的意见》，要求在未来 5 年脱贫巩固期内，革命老区要进一步加大基础设施投入和建设力度，着力提升基本公共服务供给水平和质量，加快对内对外开放步伐，促进交流合作水平显著提升，居民收入保持持续快速增长，生态环境更加美好舒适宜居，红色文化更加深入人心，在国内外更具影响力。2035 年，革命老区基本实现社会主义现代化。

鉴于中国共产党创建的 34 个革命根据地和抗日根据地中，对中国革命贡献极大，影响极为深远的两个革命老区是井冈山革命根据地和中央革命根据地。因此，本书以这两个革命老区所在的江西省为调查省域，对其贫困家庭大学生的就业质量进行考察。

2.1.2　高校贫困生

所谓贫困生，其正式称谓是家庭经济困难学生。1993 年教育部、财政部联合下发的《关于对高等学校生活特别困难的学生进行资助的通知》（以下简称《通知》）中对其做了明确解释，即在国家招收的普通高校本专科学生中，因家庭经济困难而无力支付教育费用或支付教育费用困难的学生。在该文件中，所指的教育费用主要包括学杂费和生活费。该《通知》还将贫困生的层次划分为一般贫困生、贫困生和特困生。其中，一般贫困生是指学生家庭有一定的经济基础，有能力支付教育费用，但发生暂时性困难的学生；贫困生是指家庭经济收入很少，支付教育费用很困难的学生；特困生是指家庭缺乏收入来源而无力支付教育费用学生。其后，2018 年《教育部等六部门关于做好家庭经济困难学生认定工作的指导意见》再次指出："家庭经济困难学生认定工作的对象是指本人及其家庭经济能力难以满足在校期间的学习、生活基本支出的学生"。

为满足高校贫困生的经济需求，促进教育公平，自新中国成立起我国政府就着手建立高校学生资助体系，对高校贫困学生提供经济资助，其政策价值主题先后经历了“公平至上”转向“效率优先”，再走向“多元发展”和“充足供应”的演进。[①] 经过多年发展，目前我国已经建立起以奖学金、助学金、助学贷款、勤工俭学、困难补助和学费减免为主体的高校学生多元资助体系，着力解决学生学习和生活中的困难，避免因经济原因耽误学业。近年来，随着我国经济快速增长、精准扶贫的深入实施和学生资助水平的提升，贫困生的经济困难程度已明显下降，学生资助的重点正由济困型的经济资助日益转向为以促进学生素质发展为目的的发展型资助。

高校贫困生资助需要有效鉴别贫困生，而贫困生的准确判别长期以来是个难题。在我国早先的官方文件中，只对高校贫困生做了笼统的定性描述，缺乏具体明确的操作标准。在实践中，一般由高校依托地方政府开具的贫困证明，对贫困生身份予以认定。但由于当时地方政府开具的贫困证明覆盖面远小于实际人数，且缺乏准确度和公信力，因此各高校自主开发了多种贫困生认定办法，但总体上缺乏统一权威的操作办法，在判别准确度上也各有缺陷，因而产生了所谓的“假贫困生”问题。近年来，随着精准扶贫工作的深入开展，国家力量被动员起来，基层政府普遍加大了对贫困户的普查摸底力度，农村绝对贫困家庭均被纳入精准扶贫的建档立卡对象，城镇贫困人口也被纳入各类帮扶系统。这也使得高校贫困生判别工作出现了新的转机。相比以往高校各行其是的判别方法，基础政府的判别更具有信息优势和行政权威，判别质量大大提升。在这一背景下，高校对贫困生的认定基本上转为采信地方政府的认定结果，即由政府部门提供贫困家庭名单，学校予以直接认定。

按照当前各地的政策，家庭经济困难认定的重点群体主要包括八类：经扶贫部门确认的建档立卡贫困家庭学生、经民政部门确认的最低生活保障家庭学生、特困救助供养学生、孤儿学生、经退役军人事务部门确认的烈士子女、经残联确认的家庭经济困难残疾学生及残疾人子女、经

① 季俊杰，熊婧．高校资助政策价值主题的演进规律与启示［J］．教育学术月刊，2021（09）：37－44.

民政部门确认的其他城镇贫困群众家庭学生、其他家庭经济困难学生（主要包括享受抚恤补助待遇的优抚对象的经济困难家庭、因家庭遭受重大自然灾害造成重大损失、因家庭成员遭受重大疾病或意外伤害、因家庭发生重大变故等情况影响其子女入学就读及其他需要资助的家庭经济困难学生）等。同样，本书调查的贫困家庭大学生，也均在上述八类学生之列。

2.1.3　就业、就业质量与就业质量评价

（1）就业。

所谓就业，是指在法定年龄内的劳动者所从事的为获取报酬而进行的务工劳动。按照国际劳工组织的标准定义，凡是在一定年龄以上（我国规定年满十六周岁以上），在调查参照期内为获得工资或薪金、利润或家庭收益而从事了一定量工作的人员都属于就业范围。根据这一概念，就业与生产资料所有制、企业用工形式和国民经济部门并无太大关联，劳动者进行的无收入或低收入的义务性劳动、社会救济劳动等并不属于就业范畴。按照我国劳动经济学界的定义，就业是指拥有劳动能力的人与生产资料相结合，在法定年龄内依法从事的可获取生存资料或收入的社会活动。也就是说，就业要具备三个基本条件：其一，自然条件，即具有劳动能力，合乎法定年龄；其二，这种劳动合乎法律，为社会承认；其三，可以取得赖以生存的收入。

根据上述三个基本条件，就业的标准一直在发生变化。例如，1982 年我国人口普查中对就业人口的定义是：1982 年 6 月 3 日有工作并在 6 月从事社会劳动 16 天以上者，即为就业人口；1994 年国家劳动部与统计局对就业概念的定义是：从事一定社会经济活动并取得劳动报酬或经营收入人员。就业人员中不包括从事经济活动的就读学生。上述两种界定只考虑了年龄条件，却忽视了“可赖以为生”的劳动收入条件。因此，2003 年劳动和社会保障部重新界定了就业标准。按照新的界定标准，“就业人员”指在 16 周岁及以上，从事一定社会劳动并取得一定劳动报酬或经营收入的人员。“失业人员”指在劳动年龄内，有工作能力，但与用工方解除劳动关系，目前无工作，且档案已转入户口所在地或相关社会保障部门，目前正

以某种方式寻找工作的人员。对于劳动报酬低于当地城市居民最低生活保障标准的，视同失业。

就业是高校贫困生经济独立和精神独立，实现自我价值的起点，也是反哺家庭和社会的主要途径。参照上述3个基本条件，我国高校贫困生毕业后，只要具备工作能力、年龄超过16岁，且从事合法劳动，收入超过就业地最低生活保障，即可纳入高校贫困生就业的范围。再从实际情况看，我国完成某一层次高等教育的毕业生，绝大多数已具备工作能力，并达到16岁法定工作年龄的自然条件，同时绝大多数毕业生从事的是合法劳动，且收入不低于最低生活保障。因此在本书研究中，若非特殊强调，凡已得到工作机会的高校贫困生，均可视为实现就业，反之则为失业。

（2）就业质量及其评价体系。

所谓就业，包括就业的量和就业的质两个方面。前者反映的是能够与生产资料结合并获取经济报酬的劳动者数量，通常用就业人数和就业率反映；而后者反映劳动者与生产资料结合的优劣，如经济收入的高低、工作环境是否舒适、工作时间的长短等。基于这一分别，在研究实践中生成了两种对就业质量的界定和测量口径：小口径主要反映已就业者的就业状况，所以只考察就业的质，而不涉及就业量；大口径针对群体总体的就业状况，不仅考察就业的质，还需考察就业量（通常用就业率反映）。在本书研究中，由于重在考察贫困生群体和非贫困生群体的总体就业状况，因此对就业质量采用大口径定义，即同时测量就业的量与质。

就业质量最初源自国际劳工组织（1999）的“体面劳动”概念。此后，国外学界对就业质量进行多种诠释。从国内外的相关研究看，就业质量是一个维度多元、主客观相结合的综合性概念，在不同的语境下有着不同的含义。尤其是在讨论微观、中观、宏观层面的就业质量时，尽管基本的关注点相同，但对考察内容的划分有较大差别。由于就业与就业质量不可拆分，影响就业的因素就会影响就业质量，因此国内外对就业质量的研究也是从影响就业的各因素入手的，通过多种主要指标的综合从总体上反映劳动者就业质量的优劣程度。

从微观层面上看，在国内研究中，刘素华（2007）认为，就业数量反映的是有多少劳动者能够与生产资料结合并获得相应的收入；而劳动者与生产资料结合的好坏如劳动者工作薪酬的高低、就业环境好坏、个人发展前景如何等，以及对工作的满意程度如何，这些体现的就是就业质量。[①] 在国外研究中，梅奥（Mayo）认为，就业质量包括就业者的工作效率、薪酬激励等；欧盟（2001）提出，“工作质量”包括工作特征、工作匹配度、劳动者主观评价等指标；施罗德（Schroeder）提出，高质量就业是“劳动者既能通过就业获得生活所需的薪酬，同时又能通过就业充实自己，获得满足”；比特森（Beatson）通过反映劳动与回报关系的经济契约内容和反映雇主与雇员关系的心理契约内容来衡量就业质量（Beatson，2000）。[②] 此外更多的是对就业质量的实证研究，如理查德·布利斯博（Richard Brisbo）对美国、加拿大及欧盟国家的宏观就业质量指标（健康与福利、技能开发、职业及就业安全、工作满意度等）进行了比较分析；[③] 彼得·莫托（Peter Morton）对加纳小型企业就业质量进行了调研等。[④] 从宏观角度看，就业质量指的就是该范围内劳动者整体的工作状况的优劣程度，一般用反映该范围内劳动者工作状况的各要素的统计数据，如社会保险参保率、劳动合同签约率等来表示。[⑤] 周平（2005）也指出，就业质量一方面反映在政府促进和市场引导下社会充分或较充分就业的水平，另一方面反映就业促进社会经济发展的作用，其宏观含义不可忽视。[⑥]

就业质量内涵的多元，决定了其评价体系的多元。例如，国际劳工组织（1999）提出关于体面劳动6维度13项指标的评价体系，奠定了就业质量评价体系的雏形；欧盟委员会提出了“工作质量”指标体系，欧洲基金会构建了“工作和就业质量”指标体系。2010年2月，联合国欧洲经济委员会协调上述三个国际组织，编制了统一的“就业质量”指标体系，包括就业安全与规范、劳动报酬、工作时间和工作平衡度、工作

① 刘素华．全球化对我国就业质量的影响机理及走势分析［J］．人口与经济，2007（02）．

② Beatso, Job quality and forms of employment: Concepts and the UK statistical evidenee［Z］. Critieal Soeial Poliey, 2000（05）．

③ Richard Brisbo, The Quality of Work: an International Perspecfive［Z］. CPRN, 2003（02）．

④ Peter Morton, Corporation Job quality in miero and small enter－prises in Ghana: field research result［J］. Internation Labour Office, 2004（07）．

⑤ 李军峰．就业质量的性别比较分析［J］．市场与人口分析，2003（11）．

⑥ 周平．谈如何提高就业质量［J］．中国培训，2005（03）：53.

稳定性及社保、协商与谈判机制、技能培训、员工关系与工作动机 7 个维度，并据此测度和发布了加拿大、芬兰和法国等 9 个西方国家的就业质量报告（见表 2.1）。①

表 2.1　国外重要的就业质量评价指标体系

评价维度	欧盟工作指标体系	ILO 体面劳动指标	UNECE Task Force 就业质量指标
就业能力	技能、终身学习和职业发展	不可接受的工作	技能发展与培训
资源和市场	健康与工作安全；包容性与劳动力市场进入	就业机会 充足收入与生产性工作；体面的工作时间；安全作业	工资与就业福利
社会制度	性别平等；灵活性与安全性；社会对话与员工参与	就业中的平等待遇 社会保护；社会对话工作场所关系；体面劳动的经济和社会背景	安全性与职业道德；就业保障与社会保护；社会对话
职业满意	工作组织与工作—生活平衡；内在工作质量；总体表现	工作与家庭生活平衡	工时及工作与非工作生活的平衡
持续稳定性	多样性与非歧视性	工作稳定性与安全性	职场人际关系与工作积极性

中国劳动科学研究所（2013）则认为，可以重点从 5 个维度评价就业质量：一是就业机会；二是就业状况，主要对关乎劳动者切身利益的因素如工资薪酬和工资增长、社会保险覆盖及待遇、劳动者的工作时间等因素进行考察；三是劳动关系；四是就业能力，主要看劳动者就业前是否进行过有效的岗前培训，职业能力和技能水平是否得到提高；五是就业环境，主要对劳动者就业创业的政策环境、劳动者的就业观、劳动力市场基础作用等容易影响就业的因素进行考察。同时，一些专家学者也对构建就业质量评价指标体系进行了积极探索。大多数文献都将就业率、供需比、工作

① 张丽宾．就业质量问题研究［J］．人事天地，2013（03）．

的稳定性、收入、社会保障、劳动关系和就业满意度等纳入指标体系。[①] 张桂宁（2007）认为，就业者就业质量可从工作性质、工作条件、工作安全、尊严、福利、培训可能性、平等参与、晋升机会 8 个维度进行考察；[②] 赖德胜（2011）从 6 个不同维度建立了包含 50 个指标的就业质量评价体系来衡量国内就业质量状况。[③] 此外，从 2017 年起教育部直属高校也定期发布当年的就业质量分析报告，但这些报告的分析单元是单个指标，均未对就业质量水平进行整体计量（见表 2.2）。

表 2.2　　国内使用的部分就业质量评价指标体系

研究者	评价维度	评价指标
刘素华（2007）	聘用条件	工作时间、劳动报酬、工作稳定性、职工培训
	工作环境	物理环境、安全环境、心理环境
	劳动关系	劳动合同、民主管理、工会组织、平等协商和集体合同、社会对话
	社会保障	养老、医疗、工伤、失业、生育等保险
李军峰（2003）	就业稳定性指数	一个人曾经做过的工作的平均持续时间或更换工作的次数
	工作质量指数	收入、劳动时间、劳动强度（平均工资、周平均劳动时间）
	劳资关系指数	劳动合同签订指数
		参与率（参与公司决策的就业者占总体的比重）
	福利和保障指数	享受各种福利和保险的劳动者占总体的比例
	职业发展指数	参加正规或非正规技术培训的劳动者的比例
		培训次数
		晋升机会
柯羽（2010）	内在质量	内在素质、职业规划能力、社会能力和专业能力
	外在质量	就业满意度、职业发展前景、人职匹配度、薪金水平、就业单位性质和就业地区流向

① 中国劳动科学所课题组．就业质量要与经济发展水平相适应——关于就业质量问题的研究［N］，中国劳动保障报，2013－01－22.

② 张桂宁．基于就业质量的职业意识教育探析［J］．广西民族大学学报，2007（09）.

③ 赖德胜．中国劳动力市场报告——包容性增长背景下的就业质量［M］．北京：北京师范大学出版社，2011.

2.2 理论基础

高校贫困生就业问题是本书的研究主题。与普通大学生相比，高校贫困生就业问题的特殊性在于其家庭经济困难，而高校贫困生就业的首要功能和目的则是促进本人及其家庭减贫脱贫。因此，通过教育获取知识实现就业，并取得经济来源反哺家庭，帮助脱贫，这可以被视为一种高等教育脱贫手段。基于此，本书的主要理论基础包括贫困与反贫困理论和就业理论两类。前者为本书奠定了研究的出发点、归宿和价值观，后者为本书探讨具体就业问题提供了理论工具、研究方法和观点借鉴。以下对此进行介绍。

2.2.1 反贫困理论

（1）贫困与反贫困理念的多维演变。

贫困和反贫困理念为本书理解高校贫困生就业的社会功能和价值背景提供了重要的启示。国外学者对于贫困与反贫困的定义有着不同的理解。总体而言，“贫困”概念经历了从单维贫困到多维贫困、从客观贫困到主观贫困、从收入贫困到能力贫困和权利贫困的演变过程。[①②] 起初，人们对于贫困的概念定义仅停留在物质层面，即认为贫困就是一种经济收入不足导致的物质匮乏的状态。早期学者均以联合国规定的国际贫困标准为界线，若家庭经济收入低于这一水平，导致无法维持正常生存需要，这种状态称为绝对贫困；与之相对应的是相对贫困，即经济收入相比其他人较低的一种状态，用于衡量一个社会收入不平等的程度。若个体或家庭的收入低于维持生活所必需的最低收入水平时，才是真正意义上的收入贫困。[③]

---

① Sen A. Poverty and Famines：An Essay on Entitlement and Deprivation. Oxford：Clarendon Press，1981.

② Sen A. Development as Freedom. New York：Alfred Knopf，1999.

③ Chiranjib Kumar Basu，Shyamal Majumdar. The Role of ICTs and TVET in Rural Development and Poverty Alleviation［EB/OL］. https：//link. springer. com/chapter/10. 1007/978 – 1 – 4020 – 5281 – 1_130，2009/2018. 12. 26.

从多维贫困的角度看，联合国教科文组织（UNESCO）认为，贫困不仅指个人及其家庭的生活条件，还有因社会转型而产生的国家体制上的贫困，及因缺乏改善生活或获取社会资本的能力而产生的贫困，如处于社会过渡的人所拥有的知识在新的社会规则下变得毫无作用。[①] 国外有些学者则对贫困的理解更加简洁，即贫困主要存在经济匮乏和能力缺失两个范畴，前者指因资源不足而无法满足人的生存需求，后者指缺乏机会和选择，无法依靠自身去改善生活。阿玛蒂亚·森（Amartya Sen）在这方面最具代表性。

20 世纪 80 年代，阿玛蒂亚·森在其著作《以自由看待发展》中提出了“能力贫困”的概念，打破了传统观念的束缚。他认为，导致个体贫困的主要原因在于个体可行能力（将自身禀赋兑换成商品，以及在商品使用过程如何将其功能展现的能力）被剥夺。在反贫困实践中，多数国家和组织均发现，收入不足作为致贫因素的其中一种，并没有深刻反映出导致贫困的致贫根源。要彻底从贫困泥潭中脱困，增强个体的社会适应力才是重中之重。能力贫困概念的提出首次将能力匮乏与致贫因素相联系，将原本从经济角度看待贫困的单一视角与从社会整体角度看待贫困的全局视角相结合，实现了从“经济一维”式视角向“形式性多维”以及“实质性多维”视角看待贫困的转变，进而形成了通过重建个人能力来实现社会减贫的“能力扶贫”新理念，对世界反贫困政策理论与实践作出了巨大贡献。

阿玛蒂亚·森的“能力贫困”概念提出后，得到了许多学者的认同。例如，钱伯斯（Schambers，1995）认为，贫困使追求幸福生活和自由权利的能力出现匮乏或丧失；豪斯霍佛（Haushofer，2014）指出，贫困会造成巨大的心理压力，削弱贫困者的思考能力，从而导致错误决策，进而产生永久性贫困和主观贫困；马索米（Maasoumi，2014）表示，贫困者之所以贫困，大多源于教育、健康、能力等方面的多维贫困，而且这种多维贫困可用 MPI 指数予以考察。可见，国际上对于贫困概念的理解主要体现在两个方面：一方面是生存资源匮乏和福利不足引致的贫困，另一方面是由于技术、机遇、体制等发展型资本不足引起的能力贫困。

---

① IIEP. Building skills for poverty reduction [EB/OL]. http://www.i iep. unesco. org/sites/default/files/nl_2006 -3_en. pdf，2006/2018. 11.

与贫困相对应的反贫困（anti－poverty）一词，其内涵与脱贫（poverty alleviation）和减贫（poverty reduction）相近，最早由经济学家冈纳·缪尔达尔（Karl Gunnar Myrda，1991）提出，这也是反贫困首次作为学术概念被提出。① 能力贫困理念在反贫困实践中体现出的实际价值，得到了联合国和国际社会的一致认可，贫困的根源在于社会适应力缺失的观点在实践中也得到了验证。基于此，联合国开发计划署（UNDP）明确提出一个新的贫困指标，即“人文贫困”，它主要由三个指标构成：寿命的剥夺、知识的剥夺和体面生活的剥夺。随后，2003 年的《人类发展报告》明确提出了六条摆脱贫困陷阱的政策组合思路，其中的核心思想在于提高人们的可行能力和改善社会发展环境，如通过投资卫生保健、教育、饮水等设施来培育一支社会参与性强、劳动生产率高的劳动力队伍。当前国际上常用的贫困一词，是由联合国贸易和发展会议（UNCTAD，2016）界定的，即贫困是社会参与能力、机会获取能力与收入创造能力匮乏的体现。② 可见，“能力贫困”理念已经得到广泛的社会认同。

根据学术界的界定，能力扶贫可以分为“显性能力扶贫”和“隐性能力扶贫”。所谓显性能力扶贫，是指针对自然禀赋和基本生存能力缺失所采取的扶贫措施，其主要措施是经济资助，例如，制度型的社会救助和社会保险。隐性能力扶贫是针对教育贫困、就业贫困、社交贫困和权利贫困等隐蔽的致贫因素所采取的扶贫措施。实证研究表明，隐性能力扶贫比显性能力扶贫的扶贫成效质量更高，不仅能有效降低贫困发生率，同时也能有效防止脱贫人员返贫情况的出现。近年来，中国扶贫减贫工作也经历了从显性能力扶贫到隐性能力扶贫的转型，其工作重点也由注重通过资金支持、实物救济、社会保险以提升基本能力，以及通过基础设施建设、移民搬迁、医保补贴以提升禀赋能力，转移到通过产业项目建设、教育资源整合、就业能力提升和创业能力培养以提高贫困群众自我发展能力上来。

（2）教育扶贫思想。

高校贫困生就业是实现教育扶贫功能的终端环节。因此，教育扶贫思

---

① 冈纳·缪尔达尔. 世界贫困的挑战——世界反贫困大纲［M］，顾朝阳译，北京：北京经济学院出版社，1991.

② UNCTAD. Development and globalization：Facts and figures 2016. Geneva：United Nations Conference on Trade and Development，2016.

想为本书了解高校贫困生就业的作用和意义奠定了基础。

从世界范围看，反贫困的难点在于消除能力贫困，而教育扶贫则是消除能力贫困的主要途径。所谓教育扶贫，是指在政府、学校、社会等多方助力下，通过线上、线下或两者相结合方式将知识技能传授给贫困者，提升其文化素养，使其具备自我发展，实现脱贫致富的扶贫方式。教育扶贫是我国脱贫攻坚的重要手段，也是脱贫巩固、阻断贫困代际传递的重要途径。长期以来，党和政府高度重视教育扶贫，并取得了显著成效。

教育扶贫思想孕育于西方反贫困理论研究。许多经济学家研究发现，教育具有极大的正外部效应，不仅能够培养人才，弥补国家人力资源缺口，同时教育的普及提高了从业者的职业能力，减少了贫困。因此要充分发挥教育的反贫困功能，应该增加教育投资。早在20世纪60年代，美国经济学家舒尔茨就提出了人力资本理论。舒尔茨认为，经济发展取决于人力资本的数量和质量，而非自然资源或资本存量；贫困地区之所以落后，源于人力资本短缺，而非简单的物质匮乏；教育与人力资本存量与经济发展水平有着密切的联系。上述观点为教育扶贫思想的兴起奠定了基础。随后，反贫困研究延伸到社会学领域，使反贫困研究领域得到极大拓展。社会学家对以往经济学界强调物质投资对反贫困的决定性作用的观点表示质疑，并认为贫困主要是受文化、思想、权利和体制机制等多方面因素的影响，并借此提出了文化贫困论和权利贫困论。同时，社会学家还强调，教育可以打破贫困文化，优化社会结构、促进权利公平分配，从根本上解决贫困问题。在教育学领域，教育扶贫研究主要包括两个方面：一是扶教育之贫，促进教育事业发展；二是以教育为途径，扶他人之贫。这派论点以教育能促进社会经济发展的假设为前提，它强调加大教育投资，努力提升全民族素质，进而达到促进经济发展和消除贫困的目标。这也是反贫困意义上教育扶贫思想，本书对教育扶贫的界定和应用也是基于这种理解。

在中国，教育扶贫思想既源于对西方反贫理论的梳理和发挥，又紧密结合了本土的反贫困实践，进而发展成为具有中国特色的教育扶贫理论。20世纪初，我国职业教育的开拓者黄炎培先生创立了中华职业教育社，致力于发展职业教育，改善经济民生问题。我国著名的平民教育家晏阳初先生，致力于发展平民教育和乡村改造，其平民教育思想对我国农村教育扶贫工作也有很强的启示意义。改革开放以来，我国教育工作者进一步发展了教育扶贫思想。其主要理论观点包括：教育具有反贫困的作用，而且是一种最有效持久的扶贫方式，可以消除贫困的恶性循环，所以应将教育资源也纳入扶贫的资源配置中；应通过自动分流体制使教育投入多样化，将公共教育投资向低收入人口倾斜；教育扶贫是一种较为特殊的公共产品，要将公共教育事业作为社会保障体系的一部分，加大公共教育投资，改善贫困地区教育条件和教育基础设施建设力度，提升贫困人口受教育程度，以此提高贫困人口的就业率和就业质量。

纵观中外教育扶贫思想的发展历程，经过大半个世纪的发展，尽管其理论体系和观点有待进一步完善，但思想精髓已得到了世界各国的广泛认同，并对政府的扶贫政策与实践产生了深远影响。“扶贫先扶智”已成为我国扶贫开发工作的重要指导思想，在扶贫实践中取得了显著成效。

（3）高等教育反贫困功能的理论观点。

实现教育扶贫离不开高等教育的发展。高等教育的反贫困功能是建立在高等教育的经济功能理论和高等教育收益理论基础上的。

高等教育的经济功能是指高等教育对社会经济发展所起的作用。其对经济的驱动作用具体体现在：第一，高等教育可以促进经济增长。这主要体现在：一是提高受教育者文化素养，优化其知识结构，改善其生产劳动能力，提高社会劳动生产率；二是受教育者将所学知识与技能应用于科技创新、制度创新和管理创新，从而提高生产力，达到减贫目标。第二，高等教育可以优化经济结构。经济的发展离不开人才的推动，优化经济结构也必然建立在优化人才结构的基础上。而高校作为国家高等人才的培养基地，毋庸置疑对人才结构的形成以及配置具有重要影响，而这必然对经济结构调整会产生积极影响。第三，高等教育可以改善经济收入。高等教育不仅与国民经济增长相关，还可为个人收入增长作出积极贡献。高等教育能够改善劳动者的人力资本和生产水平，进而提高其收入水平，同时还能提高受教育者的隐性收入，优化生活方式和消费质量，改善工作生活环境，提高家庭经济管理水平乃至提高其后代教育水平等。因此，为了提高国民收入水平，促进共同富裕，扩大高等教育规模，为社会弱势群体创造更多的高等教育机会是一条有效途径。也正是在这个意义上，高校贫困生就业可以为贫困家庭增加收入，促进其家庭经济减贫脱贫。

高等教育收益理论也为高等教育反贫困功能提供了有效依据。高等教育收益理论认为，高等教育具有多元收益，涵盖社会与个人两个方面：前者具有宏观性，主要体现在促进全民素质提升和科技发展水平，提高社会凝聚力和降低违法犯罪发生率等诸多方面；后者包括外部收益和内部收益。其中，外部收益是个人接受教育后，给本人及其家庭带来的货币化收益，通常表现为受教育者就业后经济收入的提升，而内部收益不可货币化，具体包括受教育者及其家庭在精神和社会地位上的提高等。正是因为高等教育具有这些内外部收益，所以它对促进国家富裕和群众脱贫具有多方面的积极作用。

（4）精准扶贫：中国特色反贫困理论。

精准扶贫思想是习近平新时代中国特色社会主义思想体系中的重要理论之一。它对我国扶贫思想与实践经验进行了总结，也是马克思主义反贫困理论中国化和中国特色社会主义道路上的又一重大理论成果。精准扶贫思想为本书分析高校贫困生就业问题研究提供了价值理念、工作要求、政策依据和经验借鉴。

2013 年，习近平总书记提出了精准扶贫思想，拉开了中国历史上规模最大的扶贫运动的序幕。精准扶贫与粗放扶贫相对立，是指针对不同地域、不同贫困户的具体状况，运用科学程序对贫困人口进行精确识别、精确帮扶、精确管理的贫困治理模式。精准扶贫理论从顶层设计的层面，明确了新时期我国扶贫工作的布局、重点和实施办法，是保障我国全面脱贫目标实现的理论保证。

作为世界上最大的发展中国家，精准扶贫事业不仅关乎中国特色社会主义建设成就，在世界范围内也具有典型示范作用。改革开放至今，我国扶贫任务取得了重大成果，开辟了一条具有中国特色的贫困治理之路。2013 年 11 月，针对扶贫工作中长期存在的底数不清、针对性不足、资金和项目漫灌的问题，习近平同志做出了“实事求是、因地制宜、分类指导、精准扶贫”的重要指示；2015 年习近平总书记再次提出扶贫开发“贵在精准，重在精准，成败之举在于精准”的口号，以及“坚持分类施策，因人因地施策，因贫困原因施策，因贫困类型施策”的工作方针，广泛动员社会力量参与扶贫工作。由此，“精准扶贫”成为新时期扶贫工作的核心战略。

精准扶贫方略可以高度概括为“六个精准、五个一批和五个坚持”。

其中，“六个精准”是：扶贫对象精准、项目安排精准、资金使用精准、措施到户精准、因村派人精准、脱贫成效精准，解决“扶持谁”“谁来扶”“怎么扶”“如何退”“如何稳”的问题。“五个一批”是：发展生产脱贫一批、易地扶贫搬迁脱贫一批、生态补偿脱贫一批、发展教育脱贫一批、社会保障兜底一批，这是分类施策的基本思路和实现途径。“五个坚持”是：坚持扶贫攻坚与全局工作相结合，走统筹扶贫的路子；坚持连片开发与分类扶持相结合，走精确扶贫的路子；坚持行政推动与市场驱动相结合，走开放扶贫的路子；坚持“三位一体”与自力更生相结合，走“造血”扶贫的路子；坚持资源开发与生态保护相结合，走生态扶贫的路子。精准扶贫的目标是实现“两不愁三保障”，即扶贫对象不愁吃、不愁穿；保障其义务教育、基本医疗和安全住房。中国共产党领导的政治优势和中国特色社会主义的制度优势，是精准扶贫精准脱贫的根本保障。找准扶贫对象，实行精细的管理与扶持，是精准扶贫的基本。在对症下药、精准滴灌、靶向治疗、分类施策上下功夫，是精准扶贫精准脱贫的精髓。发动基层民众力量，构建政府、市场、社会协同推进的大扶贫格局，是精准扶贫精准脱贫的关键。创新形成持续发挥辐射带动作用的利益联结机制，是产业精准扶贫的核心。

精准扶贫战略的实施，提高了脱贫攻坚的工作效率。精准扶贫战略实施以后，我国绝对贫困人口数量逐渐减少，直至2020年末我国实现全面脱贫。2015年，我国提前完成《联合国千年宣言》目标，在189个缔约国中前所未有地使4.39亿人摆脱了极端贫困状态，成为全球最快实现千年发展目标中减贫目标的发展中国家，获得国际高度评价；[①]“十三五”初期，我国在当时标准下仍有5575万人尚未脱贫，832个贫困县没有摘帽，是全面建成小康社会的最后堡垒。2018年底，全国只有1660万贫困人口集中分布在基础设施薄弱、自然环境恶劣、经济发展滞后的深度贫困地区，到2019年末，未脱贫的人口降至551万人，意味着“十三五”前4年每年脱贫人口超过1000万人。截至2020年末，国定贫困县农村居民人均可支配收入达到1.25万元，十年间年均增长近12%。2021年2月，习近平总书

---

① 杨宜勇．认识“精准扶贫”理论的内涵和世界意义［N］．21世纪经济报道，2017－11－03.

记庄严宣告：我国脱贫攻坚战取得了全面胜利。自 2013 年提出精准扶贫思想到 2020 年的 8 年间，近 1 亿人脱贫，832 个贫困县全部摘帽，农村贫困人口全面实现“两不愁三保障”及饮水安全有保障，全面完成脱贫任务。

中国在减贫实践中孕育的精准扶贫思想与实施方略，不但具有中国本土化特色，也拓展了国际反贫困事业的思路与实践，为人类减贫事业探索了新的路径与方法。脱贫攻坚任务完成后，中国仍是世界上最大的发展中国家，要解决发展不平衡不充分问题、缩小城乡区域差距、实现全体人民共同富裕，征途仍然任重道远。在这一背景下，精准扶贫的理论成果将继续服务于脱贫巩固、乡村振兴和共同富裕战略的推进。

2.2.2　就业理论

高校贫困生就业质量问题既有其特殊性，又服从一般性的就业规律和理论。因此在本书中，相关就业理论可以分为一般就业理论、[①] 微观就业理论和就业公平理论三类。

（1）一般就业理论。

一般就业理论是从宏观角度出发对就业问题进行的理论化阐述，具有高度的概括性，为理解高校贫困生就业问题提供了宏观上的理论指导。

一般就业理论产生于西方国家，主要包括西方就业理论和马克思主义就业理论。其中，西方就业理论根植于资本主义市场经济的实践。它起源于 18 世纪中叶，20 世纪 30 年代快速发展，内容逐步完善。按照时间先后，一般就业理论可分为古典就业理论、凯恩斯就业理论及现代就业理论三大体系。

最早出现的是古典就业理论。该理论产生于 19 世纪。该理论认为，劳动力市场能够通过“看不见的手”实现自我调节，能自发实现充分就业，所以失业只是短期局部现象，不会长期存在。其理论以供给创造需求的萨伊理论为基础，认为市场经济条件下没有真正意义上的被动失业。所谓失

① 对一般性就业理论的论述参考了王飞鹏的论文《就业理论综述与研究新动向》（《广西财经学院学报》2009 年第 12 期）。

业，其原因在于劳动力市场的供求失衡，倘若工资水平可以自由调节，那么可通过下调工资，自发实现劳动力市场出清，达到充分就业目标。因此，现有的失业主要是自愿失业，完全可以通过降低工资水平的办法解决该问题。

在这一时期，早期马克思主义的就业理论引起了世人关注。马克思主义就业理论对西方雇佣劳动制度和就业问题进行了充分研究，其对应的经济基础是资本主义生产资料私有制，以相对过剩人口理论为核心。马克思主义就业理论认为，在资本主义生产条件下，生产资料私有制是相对过剩人口出现的经济基础；相对过剩人口的出现必然导致劳动力成为商品；资本有机构成的提高是形成相对过剩人口的必要条件；相对过剩人口依靠市场经济而存在。基于上述认识，马克思认为相对过剩人口非但孕育于资本主义制度，同时又是资本主义制度产生与完善的必要条件。

稍后出现的是近代凯恩斯充分就业理论。该理论于 1929 ~ 1933 年资本主义大萧条时期出现，其认知基础是存在严格意义上的非自愿失业。凯恩斯认为，失业问题的根源在于资本主义经济周期导致市场供过于求，产品和劳动力大面积过剩。要改善该状况，政府就必须借助财政货币政策，实行反周期的扩张性政策，增加投资与消费，以期实现经济复苏和充分就业。

最后出现的是现代就业理论。第二次世界大战结束后，各主要资本主义国家普遍推行凯恩斯主义经济政策，但该政策虽然可以短期内缓解危机，但不能从根本上解决资本主义国家的固有矛盾，同时政府的介入也为更深的危机埋下了伏笔，进而引发了 20 世纪 70 年代经济停滞，通胀和失业高企并存的经济滞胀现象。针对这一困局，各种新的理论与学说陆续涌现。其主要流派包括以下几种。

第一，后凯恩斯主义的就业理论。托宾是代表人物，其观点是：现代发达国家的结构性失业，源于产业结构转变导致的劳动力供求结构失衡。除了宏观的经济政策调节外，还要依靠劳动力市场和人力政策来保障就业。

第二，货币主义的就业理论。以弗里德曼为代表，学说的核心是自然失业率假说。弗里德曼认为，劳动力市场的运动趋势趋向于自然失业率，实现自然失业率必须依靠加速的通胀或通缩。当然，货币主义者也承认，货币政策短期可减少失业，但长期效果无法保证。对此，弗里德曼提出了单一货币规则，即每年增加一定比例的货币供给量，以适当提高通胀率，促进经济发展，从而达到减少失业的目的。此外，供给学派和理性预期学派也反对凯恩斯主义的干预政策，但总体上属于古典就业理论的回归，支持市场自由发展，反对政府介入。

第三，人力资本投资理论。人力资本投资理论在 20 世纪 60 年代产生，代表人物是舒尔茨。该理论认为，人力资本投资有助于劳动者劳动能力异质性与不可替代性的提高，所以劳动力市场必须采取积极政策，加大人力资本投资，以合理开发和利用劳动力资源为重心，替代以往的保障失业者生活和工作政策，消除“求职难”与“招工难”并存的结构性失业现象。

第四，发展经济学的就业理论。代表人物为刘易斯、费景汉和托达罗等。他们认为，工业部门的资本积累是经济发展的主要动力，但对发展中国家来说，资本是稀缺资源。要解决就业问题，必须依靠工农业部门的协调与平衡。该理论认为，发展中国家劳动力之所以由农村向城市流动，主要是因为城乡收入存在差距，而劳动者是否迁移取决于迁移收入增量与迁移成本的比较。该理论认为，在发展中国家实现充分就业，要做全局性分析并统筹解决。其措施包括：一是推动农村经济发展，降低城市吸引力；二是降低劳动力市场门槛，使劳动力在市场上充分竞争；三是构建合理的产业结构并协调部门比例；四是采用密集型中间技术，制定相应的技术政策，利用发展中国家非熟练劳动力数量庞大、价格低廉的优势。

第五，当代马克思主义经济学理论。该学派认为，失业现象是由于资本主义生产具有阶级性，因而必须通过失业和不安全感激励工人努力工作，改善生产效率，因此资本家会通过制造“政治的商业周期”或“资本罢工”制造经济衰退，从而人为提高失业率。

由于种种原因，我国对就业问题的研究起步较晚。直至 20 世纪 70 年代末、80 年代初，我国本土的就业理论和政策实践才开始出现。迄今为止，我国就业理论经历了四个发展阶段。

第一阶段，统包统配型就业理论。从新中国成立至“文化大革命”结束，我国城市劳动力通过政府“统包统配”，在各级各类国有企业、集体企业与机关、事业单位就业，而乡村劳动力则由集体经济组织安排就业。其特点是“低工资、高就业”“终身就业制”“行政安置”“隐性失业”以及“在职失业”。其主要就业措施有：发放失业救济金、鼓励恢复生产、国家安排就业等；鼓励知青上山下乡，接受基层农民与解放军再教育等。

第二阶段，市场调节型就业理论。自20世纪80年代起，我国逐渐认识到，在社会主义商品经济条件下仍存在失业现象，失业代表劳动权利未充分实现。因此90年代我国实行市场经济体制改革以后，我国开始鼓励灵活就业，实施非全日制就业、远程就业、承包就业、临时就业、兼职就业和家庭就业并存的就业手段。

第三阶段，市场经济初期的就业理论。从1994年《中华人民共和国劳动法》通过至1998年确立“劳动者自主择业、市场调节就业、政府促进就业”的就业方针，我国社会主义市场经济条件下的劳动力就业市场开始建立。

第四阶段，中国特色社会主义市场经济的就业理论。2002年9月中央为积极的就业政策打下框架并明确“就业是民生之本”，中国特色社会主义市场经济就业理论初现雏形。2008年《中华人民共和国就业促进法》《中华人民共和国劳动合同法》发布，标志我国社会主义市场经济就业理论渐趋完备。其实践目标是建立全国性的统一人力资源市场，维护市场有序运行，利用市场经济体制，保障充分就业。

（2）微观就业理论[①]。

除了一般性就业理论外，为了解释劳动力市场的种种具体问题，学者们还提出了许多颇具解释力的微观就业理论。这些微观就业理论视角多元，内容丰富，观点鲜明具体。总的来看，这些理论为本书理解高校贫困生就业问题的微观背景与成因机理提供了直接的理论和观点借鉴。其主要内容包括以下几种。

第一，经济增长与就业增长非同步理论。依照劳动经济学理论，产品和劳务的需求催生劳动力需求，所以经济繁荣对促进就业有巨大作用。另外，经济与就业的发展并非同步发生，这是因为经济发展受科技、资本、劳动力等多因素驱动。若劳动力的可替代性越强，经济增长就越可能独立于劳动力需求增长之外；其他生产要素的经济成本越低，经济发展越不需

① 关于微观就业理论的论述参考了陈建辉博士和崔鹏博士2007年未公开发表的课题研究报告《高校毕业生就业理论与就业问题研究》。

要劳动力；其他因素对经济增长的边际作用越大，经济增长也越不依赖劳动力增长。因此，经济增长对就业的促进作用是非线性的，具有不确定性。正因为如此，经济增长并不能完全解决高校毕业生的就业问题；主动放弃经济增长目标也是不可行甚至是荒谬的，因为经济一旦陷入停滞和衰退，就业增长必然成为无源之水。当政府难以兼顾经济增长和就业增长两个目标时，必须优先保障经济增长目标，力求以经济增长带动就业增长。

第二，就业能力不充分理论。就业能力又称为可雇用性。在西方发达国家的高等教育研究领域，对高校毕业生的就业能力研究非常普遍。哈瑞德·斯库伯格（Harald Schomburg，2000）和琼斯基尼·莫拉（JoseGines Mora，2000）均认为，高等教育缺乏灵活化的体系与合理化的专业结构，制造了高校毕业生在就业能力上的欠缺，导致了大学生失业现象的出现。所以提升就业技能，开展职业培训，可以促进毕业生充分就业。

第三，人力资本理论与保留工资。人力资本理论将教育视为个人的一项投资活动。美国学者沃尔什（Walsh，J. R）将个人教育支出和毕业后的收入相比较，来计量教育带来的经济效益。经济学家对比达到不同教育程度所花的费用与受教育后因能力提升而获取的收入，证明了教育投资与一般资本投资的性质一致。在此基础上，以人力资本理论为依据，劳动经济学通过保留工资理论阐明了大学生失业的原因——保留工资理论以信息不完全的就业市场为假设，认为求职者通过估算自身的人力资本确定预期薪资水平，若薪资出价低于预期，则放弃就业，转而寻找下一份工作；一旦薪资出价高于预期，则同意从事该工作，保留工资即指这个预期薪资水平。支持保留工资理论的学者认为，大学毕业生失业的原因之一就是预估的保留工资高于市场均衡工资。

第四，劳动力市场分层理论。劳动力市场分层理论最早由多林格尔（P. B. Doeringer）和皮奥利（M. J. Piore）在1970年提出，其认为劳动力市场可以划分为主要劳动力市场和次要劳动力市场。前者工作稳定性强、薪资水平高、工作环境舒适、有丰富福利、发展前景好；后者工作不稳定、收入低、环境不佳。劳动力市场分割使不同劳动力市场的劳动者难以充分流动。尽管在主要劳动力市场中的失业者能快速找到次要劳动力市场的工作，但由于两个劳动力市场收益悬殊，而且在次要劳动力市场就业后很难重返主要劳动力市场，因此主要劳动力市场的失业者不愿意在次要劳动力市场就业。当大量毕业生无法进入或被动退出主要劳动力市场时，短期内不愿意进入次要劳动力市场。这就加剧了高校毕业生的失业现象。

第五，工作搜寻理论。工作搜寻理论由菲尔普斯（Edmund S. Phelps，1971）等经济学家提出。他们从劳动力市场信息不完全角度，讨论了劳动者为何持续寻找工作。菲尔普斯认为，失业是劳动者的一种必要投资，此类投资越多，越能够得到合意的工作。假定劳动力市场信息不完全和报酬不同，那么求职时间越长，越有可能获得高薪工作。根据这一假设，劳动者因求职而产生的失业时间越长，所获得的工作收入就可能越高。但是随着劳动力市场求职时间越来越长，未来报酬提升的边际幅度趋于减少，求职成本则呈现边际递增趋势。基于该理论，菲尔普斯认为大学生失业是一种摩擦性失业，毕业生为寻找满意工作而短暂失业是一种理性行为。另外，求职期过长，找到满意工作的可能性则降低，成本提升，所以有学者提议毕业生就业优先，之后再寻找合适的工作。

第六，筛选理论。20 世纪 70 年代初，美国经济学家斯宾斯（Spence）和索罗（Thruow）认为，教育旨在筛选不同能力的人，而不是提高个人知识水平。由于雇佣者招聘时缺乏求职者劳动效率的真实信息，却可以得到求职者关于受教育程度、婚姻情况、人生履历等表面特征信息，雇主只能根据这些表面特征估算求职者的劳动水平。在上述因素中，学历因素是最为直接的筛选信号，这就导致追逐学历成为社会风潮。由于社会中具有高学历的毕业生越来越多，普通毕业生的竞争地位下降，因而导致失业状况频发。

第七，补偿性工资差别理论和毕业生面向基层就业。补偿性工资差别理论最初由西方经济学鼻祖亚当·斯密提出。补偿性工资差别理论认为，有些工作安全性高，工作体面，所在地域优越，有些工作劳动条件差，工作环境欠佳。在毕业生均质的情况下，毕业生会优先选择前者，拒绝从事劳动环境差的工作。为了吸引毕业生到这些工作条件差的岗位工作，雇佣者就要提供较高的薪酬，高出平均水平的薪酬称为补偿性工资。如果补偿性工资不足，则部分工作条件差的岗位将鲜有毕业生从业。而在现实情况中，毕业生不是均质的，职业能力较差、缺乏社会关系的毕业生总是流向工作条件差的基层岗位，工作能力强、社会关系充足的毕业生趋向于流向舒适岗位。因此，如果没有足够的补偿性工资，则很难吸引高质量人才在基层就业。

（3）就业公平理论。

高校贫困生是劳动力市场的弱势群体，其在就业过程中容易遭受不公平待遇，因此保障高校贫困生的就业公平是本书研究的重要价值目标。

党的十八大提出公平正义是中国特色社会主义的内在要求。罗尔斯认为，公平包含两方面准则：一是社会的所有成员都应当具有一种平等自由的权利，融入社会自由体系；二是面对不平等问题，最少受益者的利益要得到最大程度的补偿。罗尔斯的理论要求人生的发展必须不受自然或社会偶然因素的影响。在罗尔斯的公平理论视角下，完备的公平观必须涵盖起点公平、过程公平和结果公平。

就业公平是社会公平的重要环节，对社会主义和谐社会构建和经济发展具有基础性的保障作用。就业公平要求充分开发和配置人力资源，其要素包括以下方面：

第一，参与机会平等。新自由主义经济学家哈耶克认为，真正的平等不应该体现在收入或财产上，而应该在于机会上的平等。即要保证每个公民在职业选择上都有相同的自由选择的机会。但这并不意味着国家要给每个人安排一个就业岗位，而是应该给那些有意愿和工作能力的求职者创造一个平等就业的机会，并且保证机会不会受到肤色、性别等因素影响，从而消除从业人员就业上的阻碍。在微观层面，要为劳动者提供就业培训与指导；在宏观层面，要制定有效的政策方针，保障劳动力市场有序发展。

第二，发展机会平等。发展机会平等是指个人都平等地享有职业发展的权利和机会，联合国《经济、社会和文化权利公约》规定，各国应当通过技术和职业的指导培训保障个人工作权利。职业培训要对个人认知与劳动能力的提高有所帮助，一方面应该推动经济与生产力的发展，另一方面要提高个人生活质量、保障个人发展。此外，个人享有平等的晋升渠道，只将个人工作经验与水平作为考量标准，不受种族、性别等因素影响。基于上述要求，在实践中平等的就业权包含三层含义：一是所有公民都应当平等就业，不因种族、性别、信仰等不同而受到阻碍；二是在职位应聘中，所有公民都要参与平等竞争，任何人不得享有特权，也不得歧视任何人；三是平等不等于同等，平等是指达到标准、符合特殊职位条件的人，都享有平等的机会，而非不论条件同等对待。

与就业公平相反的是就业歧视。根据国际劳工组织在《关于就业和职业歧视公约和建议书》中的定义：任何根据种族、肤色、性别、宗教、政治观点、民族、血统或社会出身所作的区别、排斥或优惠，其结果都是有损就业机会均等或待遇平等，从而构成歧视。就业歧视包括如下方面：

第一，参与机会不公。就业歧视在世界各国普遍存在，以性别和身份歧视最为严重。在绝大多数国家的职业招聘中，雇主往往倾向于招录男性劳动者，在地位与收入水平越高的岗位，女性数量越少。在中国，户籍和地域歧视较为严重。特别是户籍歧视在国际上较为罕见，其成因和影响特殊且复杂。

第二，发展机会不公。随着我国经济社会和教育事业快速发展，我国劳动力市场竞争更加激烈，导致了所谓“就业内卷”现象。例如，在岗位招聘中招聘者刻意设置更为严格的学历和工作经验门槛，使得许多原本胜任岗位的劳动者，因人为拔高的学历和经验门槛而拒之门外。另外，我国常见的编制内与编制外、农民工与城镇职工的先天差别，还会导致薪资水平、福利补贴和个人保障等方面的同工不同酬，职业发展机会悬殊，引致了发展不公平。

就业弱势群体是任何一个社会都存在的特定群体，如何保障该群体的权益：劳动权益是无法回避的一个难题。为此，各国政府采取了许多措施：

首先，在法律措施方面。美国政府建立了健全的就业机会公平的法律制度，明确用人单位的举证责任就是其中之一。即，当应聘者证明其有胜任工作岗位的能力而未被录用，用人单位要举证不予录用的合法性，否则可认定为歧视。美国在《民权法案》第七章中明确提出，不得因种族、肤色、信仰、国籍对雇员歧视，不能在雇佣、解雇、提升、调动、薪酬管理、培训计划等任何一个就业环节存在歧视。明确法律执行主体。美国公平就业机会委员会（以下简称 EEOC）成立于 1965 年，在美国共设有 53 个驻外办公室，用来保护应聘人员。其处理的案件依雇主性质分为两类，第一类雇主为联邦组织，第二类雇主为私人、州或地方政府与教育组织。

EEOC专注于就业歧视相关法律案件的处理，以当事人立场贯彻“调解优先”原则，予以专业化和规范化的调解。

其次，在行政措施方面。多国政府制定了许多就业服务及援助措施。例如，提供灵活与专业的私人咨询，依据个人状况提供职业帮助；重视职业介绍与指导，完善信息统计制度，建立专业化的评估机构，通过经济指标对劳动力市场进行调查预测，对劳动力市场政策给予意见和建议；将市场机制引入就业服务的提供，形成社会参与，提高社会福利水平；实施精细化管理，建立评价与监督机制，构建督查网络等。

西欧各国高度重视职业培训的重要作用，英国、法国、瑞典、荷兰等国的培训费用超过其劳动力市场经费一半，丹麦的比例高达77%，超越失业保险金。英国将失业人口、单亲家长、长期病患人口和失业者配偶作为就业援助的主要对象。专家要详细了解失业者具体状况及培训和就业机会，以便提供更有针对性、更专业化的服务，其具体包括：提供专业有效的私人咨询，针对个人需求和能力状况提供求职帮助；保证失业12周内救济金的成功领取；为失业者提供税收减免、社保费用规范化上缴、税制完善等服务；政府承诺改善社会成员的就业状况，同时要求有能力者分担就业责任。从20世纪90年代起，德国推出哈茨改革方案，着力推动劳动力市场法规建设。其具体的改革措施包括：重新定义“合适的工作”，规定失业满1年的社会成员，必须接受一切可胜任的合法工作，而不得过分追求薪酬和挑剔工作内容。该方案旨在推动长期失业者进入劳动岗位，使得失业者有基本生活保障，同时也实现减轻社会负担。

由于我国的历史传统和文化特色，我国劳动力市场上既有与西方国家一样的共性问题，也有中国特有的就业歧视问题。首先，我国劳动力数量庞大，劳动力供求关系长期失衡，就导致劳动力市场以买方市场为主，性别、户籍、学历、年龄等就业歧视现象较为普遍。其次，立法缺失和执法不严导致就业公平难以真正得到落实。在反就业歧视方面，我国只有简单的法律架构，既没有体系化的审查方案，也没有足够明晰具体的法律条款制约就业歧视行为。这导致招聘单位往往能够以招聘自主权为由对就业歧视行为进行开脱，而求职者却难以得到平等待遇和法律救济。因此，我国有必要研究和借鉴国外的就业政策与方案，促进我国就业公平，解决我国就业领域的歧视难题。

2.3 基于三维就业资本的解释框架

除上述理论外，本书还以三维就业资本与大学生就业质量的关系的理论观点为基础，搭建了关于高校贫困生就业质量的内外部异质性及其变化的解释框架。以下对此进行简要介绍。

高校毕业生就业质量的影响因素甚多，但在众因素中，最具解释力且自成体系的因素是人力资本、社会资本和经济资本。在国内外关于大学生毕业生问题的研究中，通常从三维资本的框架来对其就业质量状况进行解释和分析。三维资本理论认为，人力资本、社会资本及经济资本是影响高校毕业生就业质量的主要因素，其数量和质量与高校毕业生的就业质量呈正相关性。

首先，人力资本是大学生高质量就业的能力基础和根本保证。人力资本理论最早来源于经济学领域，由舒尔茨与贝克尔在 20 世纪中期所创立。人力资本与物质资本相对立，是凝结在人身上包括知识、技能、健康等素质在内的资本存量。[①] 舒尔茨从宏观层面提出教育既是经济增长的引擎，也是对人力资本的最大投资；贝尔克首次使用了成本—收益分析方法探究了人力资本投资对个人就业和收入水平提升的作用，在微观层面上发展了人力资本理论；美国经济学家丹尼森认为劳动者受教育水平的提升能改善当下土地、劳动和资本等生产要素的效率，还能促进未来经济的高速增长。[②] 因此，人力资本不会像物质资本一样折旧贬值，而是可长期使用并影响个人收入和职业发展。对大学毕业生而言，其人力资本是指先天具有或通过接受教育和实践习得的素质、知识及能力，它是实现就业、获取劳动报酬的重要依据。在劳动力市场，大学生的外部人力资本表现为学历层次、学业成绩排名、政治面貌、学生干部经历、社会实践、技能证书等，内部人力资本体现为大学生所具有的沟通表达能力、

① 吴易雄，王虎邦，贾昆蕙. 人力资本与社会资本理论下教育扶贫政策评估及效能优化——基于对 598 份有效问卷的深度分析［J］. 中国电化教育，2020（11）：10－18，29.

② 闵维方. 人力资本理论的形成、发展及其现实意义［J］. 北京大学教育评论，2020，18（01）：9－26，188.

组织协调能力、逻辑思维能力、问题分析能力、创新创业能力等综合素质。

其次，社会资本是大学生高质量就业的人际支持因素。布迪厄（Piere Bourdieu）是社会资本的概念提出者，经科尔曼（James Coleman）、普特南（Robert D. Putnam）、林南（Nan Lin）等学者不断深化，社会资本理论已从社会学扩散到几乎所有社会科学，展示了强大的解释力。绝大多数研究者认为，社会资本是社会关系网络中拥有的资源总和。[①] 与西方社会相比，我国既不是“个人本位”，也不是“社会本位”，而是一个“关系本位”社会，一根根私人联系线条构成了社会关系网络。在关系本位社会中，大学生的求职行为自然会被嵌入各种关系网络之中，受到社会资本重要影响，并通过获得不同质量的就业机会反过来影响和构建新的社会关系网络。大学生就业的社会资本就是指大学生在就业过程中通过社会网络能够利用的资本。这种资本又分为先赋性社会资本和后致性社会资本，前者是指通过家庭背景形成的社会资本，后者是指通过自身社交网络积累的社会资本。大量研究表明，大学生社会资本越多，越有助于提高就业质量，尤其是具有良好个人家庭背景和高社会资本的大学生就业质量普遍较高。[②] 但吴克明（2021）认为社会资本对大学生就业的影响具有两面性：积极作用在于可以增加就业信息来源、降低信息搜寻成本、增加就业机会、提高就业质量、促进工作流动和职业发展，消极影响在于损害就业公平、限制大学生择业范围、增加就业成本。[③] 因此，对于家庭背景较好的大学生来说，社会资本主要来源于先赋性社会网络，并能在其就业中发挥积极作用，而家庭贫困的大学生会受到社会资本消极作用的影响。

最后，经济资本是大学生高质量就业必要的物质保障。经济资本，又称物质成本，是大学生人力资本、社会资本得以生成发展以及开展各类社

① 赵延东．“社会资本”理论述评［J］．国外社会科学，1998（03）：19－22.

② 王霆．大学生高质量就业的影响机制研究：人力资本与社会资本的视角［J］．高教探索，2020（02）：108－114.

③ 吴克明，刘若霖，钟云华．社会资本影响大学生就业的两面性研究：理性选择理论的视角［J］．教育与经济，2021，37（04）：65－71.

会实践活动的物质基础。[①] 大学生的日常学习不仅需要经济资本的支持，而且大学生就业通常需要制作简历、异地食宿交通、外部形象包装、笔试和面试培训、创业启动等经济支出，所以经济资本的多寡直接影响高校毕业生的就业方向与就业质量。例如，郭斌（2006）认为，家庭经济资本影响子女教育机会的获得，家庭经济资本占据优势的家庭子女更容易获得高层次的教育。[②] 韩璐播（2016）调查表明，家庭经济资本在大学生就业时扮演了工具性的角色，能够为学生择业提供经济支持与帮助，直接影响了毕业生的求职基础、求职过程、就业心理和就业结果。[③] 岳昌君（2011）调查发现，社会资本变量对大学毕业生收入有显著的影响，家庭社会关系多的毕业生的收入更高。[④] 钟云华（2014）[⑤]、曲垠娇等（2018）[⑥] 研究发现，贫困生获得学生资助，其实质是改善经济资本，并将其转化为人力资本和社会资本，提高毕业生就业质量。

此外，皮埃尔·布迪厄认为经济资本、人力资本和社会资本是相互联系和转化的。而这种互相转化的关系，将共同影响高校毕业生的就业质量：一方面，经济资本有利于促进人力资本与社会资本的发展。充足的经济供给能够使学生接受完整优质的教育，增强综合素养，提高学历水平，进而提升人力资本水平；国家资助体系中的奖助学金和助学贷款能促进大学生学业发展，共同增进大学生的人力资本；[⑦] 在求职阶段，毕业生运用社会资本时通常需要餐饮礼品等支出，因此经济资本越丰富，对拓展社会资本越有利。另一方面，人力资本与社会资本同样有利于增加经济资本。例如，拥有高人力资本与社会资本的大学生在求职时，两种资本彼此激

---

① 钟云华，王骄华．四维资本视角下贫困生就业困难的根源及其精准化解路径［J］．教育文化论坛，2022，14（01）：69－76.

② 郭斌．家庭经济资本和文化资本对子女教育机会获得的影响［J］．高等教育研究，2006（11）：24－31.

③ 韩璐播．家庭资本对大学毕业生初次就业的影响研究［D］．大连：东北财经大学，2016.

④ 岳昌君．大学生跨省流动的特点及影响因素分析［J］．复旦教育论坛，2011，9（02）：57－62.

⑤ 钟云华．学生贷款的社会流动效应研究——基于资本转化的视角［M］．北京：中国社会科学出版社，2014.

⑥ 曲垠姣，岳昌君，纪效珲．大学生经济资助对就业质量的影响研究［J］．清华大学教育研究，2018，39（01）：84－90.

⑦ 纪效珲．大学生经济资助对人力资本发展的影响研究［D］．北京：北京科技大学，2017.

发，嵌入共生，可帮助其获得高质量就业机会。① 而高质量就业又往往意味着高收入，有利于提高其经济资本水平。

三维资本与大学生就业质量的关系理论同样适用于高校贫困生。高校贫困生是高校毕业生中的弱势群体。过去很长一段时期，由于劳动分配体制和社会保障体制改革滞后，困难群体、普通民众和精英群体的各类资本数量与质量差距日渐扩大。对困难家庭来说，经济资本匮乏自不待言，社会资本数量与质量也相当匮乏。其原因在于：根据德国齐美尔（Simmel）的"互惠交换"理论，贫困生及其家庭拥有的经济资源和权力资源有限，缺乏"互惠交换"的价值，因此社会资本匮乏。根据法国迪尔凯姆（Emile Durkheim）的"集体意识论"和美国帕森斯（Talcott Parsons）的"价值融合论"，价值、道德原则和信念先于契约关系。贫困家庭与非贫困家庭拥有不同的集体意识与价值追求，因而也倾向于与具有类似集体意识与价值追求的人交往，使得这两个群体"同质性交往"都比较严重。所以贫困家庭交往对象更多的是社会中下层人员，社会网络中能为其提供就业资源的人数少，社会网络上限也不高。② 这就导致在劳动力市场，高校贫困生就业质量低于非贫困生，容易引起阶层固化，有碍社会公平。为此，国家和社会各界在鼓励贫困生积极进取、认真学习、扩大人力资本积累的基础上，一方面着力通过脱贫攻坚、增加学生资助等方式补充高校贫困生的经济资本；另一方面通过鼓励、引导和带领贫困生走出个人小圈子，开展各类校内外实践活动，与各界人士建立关系网络的方式，扩大高校贫困生的后致性社会资本，并尽力促成其人力资本、经济资本和社会资本的互相补充和转化，以保障高校贫困生的高质量就业。

由此可见，高校贫困生的就业质量同样取决于人力资本、社会资本和经济资本的数量与质量。基于此，本书将运用三维资本与大学生就业质量的关系理论作为主要解释框架，诠释高校贫困生就业质量及其异质性的生成与变化。再进一步看，在人力资本、经济资本和社会资本三者中，以往

① 钟云华，唐芳芳，吴克明．大学生求职过程中人力资本与社会资本的互动分析——基于"理想类型"视角的个案叙事［J］．湖南师范大学教育科学学报，2021，20（04）：113－122.

② 钟云华．社会资本分布失衡对贫困大学生就业的影响［J］．湖南师范大学教育科学学报，2020，19（03）：116－124.

的研究并无显著证据表明贫困生人力资本低于非贫困生，而且现实生活中品学兼优的贫困生不在少数，其人力资本甚至超过了非贫困生，因此高校贫困生的低就业质量通常被归结为经济资本和社会资本不足。①②③④⑤ 由此，我们可以合乎逻辑地推断，作为高校贫困生就业质量偏低的两大主因，经济资本和社会资本基本面的变化必将影响高校贫困生的就业质量。基于此，本书对高校贫困生就业质量及其异质性生成和变化的诠释将沿着经济资本优化和社会资本作用力下降两条路径展开：前者指在长期扶贫行动作用下高校贫困生经济资本增加，进而通过多种方式改进自身就业质量；后者指贫困生通过选择理工科专业就读、经济发达区域就业和报考更加公平的体制内岗位等方式，规避社会资本薄弱的劣势，进而提高自身就业质量。而对策建议也将围绕高校贫困生的就业资本拓展方案展开。

① 钟云华，王骄华．四维资本视角下贫困生就业困难的根源及其精准化解路径［J］．教育文化论坛，2022，14（01）：69－76.

② 董云芳．高校贫困生社会资本的匮乏与提升［J］．华东理工大学学报（社会科学版），2007（02）：28－32.

③ 高耀．人力资本与家庭资本对高校学生就业的影响［D］．南京：南京农业大学，2011.

④ 王占国．高校毕业生起薪影响因素及性别差异研究［J］．教育与经济，2015，（05）：40－45，54.

⑤ 刘敏，陆根书．高校毕业生起薪的性别差异状况及其影响因素［J］．高等教育研究，2016，37（05）：43－50.

第3章　研究设计

本书是建立在两阶段就业调查基础上的。鉴于各调查的主题、内容、方式及其所使用的评价工具、分类维度和分析指标既高度相似相关，又有所差异。为避免杂乱，保持行文的简洁明快，本章对上述要素予以集中论述，进而为后面更加集中深入地阐发调查发现奠定基础。本章的内容主要包括调研方案、就业质量评价模型构建和分析指标与维度三部分。

3.1　调查方案

3.1.1　调查省域

本书以革命老区省域为调查区域，而调研区域的代表性是研究的关键。我国革命老区数量多，分布广，且高度分散。1953年，国家民政部门的调查数据显示，我国共有782个革命老区县市，分布在23个省级行政区，总计人口1.73亿。1979年，民政部和财政部对革命老区的判断标准做出了规定。其中，土地革命战争时期根据地的标准是：曾经有党的组织，有革命武装，发动了群众，进行了打土豪、分田地、分粮食牲畜等运动，建立了工农政权，并进行武装斗争坚持半年以上；抗日战争时期根据地的标准是：曾经有党的组织，有革命武装，发动了群众，进行了减租减息运动，建立了抗日民主政权并进行武装斗争，坚持一年以上。按照这个标准，1980年全国老区县市共1009个，人口2.118亿。此后，随着党史研究的深入，革命老区数量不断扩大。据1995年统计，全国老区县市已有

1389 个，分布在 28 个省、自治区、直辖市，[①] 目前老区县市的数量还在不断调整中。如此多的老区省域和县市，显然是难以普查的；另外，革命老区数量虽多，但其区情又具有诸多共性特征，例如，地理位置偏僻，地处山区，多省交界区域或生态敏感地区，交通条件差，基础设施落后，经济长期落后，产业结构单一，农村人口多，资金和技术匮乏等。这种高度相似的自然地理和经济特征，既是革命年代孕育革命，实现星火燎原的温床，又是当代脱贫工作的阻碍因素。综合上述两方面因素，本书适合以某省级行政区为调查区域，开展地区案例研究。这样既能保障调查对象的充足性和多元性，调查难度和成本也适当可控。

本书选择江西省作为调查省域。其主要的原因还在于，江西是我国最著名的革命老区省域之一。该省革命老区密集，老区县市面积占省域面积 80% 以上，除少数中心城市外，全境几乎都属革命老区范围，老区人口长期占总人口的 55% 以上，两项指标均居全国首位；该省共有 81 个老区县市，数量位居全国第三，其中一类老区县市 45 个，位居全国第二；另外，该省革命老区贫困程度高——该省 25 个国定贫困县，全部是重点革命老区县市，且大多位于罗霄山脉集中连片贫困区域。截至 2016 年，革命老区人均 GDP 为 3 万元，低于江西平均水平 4 万元；革命老区农民人均纯收入为 1. 13 万元，低于江西平均水平 1. 2 万元；老区贫困人口为 70. 6 万人，高于江西非革命老区 42. 3 万人；老区贫困发生率为 2. 76%，高于江西非老区 2. 09%。[②] 总体来看，江西革命老区在地貌特征、经济发展、农民收入等方面处于明显劣势地位，历来是革命老区脱贫攻坚与振兴发展的重点区域。

除上述原因外，更重要的是，江西还拥有两个对中国红色革命具有极大贡献和深远影响的革命老区——原井冈山革命根据地和中央革命根据地。历史上，这两个革命根据地的实际控制区域大致与江西境内吉安和赣州两地重叠。目前，吉安和赣州辖区内所有县市区均为革命老区，大多位于罗霄山脉集中连片特困区，均属国家扶贫攻坚的重点地区。2014 年赣州

---

① 中国共产党新闻网，http：//dangshi. people. com. cn/GB/151935/164962/，[引用日期 2016 - 11 - 04]。

② 程名望，李礼连，曾永明．空间异质性视角下革命老区空间贫困特征及致贫因素分析 [J]．农业技术经济，2022（04）：4 - 17. DOI：10. 13246/j. cnki. jae. 2022. 04. 004.

全市贫困人口114万人，吉安全市贫困人口36万人，分列全省贫困人口的第一、第二位，合计占当年江西全省281万贫困人口的半数以上，其历史意义、自然地理和经济社会发展状况在全国革命老区县市中都具有很强的代表性。以下对两地情况予以简单介绍。

吉安，古称庐陵或吉州，地处江西中西部，赣江中游，全市总面积2.5万平方公里，辖2区10县1市，2020年人口总数446万人。吉安地形以山地丘陵为主，东、南、西三面环山，属山地丘陵盆地地貌，地势南高北低。境内山体由罗霄山脉和雩山山脉组成。境内溪流河川、水系网络酷似叶脉，赣江自南而北贯穿其间。山地与河流交错其中，将吉安切割为东西两大部分，同时也给当地桥梁公路等交通基础设施建设以及经济开发带来一定阻力。吉安辖区也是井冈山革命老区所在地。在土地革命战争时期，中国共产党在湖南、江西两省边界罗霄山脉中段创建了井冈山革命根据地。它是中国共产党走农村包围城市、武装夺取政权的革命道路的光辉起点，以红色革命摇篮和共和国奠基石著称于世，井冈山精神更是中国共产党人精神谱系的重要源头。历史上的井冈山革命根据地，全盛时期横跨宁冈、永新、莲花三县，吉安、安福两县小部，遂川县北部等地。而在当代行政区划中，除莲花县划归江西省萍乡市外，其余地方皆归江西吉安市管辖，尤其是辖区内的井冈山市（县级市），覆盖原井冈山革命根据地的核心区域，包括今井冈山风景区和原宁冈县，黄洋界、茨坪、八角楼为著名红色遗址。再从我国革命老区分类的核定结果看，① 吉安下辖13个区县均为革命老区县市，② 其中吉安县、遂川、万安、永新、井冈山市等五县市又是国定贫困县，占江西国定贫困县总数的20%，是江西脱贫攻坚主战场之一。“十三五”期间，吉安大力推动经济社会快速发展和扶贫攻坚进程，各级政府累计投入脱贫攻坚资金523亿元，五年间全市GDP总值由1461亿元增至2169亿元，全年财政收入由229亿元增加到307亿元，农村居民人均可支配收入由1.1万元增加到1.6万元，城镇居民人均可支配收

① 按照国家规定，一个县（市、区）中，若老区乡镇数量占全县乡镇90%以上，该县则属于一类老区县；占50%～89%为二类老区县，占30%～49%为三类老区县，占30%以下则为四类老区县。

② 一类老区包括吉安县、吉水、峡江、永丰、泰和、遂川、万安、安福、永新、井冈山市，二类老区包括吉州区、青原区和新干县。

入由2.9万元增至4.0万元，各项指标均实现快速增长。2017年2月末，井冈山市在全国国定贫困县市中率先“摘帽”；2019年4月，随着遂川县脱贫“摘帽”，吉安5个国定贫困县全部脱贫，五年减贫34.7万人。2020年12月，吉安实现区域性整体脱贫。因此，吉安地区可谓井冈山革命老区减贫发展的代表。

赣州位于赣江上游，江西省南部，总面积39379.64平方公里，全市户籍总人口980万人，下辖3个区、13个县、2个代管市。赣州四周被武夷山、雩山、诸广山及南岭九连山等山脉环绕，断陷盆地贯穿全市，西部伴有中、低山构造剥蚀地貌，基层裸露，山坡陡峭，山顶多呈锯状，地势坎坷，同时地区内有章江、桃江、上犹江等河流分布，与山脉平原等连为一体，纵横交错，可利用土地不多，交通条件不利，阻碍了经济发展。赣州辖区是原中央苏区的核心区域。1929～1934年土地革命战争时期，中国共产党在赣南和闽西建立的中央革命根据地，是土地革命时期全国13块革命根据地面积最大、人口最多的一块，是全国苏维埃运动的中心区域，在土地革命战争中“起了最重要的作用”。[①] 习近平总书记曾评价，“在党创建的各个革命根据地中，中央革命根据地最具有代表性”。新中国成立以后，我国开展了中央苏区县的核定工作。尽管目前对于中央苏区县的核定标准和范围尚存在争议，[②] 但赣州地区是当年中央苏区的核心区域，已是社会共识。这不仅体现在其辖区内的瑞金市是原中华苏维埃共和国临时中央政府诞生地、党中央驻地、中央红军二万五千里长征出发地，以共和国摇篮著称，而且目前赣州全辖区18个区县均被核定为老区县市，[③] 其中至少有

---

① 中国共产党中央委员会关于建国以来党的若干历史问题的决议［M］. 北京：人民出版社，1981.

② 由于在土地革命战争时期中央苏区的实际控制区域，再加上当代行政区划变动较为频繁，导致长期以来党史界对中央苏区的范围有不一致的看法，核定中央苏区县的工作也存在争论。根据政府标准，原中央苏区县可分为“长期占有县城的中央苏区县”“未长期占有或未占有县城的中央苏区县”和“曾归属中央苏区管辖的苏区县”三大类。另外，1934年中央红军主力长征后，中央苏区成立了中共中央分局、中央政府办事处和中央军区，因此中央苏区粤赣边游击区核心县也应该被核定为中央苏区县。在2013年51号文件《关于原中央苏区范围认定的有关情况》中，认为已经审批确认和可以确认为中央苏区范围的县（市、区）共有97个，其中江西省49个，福建省37个，广东省11个。

③ 一类老区包括兴国、瑞金、宁都、于都、会昌、寻乌、石城、上犹、信丰；二类老区包括南康市、大余、崇义、定南、全南、龙南、赣县；三类老区为章贡区。

11个县市被核定为“长期占有县城的中央苏区县”。[①] 同时，兴国、瑞金、宁都、于都等10个县市又是国定贫困县，占江西国定贫困县总数的40%，是全国较大的集中连片特困山区。“十三五”期间，赣州大力推动经济社会快速发展和脱贫攻坚进程，累计投入各级脱贫攻坚资金881亿元，全市地区生产总值由2194亿元增加到3645亿元，农村居民人均可支配收入由0.9万元增加到1.3万元，城镇居民人均可支配收入由2.7万元增至3.7万元。2018年7月末，“红色故都”瑞金市率先实现脱贫；2020年4月，著名的“将军县”兴国实现脱贫，至此11个贫困县全部脱贫，五年减贫114万人。因此，赣州地区适合作为原中央苏区减贫发展的代表。

综上所述，无论是革命老区的面积、数量、人口和贫困度，还是历史贡献、社会影响乃至自然地理条件、经济社会发展状况和脱贫历程，江西在我国28个老区省域中都极具代表性，又拥有原中央苏区和井冈山革命根据地这类在新民主主义革命史上享有重要地位的典型区域，适合作为本书研究的省域样本。

3.1.2　调查对象与获取方式

本书的具体调查对象是以江西革命老区贫困家庭大学毕业生为主体的高校贫困生。在调查中，一方面保证多数贫困生来自江西革命老区，另一方面也不排斥少数非江西籍的贫困家庭毕业生。这样既可以保障调查对象的来源多元化，有利于探究高校贫困生就业的一般规律，又可以在整体上突出革命老区色彩，强化促进革命老区减贫发展的研究意义。

在调查实际中，要判别调查对象，必须合理界定贫困家庭和贫困生：对于贫困家庭的界定，在我国扶贫实践中有狭义和广义两种口径。前者主

① 毛泽东同志撰写的《抗日战争胜利后的时局和我们的方针》一文（收入《毛泽东选集》第4卷）提到，“历史上，我们只在一九三一年下半年打破了敌人的第三次‘围剿’以后，江西中央区联合起来有过二十一个县城”。在该文的注释说：“21个县，是指江西省的瑞金、会昌、寻乌、安远、信丰、于都、兴国、宁都、广昌、石城、黎川和福建省的建宁、泰宁、宁化、清流、归化（今明溪）、龙岩、长汀、连城、上杭、永定”。其中江西11个县除黎川县外，其余均在今天赣州境内。

要源自2013年以来的精准扶贫工作，其对象通常是农村建档立卡贫困户，按照这一标准，城市家庭子女均不纳入调查范围；后者则包括实际扶贫工作中涉及的所有城乡贫困群体（重点是国家规定的八类群体）。而从我国高校学生资助和就业帮扶的实际工作对象来看，它不仅覆盖广大农村，还包括部分城市生源。为保证调查对象的全面性，本书对贫困家庭采用广义口径，调查对象不仅有农村建档立卡贫困家庭学生，还包括低保户、特困供养、孤残、烈士、支出型贫困等各类城乡贫困家庭学生。所以在本书中，城乡户籍不再作为判别调查对象的依据。

在贫困生界定方面，1993年国家颁布的《关于对高等学校生活特别困难的学生进行资助的通知》中对高校贫困生做了解释，即在国家招收的普通高校大学生中，因家庭经济困难而无力支付教育费用或支付教育费用很困难的学生。依据经济困难程度，贫困生还可划分为一般贫困生、贫困生和特困生。显然，上述定义只是一个定性的笼统描述，并非实操办法。在实践中，多数高校都会以地方政府出具的贫困家庭认定结果为基础，结合自身实际区分贫困学生，由此生成贫困生名单。由于本书中的调查皆为就业质量及其异质性调查，需要设置贫困生和非贫困生对照组。考虑到在现行高校学生资助体系中，助学贷款、助学金、勤工俭学、[①] 困难补助、学费减免这五种资助方式只面向贫困生开放，为操作便利，保障调查对象的随机性，研究团队将高校贫困生的操作性定义界定为：在校期间享受过上述五种资助方式中任何一种及其以上的学生。同时，在问卷的“毕业生基本信息”中采集学生获助信息，若学生获得过上述五种资助中任何一种及其以上的，则为贫困生，反之则为非贫困生。[②]

此外，如何对流动的贫困家庭大学毕业生进行调查，是本书的难点之一。在调查渠道选择上，理论上可通过生源地入户调查、工作单位调查和高校调查三种渠道获取毕业生就业质量信息，但考虑到毕业生生源地不

① 此处的勤工俭学主要由学校面向贫困生提供的勤工助学岗（需提供家庭经济困难证明），而非学生在社会上自主寻找的勤工俭学岗位。

② 对于调查样本中可能出现的“伪贫困生”现象，课题组在前期调研中发现：精准扶贫工作开展以来，基层政府普遍加大了对贫困家庭的普查摸底力度，农村绝对贫困家庭均被纳入建档立卡对象，城镇贫困人口也被纳入各类帮扶系统。因此，高校对贫困生的认定与资助基本上以地方政府提供的各类贫困证明（包括建档立卡名单）为基础，贫困生判别质量大大提高。因此即便存在伪贫困生，为数也很少，不会对调查结果产生重大影响。

一，工作地点分散，调查成本过高，因此将高校调查作为调查的主渠道。在调研院校的选择上，系院校类型包括财经类院校、师范类院校、理工类院校、农林类院校和综合型院校。这些院校均为江西省主要院校，代表性强，办学规模大，贫困生人数较多，学科和性别分布较为均衡，就业工作具有典型性，有利于本调查的实施，而且调研院校力求保持稳定，这样有利于开展就业质量的前后比较；具体的调查流程是：首先通过学校获得毕业生名单，其后向其发放问卷，并取得更稳定的联系方式（例如电子邮箱、手机或微信、QQ 等网络联系方式、家庭固定电话或父母家庭住址），回收问卷并统计完毕后再予以追踪访谈。

在调查时间的选择上，除预调查在学生离校前进行外，正式调查均在 9～12 月回收问卷并开展调查。选择此时开展调查的原因在于：鉴于当前就业困难，“慢就业”“摩擦性失业”和升学考编“二战”现象日益增多，6 月毕业初期学生可能尚未到岗，或即使已到岗，但仍处于试用期，工作不稳定，流动性大，薪酬较低，安家支出偏高，既对自身就业质量认识不全面，也无力接济原生家庭，因此过早进行考察，可能会误判就业质量；另外，毕业时间过长也不宜。这是因为，学生就业初期的就业质量在很大程度上可以体现学校教育的影响，倘若毕业时间过长，其职业发展可能更多地受到行业景气度、职场人脉、个人努力和际遇等非教育因素的影响，容易扭曲高等教育的成效评价。而在毕业后 3 至 6 个月，毕业生的工作和生活更稳定，其对单位情况也有所了解，就业质量问卷填写更为准确，其回报原生家庭的能力和意愿已初步彰显，更适合考察真实的就业质量。因此，将考察期控制在这一阶段比较适宜。

3.1.3　调查范式与方法论

在研究范式上，本书的调查借鉴了同期群研究（Cohort research）理念。所谓同期群研究，是纵贯研究（Longitudinal Study）的一种类型，即“在不同时期对具有相同特征的人群进行的多次调查”。[①] 与考察静态数据

① 风笑天．追踪研究：方法论意义及其实施［J］．华中师范大学学报，2006（06）：43－47．

的横剖研究（Cross section Study）相比，纵贯研究的最大优点是可以考察事物的发展变化。本书不仅要反映某一时期贫困家庭大学毕业生的就业质量及其异质性，还要考察当毕业生遭遇外部环境变化（疫情冲击）时就业质量及其异质性水平的变化，具有动态视角，性质上从属于纵贯研究；再与纵贯研究的其他两种形式相比，趋势研究（Trend study）主要考察一般总体的发展变化，追踪研究（Panel study）主要考察同一样本的发展变化，两者收集的数据皆为面板数据（Panel Data），而同期群研究主要考察同一类型不同样本的变化，数据皆为混合截面数据（Pooled Cross Sections）。[①] 本书的考察对象是不同时期毕业生就业初期的就业质量，而非某一样本或总体的就业质量变化，两次就业质量正式调查的量表一致，就业质量数据呈混合截面数据。因此本书更接近于同期群研究。

另外，本书与传统的同期群研究又有一定差异。其差异主要表现在：传统的同期群研究大多利用数据库的公开数据（如 CGSS 中国综合社会调查、[②③④] CPES 中国私营企业调查[⑤]、人口普查信息[⑥]等），采用固定量表开展大时间尺度和大样本容量的历史回溯研究，而本书侧重对近年来高校贫困生的就业质量进行动态追踪，必须自行采集数据——诺瓦尔·D. 格伦曾指出："纵贯研究往往需要数年的时间搜集资料，而且在不同时间搜集同样的资料，有着许多的困难并且费用浩大，所以纵贯研究的横断面一般不能过宽，样本容量不宜太大"。[⑦] 正因为如此，在没有公开数据的条件下，考虑到调查人力、经费有限，本书的研究跨期时间不长，总样本容量控

① 混合截面数据是由不同时间点的横截面数据所组成。与面板数据相比，不同时间点的混合截面数据中的每个个体及其数量不需要完全相同。这种数据类型常见于政策效果研究。

② 邓飞，傅文晓．新中国 70 年教育不平等的演变轨迹实证研究——基于 CGSS 同期群数据的历史考察［J］．教育与经济，2020，36（02）：37－48，59.

③ 李峰，楼逸劼．青年同期群、网络使用及警察信任——基于 CGSS2010 数据的分析［J］．青少年犯罪问题，2019（03）：75－81.

④ 张延吉，秦波，马天航．同期群视角下中国社会代际流动的模式与变迁——基于 9 期 CGSS 数据的多层模型分析［J］．公共管理学报，2019，16（02）：105－119，173－174. DOI：10.16149/j.cnki.23－1523.20190128.001.

⑤ 范晓光，吕鹏．中国私营企业主的社会构成：阶层与同期群差异［J］．中国社会科学，2017（07）：70－87，205.

⑥ 鹿立．1950～1970 年几个不同年代女性同期群婚姻及家庭生活管窥——基于人口学视角［J］．山东女子学院学报，2016（06）：49－54.

⑦ 诺瓦尔．D. 格伦．纵贯数据分析［M］．上海：上海世纪格致出版社，2011.

制在千余人以内。为跟上最新需求和调查反馈意见的变化，反映新近研究成果，本书的研究问卷和访谈内容有所更新，预调查和正式调查的评价量表也有小幅调整。因此，本书的研究范式更接近于“类同期群”范式。①

从方法论看，本书借鉴了混合研究中“三角互证法”（Triangulation）理念。所谓三角互证法，是指使用两个或两个以上（“三”只是一个概数）的研究方法、数据、理论和研究者来研究同一问题，通过多方面证据的彼此验证，提高研究结论的信效度（Denzin，1970）。在方法论上，本书具有诸多借鉴这一理念之处：首先，本书的系列调查中包括预调查和正式调查，两者各自独立实施，要求其主要调查结论、内在成因可交叉验证，形成了“研究者三角”互证（mutual proof）和“数据三角”互证；其次，本书通过问卷、访谈、实地观察、文献和统计资料等多元渠道收集和比较资料证据，力求排除主观偏见、个体差异和不可控过程的干扰，多方佐证研究结论，可形成“资料三角”互证和“方法三角”互证，使研究结论更加科学全面；最后，本书将有限理论（主要是社会资本理论）与多元事实相结合，追求理论解释的一贯性，在某种意义上也实现了“理论逻辑与客观事实”的互证。

3.1.4 系列调查的主题与内容

围绕本书的若干主题，本书在2015年和2022年进行了三次调查：前两次调查发生精准扶贫期，旨在了解江西革命老区贫困家庭大学生的就业质量，最后一次调查发生在脱贫巩固期，目的是反映疫情背景下革命老区贫困家庭大学生的就业质量及其异质性的变化。以下对三次调查的主题、内容和方式予以简介：

第一阶段就业质量调查。第一阶段调查包括预调查（pilot study）和正

① 事实上，在国外的一些同类研究中，即使调查量表有所变动，但依然将其称为“同期群研究”。例如，美国国家教育统计中心（NCES）1972～2017年开展的高中学业综合调查中，量表就多次修订，但该研究的称谓依然是“Education Longitudinal Study”（参见 https：//nces. ed. gov/surveys/els2002/）。但考虑到中文语境下对同期群研究的要求更为严格，本书将其称为“类同期群研究”。

式调查（Survey study）各一项，目的都旨在了解精准扶贫阶段贫困家庭大学生的就业质量及其异质性。两次调查相互独立，调查对象不同，具体实施者也不同。之所以开展预调查，其目的是对问卷设计、调查方案和研究假设进行小范围的磨合与试错。若预调查实施顺利，结果合乎预期，则展开正式的大规模调查，反之则修订问卷，调整调查方案和研究假设，以避免正式调查的严重误差。[①] 预调查和正式调查相互独立，客观上可以针对同一主题，让不同的调查者分别实施，有利于形成“研究者三角”，保证调查结果的可靠性。若两次问卷结果可重复或近似，则认为问卷结果信度较高，否则需要检讨调查方案和研究假设，并重新调查。此外，两次调查均引入了访谈法，对问卷结果进行检验和深入剖析，若访谈结果均可解释问卷结果，并形成互证，表明调查结果效度较高。

上述两次调查均面向2015届毕业生开展。其中，预调查面向江西省内4所高校的550名2015届应届本科生发放测试问卷，得到有效问卷302份，有效率为55%。此后，根据预调查反馈意见，研究团队完善了问卷设计、评价模型和调查流程，面向江西省6所院校开展第一次正式调查。调查者共发放问卷1215份，回收有效问卷901份，有效率74%。比较两次问卷结果和访谈结果后发现，三者基本一致，可形成互证关系。

第二阶段调查主要面向2022届毕业生开展，目的是反映脱贫巩固阶段叠加疫情的背景下，革命老区贫困家庭大学生的就业质量及其异质性的变化，以验证和深化对于高校贫困生就业特征和规律的认识，揭示高校贫困生就业质量的时间异质性，探求贫困生高质量就业经验和就业危机的应对之道。由于本次调查的背景发生了变化，研究团队对问卷内容和访谈提纲进行了部分调整，增添了关于疫情背景下就业状况和应对措施的相关问题，同时根据前期研究的成果，丰富了受调查者基本信息的内容，以进一步完善对高校贫困生就业质量内部异质性的研究。本次调查扩大了调查面，同时辅之以访谈。比较问卷和访谈结果后发现，两者可形成互证关系，信效度较高。

① 在调查数据获取方面，由于预调查中的受调查贫困生大多尚未正式入职，因此其对调查问卷的数据填写，大多基于自己的前期了解，因而可能会有部分数据存在偏离事实的情况，但这并不会影响预调查本身的意义，即考察调查问卷和调查方案的有效性。

3.2 大学生就业质量评价体系构建与完善

构建科学的就业质量评价模型是探究就业质量的基础。本书中共有三次就业质量调查，先后建立了两个就业质量评价模型：在预调查前，研究团队建立了就业质量评价的测试模型，并将其应用于预调查；其后，研究团队根据预调查的反馈意见，对该评价模型中部分指标的权重和计分方式等进行了完善，建立了正式模型，并将其应用于两次正式调查。以下从指标体系、指标权重与评价方法三方面，对两个就业质量评价模型予以介绍。

3.2.1 就业质量预调查评价量表

构建就业质量评价模型通常包括三项工作：指标体系设计、指标权重赋值与评价方法的选用。目前，国内关于大学生就业质量评价指标、权重以及评价方法多元，缺乏共识。基于此，研究者在综合国内相关研究的基础上，以科学性和实用性为原则，科学筛选一级、二级评价指标，并综合运用专家评价法和层次分析法对指标进行赋权；在评价方法选择上，采用等级加权平均法，进而建立大学生就业质量评价体系，为后面的研究奠定评价工具基础。①

（1）评价指标与计分方式。

本书设计的就业质量评价体系专门针对高校毕业生群体。为提高指标体系的构建质量，指标体系设计时必须遵循以下原则：

第一，完整性原则。完整性原则强调指标选取必须充分反映就业质量状况，不能遗漏重要的质量信息，这样才能全面、客观、准确地反映调查对象的就业质量特征，不至于误判就业质量。因此在构建大学生就业质量评价体系时，评价指标的维度和层次、数量应该合理，内涵必须覆盖就业

① 指标体系的选取和计分方法的选用由本人和本人所指导的硕士研究生共同完成，部分内容已经反映在其硕士学位论文中。

质量的主要方面。

第二，简明性原则。简明实用原则要求指标设计必须紧扣就业质量的本质特征，忽略次要信息。这就要求指标评价维度和层次简洁，不宜叠床架屋；指标数量也不宜过多，避免冗杂烦琐；内涵直观，能够反映就业质量的核心信息；量表措辞浅显，易于理解，实用性强。因此预调查选择若干具有代表性的主要指标来反映就业质量。

第三，可操作性原则。可操作性原则要求就业质量信息要便于采集和统计。其具体要求有两个：一是指标信息可数据化，这就要求将主观指标和质性数据转化为可量化评价的客观指标；二是数据具有可得性，易采集，易理解。因此在选择评价指标时，预调查尽量选取易于采集、内涵明确的定量指标来反映就业质量。

第四，独立性原则。大学生就业质量评价指标数量较多，且高度相关，因此独立性原则强调就业质量指标之间内涵独立，既不能有重要错漏，也不能有交叉重叠之处，否则会扭曲评价结果。

为构建一个全面科学的评价指标体系，研究团队首先运用词频法，①从文献中筛选出高频次指标，确定指标的初选范围；其次，依据就业质量评价的概念和指标选取原则，结合现阶段高校毕业生的就业特征和调查条件，对初选指标进行筛选；再次，邀请20位专家（包括高校就业办负责人、劳动就业学者以及应届毕业生）进行指标终选，最终确立了大学生就业质量预调查评价指标体系；最后，在计分标准方面，综合国内外研究文献和专家意见，评价方法采用通行的等级加权平均法，即根据二级指标内涵将各指标的等级分数划分为2～7级，然后对等级分数进行加权平均后进行累加，求出就业质量值。②

预调查评价体系共设置5个一级指标、17个二级指标来评价大学生就

① 词频法即统计关键词在文献出现次数的定量文献研究方法。其做法是：首先确定与研究问题有关的关键词（测量指标），然后统计这些关键词在各个样本（分析单位）中出现的百分比，最后进行比较。

② 假定就业质量为M，N_i（$i=1,2,\cdots,16$）代表评价指标，A_i（$i=1,2,\cdots,16$）表示各个指标的权重，j为评价等级（$j=1,2,\cdots,7$），X代表总人数，X_j代表各个评价等级的人数，N_{ij}代表各指标的等级质量评分，则就业质量计算模型为：$M=\sum_{i=1}^{n}N_{ij}X_jA_iX$。

业质量。由于毕业生尚未正式入职，调查者要求毕业生根据对就业岗位的前期了解来进行填写。其指标体系及其计分方式的主要内容包括：

第一层面是就业率指标。就业率是目前教育管理部门考察高校办学质量和成效的主要客观指标之一，直接影响到高校对教育资源的获取，得到了高校的普遍重视。预调查采用就业率指标是为了反映群体就业量，实现就业质量评价的“量”和“质”的结合。同时，在传统的高校就业率统计口径中，除了已落实就业单位的毕业生之外，升学、创业和出国的毕业生也均视同就业，被纳入就业率统计范围。所以在预调查中，该指标下设3个二级指标，它们分别是：

①净就业率。净就业率又称为工作落实率，是指已落实工作岗位的毕业生占调查样本数的比例。为了与创业和升学相区分，预调查将已落实工作岗位的毕业生比例称为净就业率，它可以反映劳动力市场的基本形势和高校人才培养质量。预调查对净就业率指标的计分办法是：将调查期已落实就业单位的毕业生纳入净就业统计范围，净就业率大于95%为满分，每下降1个百分点扣0.2分，扣完为止。

②自主创业率。自主创业率是自主创业毕业生占调查样本数的比例。近年来，随着近年来“双创”热潮的兴起，国家大力鼓励高校毕业生自主创业，发挥创业带动就业效应，大学毕业生选择创业的人数增多。在这一背景下，高校也将创业作为灵活就业的一种途径，纳入了就业率统计范围。预调查对自主创业率指标的计分办法是：创业率大于5%为满分，每下降1个百分点扣0.2分，扣完为止。

③升学率。升学率是毕业后进入更高层次学习阶段的人数占调查样本数的比例。随着高等教育的普及化发展和就业形势的日益紧张，本科毕业后继续攻读研究生学位成为一种趋势，升学人数日渐增多，因此在高校就业率统计口径中，升学也是一种重要的就业途径，如国内读研、国外深造等。预调查对升学率指标的计分办法是：升学率大于20%为满分，20%～15%为1.5分，15%～10%为1分，10%～5%为0.5分，其余0.2分。

第二层面是经济待遇指标。经济待遇是反映就业质量最关键的客观指标之一，也是就业者最为关注的问题。该指标下设3个二级指标，它们分别是：

①薪酬水平。薪资水平是指试用期结束后毕业生可领取的正式税前月

工资，包括基本工资、奖金、津贴等各类收入。在劳动经济学中，薪资水平是给予员工劳动付出的经济回报，直接体现劳动价值，在经济待遇中占比最高，可以反映毕业生的劳动素质及其在工作单位的经济地位，也可以折射出高校声誉和人才培养质量。在预调查中未直接采集薪酬水平数值，其原因在于各地物价水平和生活成本不同，单纯比较数值缺乏意义。而且，毕业生初来乍到，往往对就业地平均薪资数据不了解，因此预调查采用了让受调查者将自身收入与当地平均收入水平进行直观比较的办法，反映其实际收入水平，这样更具有包容性和可行性。预调查中对薪酬水平的计分办法是：薪资水平 =“很高” 人数 ×5 +“比较高” 人数 ×4 +“与当地相当” 人数 ×3 +“比较低” 人数 ×2 +“很低” 人数 ×1/被调查人数 ×5，薪资水平得分 = 薪资水平 × 满分值。

②社会保障水平。社会保障是国家和用人单位给予劳动者的劳动保障，体现了国家和用人单位对劳动者的关爱，其健全性和充足性是高校毕业生择业的重要依据，也是体现毕业生就业质量的重要指标。“五险一金”是社会保障的核心，又称基本社会保障或基本福利，是国家法律规定无论企业效益和支付能力如何都必须缴纳的项目，具体包括养老保险、医疗保险、失业保险、工伤保险、生育保险和公积金；其次是补充社会保障，又叫补充商业保险，是非法定福利项目，由各单位按经济能力自主购买。目前，“五险一金”虽有国家统一规定，但实际缴纳水平因行业、单位和岗位有所差异，商业保险更是如此，所以其实缴水平可以反映毕业生的就业质量。预调查中对社会保障水平的计分办法是：社会保障水平 =“具有五险一金及商业保险” 人数 ×7 +“具有五险一金” 人数 ×6 +“具有四险一金” 人数 ×5 +“具有三险一金” 人数 ×4 +“具有五险” 人数 ×3 +“具有四险” 人数 ×2 +“具有三险” 人数 ×1/被调查人数 ×7，社会保障水平得分 = 社会保障水平 × 满分值。

③补充福利水平。在劳动经济学中，补充福利主要是指工作单位为职工提供的物质性人文关怀，具有改善劳动条件、促进组织和谐、优化劳资关系、加强凝聚力、增强员工满足感和组织稳定性的多种功能。与薪酬和社会保障不同，补充福利并非公司必须履行的法定义务，而是由用人单位根据经济效益和支付能力自主决定的。目前，各工作单位提供的福利形式多样，包括交通补贴、房租补助、免费住房、工作午餐、通信补助、生活

困难补助、法律顾问、心理咨询、贷款担保、优惠商品、搬家补助、免费体检，等等。预调查用最常见的食、宿、行三项基础性生活补贴来反映补充福利水平。这三项补贴对于经济基础薄弱的大学毕业生来说，可以有效减轻生活负担，是其就业质量的重要影响因素。预调查中对补充福利水平的计分办法是：补充福利水平 =“就业单位提供食、宿、行中两项及其以上”人数 ×4 +“单位只提供住宿”人数 ×3 +“单位只提供就餐”人数 ×2 +“单位只提供交通补助”人数 ×1 + “都不提供”人数 ×0/被调查人数 ×4，其余福利水平得分 = 其余福利水平 × 满分值。

第三层面是岗位特征指标。岗位特征反映劳动者的工作体验和身心舒适度。该指标主客观性兼备，且下设4个二级指标，它们分别是：

①工作环境。工作岗位的环境质量会影响劳动者的工作体验，也是影响毕业生就业质量的因素之一。从对劳动者的身心影响看，工作环境包括客观的物理环境和主观的人文环境两类，前者如办公条件、交通区位、安全保障、园林绿化等，后者如人际关系、企业文化、职业声望和单位美誉度等。预调查中对工作环境的计分办法是：先分别计算毕业生对物理环境和人文环境所包含的每个因素的满意度，然后再计算平均满意度。每个因素的满意度 =“很满意”人数 ×4 +“满意”人数 ×3 +“比较满意”人数 ×2 +“不满意”人数 ×1 +“很不满意”人数 ×0/被调查人数 ×4，平均满意度 = $\sum$ 每个综合满意度/ $\sum$ 因素数量，工作环境得分 = 平均满意度 × 满分。

②周平均工作时间。标准劳动时间是对劳动者休息权利的保护。目前，世界多数主流国家实行一周五日、每日8小时工作制。我国在《劳动法》和国务院的相关文件中亦有此规定，即实行每周40小时的标准工时。但从现实情况看，这一规定并未在社会上得到充分执行，尤其是年轻的高校毕业生更是超时劳动的主力。因此，预调查将周平均工时作为反映大学毕业生就业质量的指标。预调查中对该指标的计分办法是：周平均工作时间 =“每周工作不超过40小时”人数 ×3 +“每周工作40～44小时（含44小时）”人数 ×2 +“每周工作45小时及其以上”人数 ×1/被调查人数 ×3，周平均工作时间 ≤ 标准值40小时为满分，超过1小时扣0.5分，扣完为止。

③工作强度。工作强度是周平均工时的相关指标，反映劳动付出程

度。本书用平均加班时间来表现工作强度。预调查中对该指标的计分办法是：工作强度平均水平 =“每日加班 1 小时及其以下”人数 ×5 +“每日加班 1.5 小时”人数 ×4 +“每日加班 2 小时”人数 ×3 +“每日加班 3 小时”人数 ×2 +“每日加班 4 小时”人数 ×1/被调查人数 ×5，工作强度得分 = 工作强度 × 满分。

④岗位胜任度。岗位胜任度是对劳动者工作能力与工作任务匹配度的反映。倘若毕业生工作能力与工作任务相匹配，则工作成就感强，工作状态较为自信，身心比较放松，职业发展潜力更大，因此它也是就业质量的影响因素之一。在预调查中，对该指标的计分办法是：岗位胜任度 =“完全胜任”人数 ×3 +“比较胜任”人数 ×2 +“一般胜任”人数 ×1 +“不能胜任”人数 ×0 +/被调查人数 ×3，岗位胜任度得分 = 岗位胜任度 × 满分。

第四层面是个人发展空间。该层面重在反映毕业生未来提升自我，实现职业发展的前景。对于作为职场新人的高校毕业生来说，除了当下的经济待遇、身心舒适度和工作成就感之外，个人发展空间代表了他们对未来的预期，是其选择工作行业、单位和岗位的决定性因素之一，对毕业生就业质量具有重要影响。该指标下设 5 个二级指标，它们分别是：

①晋升机会。作为高人力资本的劳动群体，大学毕业生更加渴望个人事业成功，体现社会价值，所以职位晋升普遍为大学毕业生所重视，它不仅是当下就业质量的反映，更是未来高质量就业的重要保障。一方面，晋升机会决定了毕业生在该单位可能达到的职业高度，是影响毕业生就业质量的关键因素；另一方面，晋升机会指向未来，具有很强的不确定性，除少数晋升时间和路径清晰明确的岗位外，多数毕业生都难以对晋升机会的多寡给出准确判断，调查者也很难获取相关信息。基于此，预调查将晋升机会转化为晋升透明率考察就业单位是否为毕业生提供公开透明的晋升渠道。在预调查中，对该指标的计分办法是：晋升透明率 =“就业单位晋升渠道透明”人数 ×1 +“就业单位晋升渠道不透明”人数 ×0/被调查人数，晋升机会得分 = 晋升透明率 × 满分值。

②培训机会。培训是劳动者提高人力资本含量和就业竞争力、实现自我增值的重要途径。从职场经验看，培训机会多的单位，管理一般比较规范，个人职业发展一般更好，所以培训机会的充足性往往被毕业生所关

注，成为反映个人发展空间和实现高质量就业的重要指标，本书用培训率来衡量毕业生的培训机会。在预调查中，对该指标的计分办法是：培训率 =“就业单位培训机会多”人数 ×1 +“就业单位培训机会少”人数 ×0/被调查人数，培训机会得分 = 培训率 × 满分值。

③专业对口度。专业对口是指毕业生的工作岗位和工作事务与其学科专业的匹配程度。一般情况下，工作单位对员工的学科专业背景会有明确要求，毕业生初次就业也倾向于寻找与专业所学相适应的岗位。这样既可以避免教育资源浪费，促进人岗匹配，也有利于增强毕业生的职场竞争力，促进个人职业发展。因此，专业对口度也是决定毕业生发展空间的因素之一。在预调查中，对该指标的计分办法是：专业对口率 =“完全对口”人数 ×5 +“比较对口”人数 ×4 +“一般对口”人数 ×3 +“不太对口”人数 ×2 +“完全不对口人”人数 ×1 +“没定岗”人数 ×0/被调查人数 ×5，专业对口度得分 = 专业对口率 × 满分。

④职业兴趣匹配度。职业兴趣匹配度主要考察毕业生的行业、岗位和工作任务与其兴趣偏好的匹配程度。美国著名职业指导专家霍兰德曾指出，求职者更愿意从事与其兴趣相一致的工作，这样可以更好发挥职业潜能，享受工作乐趣。因此，在劳动力市场上，除了专业背景之外，兴趣偏好也往往是决定劳动者职业生涯高度的重要因素，正越来越得到劳资双方的重视，兴趣定岗也越来越多地替代专业定岗。正因为如此，当前许多高校毕业生的择业依据并不仅限于薪酬和专业对口度，而是充分考虑自身志趣与工作的匹配度，同时用人单位也更愿意将其安置在与自身兴趣和能力相符的岗位上，以便于提升员工的工作积极性，激发其创造力。在预调查中，对该指标的计分办法是：职业兴趣匹配度 =“完全匹配”人数 ×3 +“比较匹配”人数 ×2 +“一般匹配”人数 ×1 +“不匹配”人数 ×0/被调查人数 ×3，得分 = 职业兴趣匹配度 × 满分。

⑤行业前景。行业前景反映了毕业生所在行业的宏观趋势和前景。如果说毕业生的个人努力可以改变乃至创造职业发展的微观环境，那么行业前景则在更大程度上决定了毕业生职业生涯发展的宏观趋势，为毕业生个人努力所不能及，从中体现了个人服从社会、主观意志服从历史趋势的唯物主义原理。因此高校毕业生择业时，不仅要考虑单位的前景，还必须对所处行业发展趋势有所了解和预判。在预调查中，对该指标的计分办法

是：行业发展前景平均水平 =“认为很好”人数 ×4 +“认为比较好”人数 ×3 +“认为一般”人数 ×2 +“认为比较差”人数 ×1 +“认为很差”人数 ×0/被调查人数 ×4，行业发展前景得分 = 行业发展前景平均水平 × 满分。

第五层面是稳定性。在劳动力市场，工作稳定性也是劳动者择业的重要因素，尤其是对于初步踏入职场的高校毕业生来说，由于缺乏行业经验、人脉与财富积累，稳定的工作更是保障其基本生存，获取安全感，提升工作能力和融入社会的依托，对当下和未来的就业质量都有重要影响。其该层面下设 2 个二级指标，它们分别是：

①单位性质。本书中所指的单位性质系指所有制性质。在我国，所有制性质通常决定了工作的稳定性。一般来说，国有机关、企业和事业单位（即俗称的“体制内”单位①）稳定性较强，失业风险小，而非体制内单位稳定性较弱，失业风险较大，在经济下行时期尤其如此。正因为如此，近年来劳动力市场形成了对所谓“铁饭碗“的偏好，并成为评价就业质量的关键指标。在预调查中，对该指标的计分办法是：单位性质平均水平 =“党政机关就业”人数 ×6 +“事业单位就业”人数 ×5 +“国有企业就业”人数 ×4 +“公益组织就业”人数 ×3 +“民营企业就业”人数 ×2 +“三资企业就业”人数 ×1/被调查人数 ×6，单位性质得分 = 单位性质平均水平 × 满分。

②劳动合同服务期限。劳动合同年限是最能直观反映工作稳定性的标

① 严格来说，国企属于半体制内单位。判断一个单位是不是体制内，主要依据三个方面属性：有没有编制；是否由国家财政供养；职责业务是否为公共事务管理或公益服务。例如，行政机关人员统一使用行政编制，由国家财政全额供养，且从事的是行政执法等公共事务管理工作；事业单位人员使用事业编制，由国家财政全额、差额供养，从事公益服务。所以狭义上的体制单位即指机关事业单位。按照上述标准，国企既没有编制也不是由财政供养，主体职责也不承担行政或公益功能，不属于体制内。然而，国企虽然没有行政事业编制，但实行企业编和员额制管理，人员按照干部管理权限交国资部门和组织部门备案。国企领导可以调任行政事业单位任职，置换为公务员或事业编；在财政供养方面，国有企业貌似实行企业化管理，自收自支，不需要财政拨款，但是国企盈利的平台、资源都属于国家，盈利归根结底属于国家，因此广义上国企也属于国家供养序列，只不过不由财政部门直接拨款；再看公共职能，国有企业表面看不承担社会管理和公益职能，但实际上国企承担了大量公益职能，常常需要发挥稳定社会、保障国计民生的作用。基于上述三点特性，国企广义上属于体制内单位，只是表征不如机关事业单位那么明显。鉴于国有企业的上述特点，绝大多数研究者都采用广义口径，将国有企业纳入体制内单位考察。本书也采用这一做法。

志。一般来说，合同期限越长，工作越趋于稳定。在预调查中，对该指标的计分办法是：合同期限水平 =“签订5年以上劳动合同”人数 ×4 +“签订三年3 ~5年（含5年，下同）劳动合同人数”×3 +“签订1 ~3年劳动合同”人数 ×2 +“签订1年以下劳动合同”人数 ×1 +“不清楚”人数 ×0/被调查人数 ×4，劳动合同服务期限得分 = 劳动合同服务期限平均水平 × 满分。

（2）权重赋值与模型构建。

确定了评价指标和计分方式后，本书将对各指标的权重进行赋值。一般来说，指标的赋权方式有主观赋权法和客观赋权法两种：前者包括专家调查法（德尔菲法）、层次分析法（AHP）、二项系数法和环比评分法等，其优点是可以根据专家的知识经验合理地确定权重的排序，不至于出现权重严重失真的情况，但主观赋权结果具有较强的主观性，同时会增加决策者的负担。客观赋权法包括熵值法、主成分分析法、离差及均方差法和多目标规划法等，该方法利用了数据的信息浓缩原理，根据原始数据的关系来确定权重，因此赋权结果客观性强，算法简单，具有较强的精确度和信度，且不增加决策者的负担。但是这种方法仅凭数据的波动程度或所谓的浓缩信息量来赋权，而不考虑数据的实际意义和研究者的主观意图，它很可能得出违背常识的结果，有时指标权数会与预期相差甚远，效度较差。另外，本书的评价模型中关于就业率的各类数据，均由群体数据统计而来，不存在个体数据矩阵，也难以开展客观赋权。综合考虑两种方法的利弊和本书的计分方式，避免权重严重失真，本书选择采用主观赋权法中常用的层次分析法（Analytic Hierarchy Process）① 来确定权重。其操作步骤为：

首先，构建判断矩阵。构建判断矩阵是运用层次分析法确定指标权重第一步。判断矩阵的作用是邀请专家对每一层次的评价指标进行两两比较，做出相对重要性的判断，并运用九级标度法对评价结果评分（评分表格参见附录1，判断矩阵标度及其含义参见表3.1和表3.2）。

① 层次分析法是将决策问题按总目标、各层子目标、评价准则直至具体的备投方案的顺序分解为不同的层次结构，然后得用求解判断矩阵特征向量的办法，求得每一层次的各元素对上一层次某元素的优先权重，最后再加权和的方法递阶归并各备择方案对总目标的最终权重，此最终权重最大者即为最优方案。

表 3.1 重要度定义

标度	含义	标度	含义
1	元素 i 与元素 j 同等重要	2	介于同等重要与稍微重要之间
3	元素 i 比元素 j 稍微重要	4	介于稍微重要与比较重要之间
5	元素 i 比元素 j 比较重要	6	介于比较重要与重要之间
7	元素 i 比元素 j 重要	8	介于重要与极其重要之间
9	元素 i 比元素 j 极其重要		

表 3.2 次重要度定义

标度	含义	标度	含义
1	元素 i 与元素 j 同等重要	1/2	介于同等重要与稍次要之间
1/3	元素 i 比元素 j 稍次要	1/4	介于稍次要与较之间
1/5	元素 i 比元素 j 较次要	1/6	介于较次要与次要之间
1/7	元素 i 比元素 j 次要	1/8	介于次要与极其次要之间
1/9	元素 i 比元素 j 极其次要		

注：i 代表列变量，j 代表行变量。

其次，运用统计软件计算判断矩阵的最大特征根及相应的指标权重。

①计算最大特征根，公式为：

$$\lambda max = \sum_{i=1}^{n} \frac{(AW)_i}{W_i} \tag{3-1}$$

第一步：A 的元素按行相乘；第二步：所得的乘积分别开 n 次方；第三步：将方根向量归一化得排序权重 W；第四步：按公式计算 λmax。

②判断矩阵的一致性检验。

第一步：计算一致性指标 CI，公式为：

$$CI = \frac{\lambda max - n}{n - 1} \tag{3-2}$$

其中，n 表示判断矩阵的阶数。

第二步：计算随机一致性比例 CR。随机一致性比率是用以检验矩阵一致性的指标，其计算公式为：

$$CR = CI/RI \tag{3-3}$$

其中，RI 表示随机一致性指标，是一个常量，可以根据阶数在量表里查询。量表如表 3.3 所示。当 $CR < 0.1$ 时，一般认为判断矩阵的一致性可

以接受；当 CR≥0.1 时，判断矩阵不符合随机一致性指标，需要对判断矩阵予以调整和修正，最终使 CR<0.1。

表 3.3　　评价随机一致性指标

阶数	1	2	3	4	5	6	7	8
RI	0	0	0.52	0.89	1.12	1.26	1.36	1.14

最后，计算指标权重。为调查指标权重，研究团队编制了《大学生就业质量评价指标赋权表》，并邀请20位专家运用德尔菲法进行赋权，其后运用 MATLAB 确定判断矩阵和指标权重。结果参见表3.4至表3.9。

表 3.4　　5个主要评价指标的判断矩阵及其权重和一致性检验

就业质量	就业率	薪酬待遇	工作岗位	发展空间	稳定性	Wi	一致性检验值
就业率	1.0000	6.0000	7.0000	6.0000	5.0000	0.0804	λmax=5.2638 CI=0.0447 RI=1.25 CR=0.03576<0.1
薪酬待遇	0.1667	1.0000	0.5000	0.1667	0.1667	0.4151	
工作岗位	0.1429	2.0000	1.0000	0.1667	2.0000	0.2166	
发展空间	0.1667	3.0000	3.0000	1.0000	1.0000	0.1837	
稳定性	0.2000	3.0000	0.5000	1.0000	1.0000	0.1042	

表 3.5　　"就业率"的判断矩阵及其权重和一致性检验

就业率	工作落实率	自主创业率	升学率	Wi	一致性检验值
初次就业率	1.0000	5.0000	4.0000	0.3724	λmax=3.2173 CI=0.0064 RI=0.51 CR=0.01255<0.1
自主创业率	0.2000	1.0000	0.3333	0.3517	
升学率	4.0000	3.0000	1.0000	0.2759	

表 3.6　　"薪酬待遇"的判断矩阵及其权重和一致性检验

薪酬待遇	薪资水平	基本社会保障	补充社会保障	其余福利	Wi	一致性检验值
薪资水平	1.0000	7.0000	4.0000	5.0000	0.3398	λmax=4.2458 CI=0.0801 RI=0.97 CR=0.08258<0.1
基本社保	0.1429	1.0000	0.3333	0.5000	0.2813	
补充社保	0.2500	3.0000	1.0000	3.0000	0.1775	
其余福利	0.2000	2.0000	0.3333	1.0000	0.2014	

表 3.7 "工作岗位"的判断矩阵及其权重和一致性检验

工作岗位	物理环境	人文环境	周平均工作时间	工作强度	岗位胜认度	Wi	一致性检验值
物理环境	1.0000	0.1667	0.2000	0.2500	0.2500	0.1660	λmax = 6.2976 CI = 0.0650 RI = 1.13 CR = 0.05752 < 0.1
人文环境	6.0000	1.0000	0.3333	0.2000	0.2000	0.2453	
周工作时间	5.0000	3.0000	1.0000	1.0000	0.5000	0.2113	
工作强度	4.0000	5.0000	1.0000	1.0000	0.2000	0.2000	
岗位胜任度	4.0000	5.0000	2.0000	1.0000	1.0000	0.1774	

表 3.8 "个人发展空间"的判断矩阵及其权重和一致性检验

个人发展空间	晋升机会	培训机会	专业对口度	兴趣匹配度	行业前景	Wi	一致性检验值
晋升机会	1.0000	0.1429	0.2000	0.3333	0.2500	0.2600	λmax = 5.946 CI = 0.087 RI = 1.42 CR = 0.06127 < 0.1
培训机会	7.0000	1.0000	0.3333	0.2000	0.2000	0.1833	
专业对口度	5.0000	3.0000	1.0000	1.0000	0.5000	0.1367	
兴趣匹配度	3.0000	5.0000	1.0000	1.0000	0.2000	0.1800	
行业前景	4.0000	5.0000	2.0000	1.0000	1.0000	0.2400	

表 3.9 "稳定性"的判断矩阵及其权重和一致性检验

稳定性	单位性质	合同服务期限	Wi	一致性检验值
单位性质	1.0000	0.3333	0.76	λmax = 2.0000 CI = 0.0114 RI = 0.27 CR = 0.04222 < 0.1
合同期限	3.0000	1.0000	0.24	

综合上述分析，最后形成大学生就业质量预调查评价量表（见表3.10），并将其应用于就业质量预调查。

表 3.10 大学生就业质量预调查评分

大学生就业质量评分	就业率（8）	净就业率（3）	就业率≥95%为满分，每下降一个百分点，扣0.2分，扣完为止
		自主创业率（2.8）	创业率≥5%为满分，每下降一个百分点，扣0.2分，扣完为止
		升学率（2.2）	升学率≥20%为满分，20%～15%为1.5分，15%～10%为1分，10%～5%为0.5分，其余0.2分

续表

大学生就业质量评分	薪酬待遇（42）	薪资水平（14.3）	薪资水平 =（试用期结束后的正常月工资水平）= 很高 ×5 + 比较高 ×4 + 与当地相当 ×3 + 比较低 ×2 + 很低 ×1/被调查人数 ×5，得分 = 薪资水平 × 满分
		社会保障（19.2）	社会保障水平 = 具有五险一金及商业保险 ×7 + 五险一金 ×6 + 四险一金 ×5 + 三险一金 ×4 + 五险 ×3 + 四险 ×2 + 三险 ×1/被调查人数 ×7，得分 = 社会保障水平 × 满分
		补充福利（8.5）	其余福利水平 = 提供两项及其以上 ×4 + 提供住宿 ×3 + 提供餐补 ×2 + 交通 ×1 + 都不提供 ×0/被调查人数 ×4，得分 = 其余福利水平 × 满分
	岗位特征（22）	工作环境（9.1）	分别计算物理环境和人文环境包含的每个因素的满意度，然后再计算平均满意度。综合满意度得分 = 平均满意度 × 满分
		周平均工作时间（4.6）	周平均工作时间 ≤ 标准值 40 小时为满分，超过小时扣 0.5 分，扣完为止
		工作强度（4.4）	工作强度（加班情况）=1 小时 ×5 +1.5 小时 ×4 +2 小时 ×3 +3 小时 ×2 +4 小时 ×1/被调查人数 ×5，得分 = 工作强度 × 满分
		岗位胜任度（3.9）	岗位胜任度 = 完全胜任 ×3 + 比较胜任 ×2 + 一般胜任 ×1 + 不能胜任 ×0 + 被调查人数 ×3，得分 = 岗位胜任度 × 满分
	发展空间（18）	晋升机会（4.7）	晋升率 = 有 ×1 + 无 ×0/被调查人数，得分 = 晋升率 × 满分值
		培训机会（3.3）	培训率 = 有 ×1 + 无 ×0/被调查人数，得分 = 培训率 × 满分值
		专业对口度（2.5）	专业对口率 = 完全对口 ×5 + 比较对口 ×4 + 一般对口 ×3 + 不太对口 ×2 + 完全不对口 ×1 + 没定岗 ×0/被调查人数 ×5，得分 = 专业对口率 × 满分
		职业兴趣匹配度（3.2）	职业兴趣匹配度 = 完全匹配 ×3 + 比较匹配 ×2 + 一般匹配 ×1 + 不匹配 ×0/被调查人数 ×3，得分 = 职业兴趣匹配度 × 满分
		行业前景（4.3）	行业发展前景平均水平 = 很好 ×4 + 比较好 ×3 + 一般 ×2 + 比较差 ×1 + 很差 ×0/被调查人数 ×4，得分 = 行业发展前景平均水平 × 满分

续表

大学生就业质量评分	稳定性（10）	单位性质（7.6）	单位性质平均水平 = 党政机关 ×6 + 事业单位 ×5 + 国有企业 ×4 + 公益组织 ×3 + 民营企业 ×2 + 外资 ×1/被调查人数 ×6，得分 = 单位性质平均水平 × 满分
		合同期限（2.4）	劳动合同服务期限平均水平 =5 年以上 ×4 +3 ~5 年（含 5 年）×3 +1 ~3 年（含 3 年）×2 +1 年以下（含 1 年）×1 + 不清楚 ×0/被调查人数 ×4，得分 = 劳动合同服务期限平均水平 × 满分

3.2.2 就业质量正式调查评价量表

预调查结束后，研究团队对问卷数据进行了统计，随后抽样选取了部分受调查者，再邀请部分指标选取和赋权专家，征集其对评价量表和统计结果的意见。根据受调查者反映，评价体系设计质量总体良好，调查结果基本合乎事实，但也有部分指标、权重和计分方式有待完善。

（1）指标选取方面。有受调查者反映，“周平均工时”与“工作强度”两项二级指标反映的信息重叠，其原因在于：在评价量表中“工作强度”用加班时间来反映，而按照国家规定的标准工时制度，周工时超过 40 小时即属加班时间。所以若有加班行为，则会同时反映在“周平均工时”与“工作强度”指标中，放大其对就业质量的影响，所以建议去除“工作强度”指标，只保留“周平均工时”一项指标。

（2）权重方面。有的受调查者认为部分二级指标权重需要调整。例如，有受调查者对社会保障水平权重高于薪资水平表示不理解；还有受调查者认为晋升率权重过高。研究团队进一步调查发现，社会保障水平权重之所以高于薪资水平，是将“社会保障水平”分解为“基本社会保障”和“补充社会保障”再将两者权重合并的操作办法，引致部分赋值专家在进行层次分析法两两比较时将两者混淆为社会保障水平，高估了权重；在评价量表中“晋升率”表示就业单位有无公开透明的晋升渠道，但部分赋值专家将其误认为表示人员实际晋升的比例，因而高估了该指标对就业质量的影响。

（3）计分方式方面。有受调查者认为，就业率指标计分将初次就业率、创业率和升学率分别统计赋值，统计方式较为烦琐。由于净就业率、升学率和创业率属性与量纲相同，因而它们无须进行权重赋值就可直接进行“通约计算”，建议效仿高校就业统计工作，将三项指标去除赋权和计分，改为合并统计计分。还有专家指出，就业率指标与其他质量指标不同，其扣分额度不应存在上限，而应该允许其出现负值，以更好地平衡就业量与质的关系。[①] 还有的受调查者表示，各用人单位的周平均工作时间的差异很大，有的不足40小时，有的甚至超过60小时，因此建议改为直接填写工作时长数据，并改变赋分方法，即超过一小时扣0.5分。还有的受调查者认为，“三资”企业的稳定性，超过了民营企业，建议将其分值调换。

根据上述意见，研究团队在保留预调查量表主体内容的基础上，对其进行了完善：首先，删去了“工作强度”指标，直接采集周平均工作时间数据，并改变计分方式；将“基本社会保障”和“补充社会保障”合并为“社会保障水平”指标，其后在保留所有一级指标权重不变的前提下，邀请专家采用德尔菲法对部分二级指标的权重进行修正；将初次就业率、创业率和升学率合并计分，三项二级指标也没有具体得分，同时就业率一级指标的得分采用满分（就业率≥95%）倒扣制计算，放开就业率指标的扣分上限，允许其出现负分，并将其该调整追溯应用于预调查中；最后还调换了“三资”企业与民营企业稳定性的分值，调整了一些可能引起歧义的用词，使之更易理解，由此得到大学生就业质量评价的正式量表（见表3.11）。

表3.11　　大学生就业质量正式调查评分

一级指标（权重）	二级指标（权重）	指标内涵与应用	计分标准
就业率（8）	净就业率	落实就业人数/有效调查人数	净就业率+创业率+升学率≥95%为满分，每下降一个百分点，扣0.5分
	创业率	创业人数/有效调查人数	
	升学率	升学人数/有效调查人数	

① 专家指出，预调查量表中对就业率计分采用“扣完为止”的限定方式具有局限性。这是因为：本调查为群体调查，若限定就业率计分最多只能扣权重分8分，那么可以设想一种情形：若某毕业班只有一位同学实现高质量就业（假定实现满分100分），其他同学均失业，那么整班的就业质量也高达92分。之所以会出现这样反常的评价结果，乃是因为就业率指标是个特殊指标：“量在质先”，没有充足的就业量，空谈就业的质无意义，所以质的指标是定比数据，有零点下限，而量的指标评分是等距数据，应允许其扣分值突破权重值而出现负数；另外，若非遭遇重大冲击，就业率计分很难出现负值。所以在劳动就业形势正常的情况下（包括预调查中），无论是否规定就业率扣分上限，对就业质量评价也没有实质影响，但为了提升评价量表的适应性，建议取消就业率计分“扣完为止”的限制，允许其出现负值。

续表

一级指标（权重）	二级指标（权重）	指标内涵与应用	计分标准
经济报酬（42）	薪酬水平（19.3）	个人薪资与就业地平均薪资水平相比	薪资水平=（“很高”×5+“较高”×4+“一致”×3+“较低”×2+“很低”×1）/有效调查人数×5，得分=实发薪资×权重值
	社会保障（14.2）	养老、医疗、失业、工伤、生育保险、住房公积金与商业保险	社会保障水平=（“五险一金及商业保险”×7+“五险一金” ×6+“四险一金”×5+“三险一金”×4+“五险”×3+“四险”×2+“三险”×1）/有效调查人数×7，得分=保险与公积金水平×权重值
	补充福利（8.5）	含食、宿、行三项补贴	补充福利水平=（“两项及其以上”×4+“提供住宿”×3+“提供餐补”×2+“提供交通”×1+“都不提供”×0）有效调查人数×4，得分=福利水平×权重值
岗位特征（22）	工作环境满意度（7.1）	含7项物理与人文因素：单位美誉度、组织文化、人际关系、交通条件、安全性、办公条件、其他条件	工作满意度=（“很满意”×4+“满意”×3+“较满意”×2+“不满意”×1+“很不满意”×0）/有效调查人数×4，平均满意度=$\sum$每个综合满意度/$\sum$因素数量，得分=平均满意度×权重值
	周平均工时（10）	以日工作8小时、周工作40小时为标准工时	周平均工作时间≤40小时为满分，超过1小时扣0.5分，扣完为止
	专业对口（4.9）	职业岗位与所学专业的一致程度	专业对口度=（“完全对口”×4+“比较对口”×3+“一般对口”×2+“不太对口”×1+“完全不对口”×0）/有效调查人数×4，得分=专业对口度×权重值
发展空间（18）	岗位胜任度（4.6）	考察毕业生的职业发展潜力，主观评价	岗位胜任度=（“完全胜任”×3+“比较胜任×2+“一般胜任”×1+“不能胜任”×0）/有效调查人数×3，得分=岗位胜任度×权重值
	晋升透明率（1.7）	有公开透明晋升渠道的比率	晋升透明率=（“高”×1+“低”×0）/有效调查人数，得分=晋升率×权重值
	培训率（3.3）	培训机会的比率	培训率=（“多”×1+“少”×0）/有效调查人数，得分=培训率×权重值

续表

一级指标（权重）	二级指标（权重）	指标内涵与应用	计分标准
发展空间（18）	职业兴趣匹配度（3.1）	工作岗位与个人兴趣的匹配程度，反映职业发展的潜力，主观评价	职业兴趣匹配度 =（“完全匹配”×3 +“比较匹配”×2 +“一般匹配”×1 +“不匹配”×0）/有效调查人数×3，得分 = 职业兴趣匹配度×权重值
	行业前景（5.3）	反映毕业生职业发展的宏观环境，主观评价	行业前景水平 =（“很好”×4 +“较好”×3 +“一般”×2 +“较差”×1 +“很差”×0）/有效调查人数×4，得分 = 行业发展前景平均水平×权重值
稳定性（10）	单位性质（7.6）	应用单位的所有制和组织性质反映职业稳定性	单位性质 =（“党政机关”×5 +“事业单位”×4 +“国有企业”×3 +“三资企业”×2 +“民营企业”×1）/有效调查人数×5，得分 = 单位性质水平×权重值
	合同期限（2.4）	期限越长，职业越稳定	合同期水平 =［“合同期5年以上”×4 +“合同期3~5年（×3 + 合同期1~3年×2 + 合同期1年以下（含1年）”×1］/有效调查人数×4，得分 = 合同服务期平均水平×权重值

经过预调查的探索和后续修订，就业质量评价量表更加完善，其指标体系既涵盖就业的量与质，又兼顾了各种主客观因素（前者如环境满意度，后者如周平均工作时间等），权重赋值更合乎设计者的意图和就业实际，计分方式更简便，用词也更易理解，是综合国内外文献、专家意见和预调查受调查者的结果，具有很强的科学性与代表性，因此有理由认为，它可反映高校毕业生就业质量的概貌。基于此，本书将其应用于其后的两次就业质量正式调查。

最后需要指出的是，本书构建的高校毕业生就业质量评价体系具有较强的一般性，不仅适用于评价贫困生的就业质量，也同样适用于非贫困生就业质量评价；另外，该评价体系是建立在高校毕业生初次就业的普遍特征和价值追求基础上的，适用于考察应届毕业生的初次就业质量，对于非应届生的再就业质量评价和其他群体的就业质量评价是否完全适用，还需要进一步调查研究。这是因为，就业质量评价具有一定的主观性，何为高质量就业，何为低质量就业，不同的年龄、境遇和价值观，可能会有不同的认识——例如，初次就业的毕业生可能更看重收入和发展空间，而大龄劳动者可能更看重稳定性和工作环境，因而其对相应权重的赋值也不同。本书构建的评价体系是基于我国国情和劳动力市场实际而设计的，旨在对国内就业的毕业生群体进行就业质量评价，对于极少数境外就业的毕业生，由于国情或区情不同，可能不适用于该评价体系（例如社会保障制度可能有所差异），因此在正式调查中，个别境外就业的就业质量数据将被剔除。

3.3 异质性分类维度

在本书研究中，除了就业质量评价量表之外，还使用了某些分类维度，对高校贫困生就业初期的就业质量内部异质性进行考察。以下对此予以介绍。

按照性别、年龄、学科、生源地、就业地等不同的维度，高校贫困生群体可以划分为多种子群体。这就使得高校贫困生就业质量的异质性不仅体现在贫困生与非贫困生之间，还可能体现在高校贫困生的各个子群体之间，并由此衍生出高校贫困生就业质量内部异质性的异质性。在这个意义上，高校贫困生群体的分类维度不仅是区分子群体的标志，也可能是引致就业质量异质性的成因或解释变量。因此，要考察高校贫困生就业质量的异质性，就必须对其分类维度进行考察。在本书研究中，先后引入的高校贫困生分类维度包括以下内容。

（1）学科专业。学科专业是对高校毕业生就业质量影响最为显著的因素之一。除了学界的研究外，在公共舆论场上不乏所谓“热门专业”和“天坑专业”之类的说法，也反映了社会公众对这一差异的切身认知。

在以往研究中，通常将所有学科专业划分为人文（Humanities）、社会科学（Social Sciences）、理学（Science）和工学（Engineering）四类。其中，人文学科专业系指以观察、思考和批判为方法，以人类情感、道德和理智为对象的各门学科以及其他含有人文主义内容并运用人文主义的方法进行研究的学科，典型的人文学科包括文学、历史、哲学、艺术、外语、语言学、考古学等专业；社会科学类学科是以科学方法研究各种社会现象的科学，典型的社会科学包括经济学、管理学、法学、社会学、政治学、军事学等；理学类专业是研究自然物质运动基本规律的科学，主要致力于基础科学研究，典型的理学专业包括数学类、物理学类、化学类、天文学类、地理科学类、大气科学类、海洋科学类、地球物理学类等；工学类专业是工程技术专业的总称，典型的工学类专业包括机械类、仪器类、材料类、能源动力类、电气类、电子信息类、自动化类、计算机类、土木类、水利类等专业。

对于各学科专业的就业质量，传统的看法是：工学类优于理学类，社科类优于人文类，理工类总体上又优于人文社科类。之所以形成这种差异，一般从人才需求的角度提出了解释。以理工类为例，工科类专业是自然科学中的应用科学，以技术应用为方向，所以与产业界对接较为紧密，其毕业生就业状况较好，尤其是21世纪以来以互联网为代表的高新产业快速发展，更促进了部分工科专业的需求井喷；相比之下，理学类专业是工程应用的源泉，也是国家科技底蕴的集中体现，但主要致力于基础科学研究，由于距离产业应用较远，就业质量不稳定；人文社科类专业的差异与理工类相似：社科类专业与经济社会发展联系更紧密，应用性更强，尤其是经管类、法学类专业就业形势和薪酬待遇一向较好，而人文类专业主要致力于人类精神世界的认知与构建，距离经济生活有一定的距离，导致就业前景整体上不如社科类专业。再从理工类（简称理科）和人文社科类（简称文科）就业质量的总体差别看，一般的看法是前者优于后者。其原因在于前者学习难度大，专业门槛较高，就业竞争相对和缓，而后者专业门槛不明显，缺乏应用技能，就业竞争更激烈。因此，民间素有“富学文、穷学理”以及“学好数理化，走遍天下都不怕”的说法。

从前人的研究看，多项国外研究证实，专业选择对大学毕业生起薪影响显著，工程类、商科和自然科学类专业的经济回报较好，人文艺术类专业相对较低。①②③④ 卿石松等（2013）基于大样本调查发现，高等教育的

① Arcidiacono, P. (2004). Ability sorting and the returns to college major. Journal of Econ - ometrics, 121 (02), 343 - 375.

② · Finnie, R., & Frenette, M. (2003). Earning differences by major field of study: Evi - dence from three cohorts of recent Canadian graduates. Economics of Education Review, 22 (02), 179 - 192.

③ Kelly, E., OConnell, P. J., &Smyth, E. (2010). The economic returns to field of study and competencies among higher education graduates in lreland. Economics of Education Review, 29 (04), 650 - 657.

④ Gorlitz, K., &Grave, B. (2012). Wage differentials by field of study - the case of German u-niversity graduates. Ruhr Economic Paper No. 316.

经济回报存在专业异质性，工学和经管类毕业生的起薪高于其他专业，农业和历史学回报率较低。[①] 但上述观点也不乏反证，例如，王庚（2015）研究表明，2009 ~2013 年的多数年份，经济学的经济回报显著低于理学，但艺术学的经济回报又显著高于理学，且差距逐年扩大；历史学专业回报长期高于理学；法学、教育学、管理学等文科专业与理学专业相比，回报率时高时低，有时差别不显著。[②] 所以总体来看，各学科专业之间经济回报固然有差异，但这种差异具有不确定性。基于此，本书将引入学科维度，对各专业的高校贫困生就业质量进行测度，考察其就业质量的专业异质性，以反映学科专业对高校贫困生就业质量的影响。

（2）就业地域。就业地域也是影响就业质量的重要因素。对就业地域与就业质量的关系，王庚（2015）调查发现，在珠三角地区就业的毕业生起薪高于非珠三角地区就业起薪。[③] 刘京鲁（2020）的研究表明，东部地区的硕士毕业生起薪最高，西部地区次之，中部地区最低。从就业地点上看，硕士毕业生平均起薪由高到低依次为省会城市或直辖市、地级市、乡镇、农村和县级市或县城。[④] 从就业去向看，21 世纪初我国高校毕业生的就业地域就呈现高度聚集现象，八成以上的毕业生选择大中城市就业（岳昌君，2012[⑤]）。2010 年以后，尽管国家不断引导高校毕业生基层就业，社会上也一度出现了“逃离北上广”的舆论，但由于中心城市经济发展水平高、教育资源多、新兴产业密集，高校毕业生继续向中心城市聚集——李琦（2021）对 9 所高校 2014 ~2018 年就业数据的研究表明，在近 20 万名调查样本中，有近半数（47%）的毕业生在一线城市就业，同时灰色预测模型还显示，未来这一趋势将继续保持稳定。[⑥] 从高校毕业生的长期聚集趋势看，我们似乎可以推断，发达地区的就业质量应该高于其他地区。其

---

① 卿石松，曾湘泉．本科毕业生起薪的专业差异分析［J］．北京大学教育评论，2013，11（04）．

②③ 王庚，蔡颖，桂肖敏．人力资本和专业选择对大学生起薪的影响研究——基于大学生就业统计数据的实证分析［J］．中国大学生就业，2015，（15）：34 –39．

④ 刘京鲁，岳昌君，杨海燕．我国硕士研究生就业结果及起薪的影响因素研究——基于 2019 年全国高校抽样调查数据的实证分析［J］．教育学术月刊，2020（11）：64 –72．

⑤ 岳昌君．高校毕业生就业状况分析：2003 ~2011［J］．北京大学教育评论，2012，10（01）．

⑥ 李琦．基于灰色模型对高校毕业生就业地域选择的实证研究——以全国 9 所高校毕业生就业质量报告为例［J］．高等工程教育研究，2021，（S1）：123 –128．

可能的原因包括：发达地区新兴产业密集且前景好，就业机会多，薪资收入高，工作环境也不错，所以毕业生持续涌入；发达地区高昂的房价和生活成本、高强度加班和过长的通勤时间又会降低工作满意度和就业质量。[①]因此，上述推断和认识在现实中是否成立，还需要实证研究的检验。基于此，在本书研究中将就业地域设置为一线城市与非一线城市（或经济发达地区与其他地区），进而比较高校贫困生就业质量的就业地域异质性，以此考察就业地域对高校贫困生就业质量的影响。

（3）人力资本诸因素。人力资本也是可能影响就业质量的重要因素。人力资本与“物质资本”相对，是体现在劳动者身上的资本，如知识技能、文化技术水平与健康状况等。人力资本理论认为，人力资本是推动经济发展和个人职业发展的关键因素。劳动者人力资本含量越高，就业机会越多，就业收入越好，就业质量就越高。在现有研究中，岳昌君（2012）的研究表明，学历越高，离校就业率和起薪就越高。在2003～2011年的五次调查中，硕士和博士离校就业率最高，本科生次之，专科生只有60%；博士生起薪最高，硕士生次之，本科生名列第三，专科生起薪最低，表明用人单位明显偏好高学历毕业生。[②] 岳利萍（2016）的实证研究表明，对起薪影响最为显著的三项因素依次是专业成绩、专业实习和行业常识，表明专业能力对大学生就业起薪具有决定性影响。[③] 王庚（2015）用党员、学业获奖和GDA三项指标代表人力资本含量，然后运用明瑟工资决定方程考察后发现，人力资本含量与就业起薪有正相关性，学生党员、学业获奖者和高GDA者的起薪明显高于其他毕业生。[④] 贾巍巍（2019）研究发现，获得英语四级证书有助于提升毕业生起薪。[⑤] 另外，也有研究者有不同发现和观点：王占国（2015）研究发现，无论性别如何，学习成绩对起薪均

① 朱迪．北上广还是二线？——大学毕业生就业区域流向分析［J］．中国青年研究，2015，（11）：96－102.

② 岳昌君．高校毕业生就业状况分析：2003～2011［J］．北京大学教育评论，2012，10（01）.

③ 岳利萍，马瑞光，闫馨心．性别歧视还是专业选择？——大学毕业生就业起薪差异影响因素研究［J］．理论导刊，2016（05）：94－98.

④ 王庚，蔡颖，桂肖敏．人力资本和专业选择对大学生起薪的影响研究——基于大学生就业统计数据的实证分析［J］．中国大学生就业，2015，（15）：34－39.

⑤ 贾巍巍，岳昌君．英语水平高能带来高就业起薪吗？——基于2017高校本科毕业生调查的实证研究［J］．教育学术月刊，2019（05）：78－86.

没有显著影响;[①] 岳昌君（2012）的同一研究也表明，学校层次、学习成绩、党员和学生干部等人力资本因素对毕业生起薪的影响正在降低，已挤出了就业质量影响因素的前十位，等等。[②] 基于此，本书将引入招生批次、党员和学生干部等多因素，对高校贫困生就业质量进行分类测量，以此反映高校贫困生人力资本与就业质量的关系。

（4）社会资本因素。社会资本是影响大学生就业质量的关键因素。社会资本在大学生就业中的作用路径包括：获取稀缺的求职信息;[③] 促进用人单位与毕业生的互相了解和信任，提高求职效率;[④] 施加人情影响等。20世纪90年代初期，社会资本理论传入我国，不少学者将其用来研究大学生就业问题。学者们研究发现，我国是一个关系本位社会，大学毕业生的就业行为必然更加深嵌入社会关系网络之中，进而对就业质量产生影响。例如，徐莉和郭砚君（2010）发现，大学生社会资本与就业质量之间有较强的正相关关系，具有社会资本优势的大学生就业质量往往更高;[⑤] 刘新华与杨艳（2013）也指出，社会资本越丰富的大学生，就业质量越高，大学生社会资本的“差序”造成了大学生就业质量的“差序”;[⑥] 陈宏军等使用结构方程进行计量分析发现，大学生拥有的社会网络资源越多，动用的社会资本越丰富，其就业质量越高。[⑦] 鉴于社会资本对大学生就业质量的重要影响，有研究者忧虑社会资本对贫困生就业质量的负向影响。例如，寒门子弟经过人力资本积累，固然可获得较高的就业质量和较好的职业发展，但相对于有社会资本的大学生仍处于劣势地位；社会资本

① 王占国．高校毕业生起薪影响因素及性别差异研究［J］．教育与经济，2015（05）：40－45，54.

② 岳昌君．高校毕业生就业状况分析：2003～2011［J］．北京大学教育评论，2012，10（01）.

③ MichaelB. Aguilera，Douglas S. Massey，“Social Capital and the Wages of Mexican Migrants：New Hypotheses and Tests”，Social Forces，Vol. 82（02），2003，pp. 671－701.

④ Roberto M. Femandez，Emilio1 Castilla，Paul Moore，“Social Capital at Work：Networks and Employment at aPhone Enter”，The American Journal of Sociology，Vol 105（05），2000 1288－1356.

⑤ 徐莉，郭砚君．大学生就业质量与社会资本关系研究——以武汉高校为例［J］．中南民族大学学报（人文社会科学版），2010，30（05）：85－88.

⑥ 刘新华，杨艳．家庭社会资本与大学生差序就业——关于家庭社会资本对大学生就业质量影响的研究［J］．教育学术月刊，2013，No. 250（05）：66－68.

⑦ 陈宏军，李传荣，陈洪安．社会资本与大学毕业生就业绩效关系研究［J］．教育研究，2011，32（10）：21－31.

充裕的大学生，可以获得体面的工作、较高的收入以及更广阔的职业发展空间，而贫寒子弟缺乏家庭社会资本，只能低质量就业，导致阶层固化，[①] 也导致相当多的大学生不注重人力资本积累，而走向“权力崇拜”和“关系崇拜”。[②] 基于此，本书在第二阶段调查中将调查样本分为社会关系对就业帮助显著和不显著两类群体，分别对其就业质量加以考察和比较，以此反映高校贫困生社会资本与就业质量的关系。

（5）经济资本因素。经济资本是大学生高质量就业的物质保障。接受高等教育必须支付学费和生活费，大学生积累后致性社会资本也需要一定的社交开支，在就业竞争日益激烈的当下，大学生就业还需要一笔求职支出，因此，经济资本是大学生培育人力资本和社会资本乃至实现就业的物质基础。[③] 高经济资本有助于提升大学生就业质量。大学生的经济资本主要来自两个方面：一方面，家庭经济支持。郭斌（2006）认为，家庭经济资本影响子女教育机会，富裕家庭子女更容易获得高层次的教育。[④] 郑洁（2004）、李炜和岳昌君（2009）认为，家庭经济资本对大学生初次就业的影响比较大。[⑤][⑥] 岳昌君（2011）调查发现，社会资本变量对大学毕业生收入有显著的影响，家庭社会关系多的毕业生的收入更高。[⑦] 肖富群（2014）认为，城镇生源比农村生源更可能就读层次高的院校，而高层次院校的毕业生更可能在地级市及以上城市找到工作。[⑧] 韩璐璠（2016）调

① 刘宏伟，刘元芳．高等教育助推阶层固化的社会资本分析［J］．高教探索，2013，No.132（04）：124－127.

② 王革，景琴玲，陶艳梅．社会资本与大学生就业［J］．中国高教研究，2007，No.169（09）：30－33.

③ 钟云华，王骄华．四维资本视角下贫困生就业困难的根源及其精准化解路径［J］．教育文化论坛，2022，14（01）：69－76.

④ 郭斌．家庭经济资本和文化资本对子女教育机会获得的影响［J］．高等教育研究，2006（11）：24－31.

⑤ 郑洁．家庭社会经济地位与大学生就业——一个社会资本的视角［J］．北京师范大学学报（社会科学版），2004（03）：111－118.

⑥ 李炜，岳昌君．2007年高校毕业生就业影响因素分析［J］．清华大学教育研究，2009，30（01）：88－95.

⑦ 岳昌君．大学生跨省流动的特点及影响因素分析［J］．复旦教育论坛，2011，9（02）：57－62.

⑧ 肖富群．城乡背景对大学生初次就业结果的影响——基于全国17所高校2914名毕业生的调查数据［J］．广西民族大学学报（哲学社会科学版），2014（04）.

查表明，家庭经济资本在大学生就业时扮演了工具性的角色，能够为学生择业提供经济支持与帮助，直接影响了毕业生的求职基础、求职过程、就业心理和就业结果。[①] 二是学校的经济资助。钟云华（2014）[②]、曲垠娇等学者（2018）[③] 研究发现，贫困生获得学生资助，其实质是改善经济资本，并可将其转化为人力资本和社会资本，提高毕业生就业质量。本书将在第二阶段调查中，将调查样本分为高资助毕业生和低资助毕业生两类群体，分别对其就业质量加以考察和比较，从中把握高校贫困生经济资本与就业质量的关系。

（6）性别因素。性别因素也是可能影响就业质量的因素之一。在劳动经济学界，性别工资一直是重要的研究主题。按照传统的观点，女性在劳动力市场受到公开或隐性的歧视，因而导致其就业质量低于同等条件的男性。有诸多研究支持这一观点：肯特（Kent，2010）研究发现，性别对过去十年间（1998～2008 年）的起薪增长率有显著影响；[④] 王庚（2015）调查表明，2009～2013 年男生平均起薪和最高起薪均高于女生，且男女生性别工资差异逐年扩大，大学生性别工资差异的天花板效应更明显；[⑤] 王占国（2015）调查发现，在同等条件下，男生的平均起薪仍然高于女生；[⑥] 刘敏和陆根书（2016）发现，女生起薪的平均数只有男生起薪平均数的九成。[⑦] 2017 年大学生就业状况调查数据显示，男性毕业生起薪为 5034 元，女性毕业生起薪 4592 元，两者相差 442 元。[⑧] 另外，也有研究者对此持不

---

① 韩璐璠．家庭资本对大学毕业生初次就业的影响研究［D］．大连：东北财经大学，2016.

② 钟云华．学生贷款的社会流动效应研究——基于资本转化的视角［M］．北京：中国社会科学出版社，2014.

③ 曲垠姣，岳昌君，纪效珲．大学生经济资助对就业质量的影响研究［J］．清华大学教育研究，2018，39（01）：84－90.

④ Kent，G. Starting Salaries of College Graduates：An Analysisof The 1998－2008 Era［J］．Journal of Legal Economics，2010，（2）：123－132.

⑤ 王庚，蔡颖，桂肖敏．人力资本和专业选择对大学生起薪的影响研究——基于大学生就业统计数据的实证分析［J］．中国大学生就业，2015，（15）：34－39.

⑥ 王占国．高校毕业生起薪影响因素及性别差异研究［J］．教育与经济，2015（05）：40－45，54.

⑦ 刘敏，陆根书．高校毕业生起薪的性别差异状况及其影响因素［J］．高等教育研究，2016，37（05）：43－50.

⑧ 岳昌君，白一平．2017 年全国高校毕业生就业状况实证研究［J］．华东师范大学学报（教育科学版），2018，（05）．

同意见：郑家梅（2013）研究发现，性别工资差异的实质是专业选择差异，女性聚集的学科专业的薪资水平本身就较低；高晓霜（2013）运用分层回归的方法，发现调研样本中女性大学毕业生起薪较高的新结论；[①] 蔡海静（2015）研究CGSS数据后发现，高校毕业生在就业机会及就业起薪上的性别差距正在逐步缩小；[②] 岳利萍（2016）等学者在控制住学校层次和政治面貌等变量后发现，大学毕业生起薪的性别差异并不显著，总体上不存在性别歧视问题。[③] 为进一步考察性别与就业质量的关系，本书将调查样本分为男性毕业生和女性毕业生两类，对其就业质量加以考察和比较。

由上述论述可知，以往研究在探讨高校毕业生就业质量的异质性时，大多是应用就业率和起薪水平两个指标（分别代表就业的量与质）来替代对就业质量的全面考察。这种简化操作虽有其合理性和实用性的一面，但所用指标和方法过于简单，并不能反映毕业生的就业满意度、行业前景等其他重要信息，不免有“以偏概全”之嫌。上述研究大多基于以往的就业状况和具体样本而展开，研究结论也并未形成定论。那么在新形势下，这些不同维度的毕业生群体就业质量如何，是否会出现新变化还不得而知。更重要的是，上述研究的对象均是高校毕业生，对于高校贫困生这一特殊群体，其就业质量及其内部异质性是否服从高校毕业生就业的一般规律，还有待展开专项调查。基于此，本书将以高校贫困生为对象，对上述问题进行考察。具体做法是：按上述维度，本书对高校贫困生进行子群体分类，然后分别测评和比较其就业质量水平，以反映其就业质量的异质性。

① 高晓霜，罗鄂湘．大学生起薪影响因素的实证分析——基于分层分析方法［J］．科技与管理，2013，(01)．

② 蔡海静，马汴京．高校扩招、能力异质性与大学生毕业生就业［J］．中国人口科学，2015，(04)．

③ 岳莉萍，马瑞光，闫馨心．性别歧视还是专业选择？——大学毕业生就业起薪差异影响因素研究［J］．理论导刊，2016（05）：94－98．

第4章　精准扶贫阶段高校贫困生就业质量及其异质性

本章旨在考察精准扶贫背景下高校贫困生的就业质量。精准扶贫对我国各类贫困群体的全面脱贫起到了至关重要的作用。在精准扶贫战略的带动下，政府、高校和社会各界对革命老区贫困家庭脱贫及其子女就业也投入了极大的资源和精力。那么在这一期间，我国高校贫困生的就业质量状况如何？相比以往是否有所改进？与高校普通学生相比是否存在差距？在高校贫困生群体内部，就业质量是否存在差异？为了解上述问题，在精准扶贫实施初期的2015年，研究团队对江西革命老区高校贫困生展开了调查。它们是本研究第一阶段的调查，包括相互独立的预调查和正式调查各一项，并佐以访谈。两项调查虽然样本容量、调查时间和调查对象不同，但均发现：首先，高校贫困生的就业质量低于非贫困生，但差异程度小于预期，这与国家积极开展的精准扶贫运动和就业帮扶优化了贫困生的经济资本、改善了其就业质量有关；其次，高校贫困生内部各个子群体的就业质量也存在差异，即理工科贫困生的就业质量高于人文社科类贫困生，省外就业的贫困生就业质量高于省内就业的贫困生。贫困生就业质量内外部异质性的主因都指向了社会资本。即贫困生就业缺乏社会资本，导致其就业质量低于非贫困生；而在贫困生群体内部，选择理工类就读和省外就业，能规避社会资本匮乏的不利影响，因而其就业质量较高。这就提示我们，今后要注意总结高质量就业经验，强化贫困生社会资本，引导高校贫困生制定合理的就业就学策略。

4.1　调查背景与主旨

高校贫困生的就业质量数据是对高校贫困生开展精准就业帮扶的基础。它可以为评判重点帮扶对象、制定精准帮扶策略和评估帮扶成效提供科学依据。然而在相当长一段时期内，社会各界对贫困生就业质量的认识大多建立在直观印象或定性分析的基础上，在总体、子群体或个体层面上，贫困生就业质量数据都处于缺失状态，容易诱发贫困生就业帮扶过程中的“识别难”“管理难”“评估难”问题，影响就业帮扶工作的精准度。因此，开展贫困生就业质量数据的专项测评是本阶段调查的主旨之一。

本研究的另一主旨是探究高校贫困生就业质量的异质性。比较是认识事物本质的基本方式。一方面，唯有设置非贫困生对照组并与贫困生开展群体比较，才能凸显贫困生就业质量的本质特征与现实意蕴，揭示高校贫困生就业帮扶工作的必要性和现实意义；另一方面，高校贫困生群体内部的就业质量也不会是完全同质的，揭示其内部各个子群体的就业质量异质性有助于总结贫困生高质量就业经验，查找低质量就业成因，促进就业扶贫工作的精准度。然而，以往研究普遍缺乏这一分析，不利于就业帮扶工作的精准施策。

基于此，本章将以江西革命老区高校为调查案例，测度和比较贫困生群体和子群体的就业质量水平，以总结贫困生低质量就业成因与高质量就业经验。相关调查包括预调查和正式调查。前者调研样本相对较少，毕业生离校之际回收问卷，其主要目的是探索磨合研究方案，并验证正式调查结论；后者样本容量较大且对象不同于预调查，基础信息采集更详尽，于毕业当年 10 月回收问卷。但两者的问卷内容均包括学生基本信息、就业质量状况、就业质量影响因素和就业难点与对策建议等四部分内容。此外，为深入考察高校贫困生就业质量，两次调查均抽取了部分问卷对象进行访谈。访谈内容包括影响就业质量的主次因素、对于大学生就业工作的意见和建议以及其他相关内容等。

4.2　调查数据来源与样本信息

4.2.1　预调查的数据来源与样本信息

在第一阶段的预调查中，调查者2015年4月向江西省4所省属重点高校应届本科毕业生发放550份问卷，学生离校前回收，剔除无效问卷后，得到有效问卷302份，有效率为55%。预调查采集了调查样本的家庭经济情况（即受资助情况）、性别、专业、资助情况、毕业去向和就业地等基本信息。表4.1显示：

在302名受调查者中，男生154人，女生148人；贫困生（享受1～5种资助，下同）218人，非贫困生（不享受任何资助，下同）84人。从学科专业结构看，在贫困生中，人文社科类毕业生88人，占比为40%，理工类毕业生130人，占比为60%；在非贫困生中，人文社科类毕业生33人，占比为39%，理工类毕业生52人，占比为61%。从毕业去向看，在218名贫困生中，143人就业，1人创业，27人升学，47人待业，净就业率、创业率、升学率和失业率分别为65.6%、0.46%、12.39%和21.55%；在84名非贫困生中，49人就业，1人创业，14人升学，20人待业；净就业率、创业率、升学率和失业率分别为58.33%、1.19%、16.67%和23.81%。[①] 从已就业毕业生的就业地域看，省外就业贫困生96人，占比为67%，省内就业贫困生47人，占比为33%；省外非贫困生23人，占比为47%，省内就业非贫困生26人，占比为53%。从已就业毕业生的单位性质看，在机关事业单位和国有企业等体制内单位就业的贫困生44人，民营企业就业的贫困生79人，三资企业就业的贫困生19人，其他单位（如公益组织）就业的贫困生1人，分别占贫困生总数的31%、55%、13%和1%；在体制内单位就业的非贫困生24人，民营企业就业的贫困生18人，三资企业就业的贫困生5人，其他单位就业的贫困生2人，分别占非贫困

① 第一阶段调查中的就业去向统计剔除了个别出国就业毕业生数据。

生总数的 48%、37%、10% 和 5%。可见，在预调查中，非贫困生体制内就业的比例高于贫困生。

表 4.1　第一阶段预调查样本的基本信息统计　单位：人；占比:%

<table>
<tr><td rowspan="2">性别</td><td colspan="4">男</td><td colspan="4">女</td><td colspan="2">合计</td></tr>
<tr><td colspan="2">人数</td><td colspan="2">占比</td><td colspan="2">人数</td><td colspan="2">占比</td><td>人数</td><td>占比</td></tr>
<tr><td>贫困生</td><td colspan="2">121</td><td colspan="2">56</td><td colspan="2">97</td><td colspan="2">45</td><td>218</td><td>100</td></tr>
<tr><td>非贫困生</td><td colspan="2">33</td><td colspan="2">39</td><td colspan="2">51</td><td colspan="2">61</td><td>84</td><td>100</td></tr>
<tr><td rowspan="2">学科</td><td colspan="4">文科</td><td colspan="4">理科</td><td colspan="2">合计</td></tr>
<tr><td colspan="2">人数</td><td colspan="2">占比</td><td colspan="2">人数</td><td colspan="2">占比</td><td>人数</td><td>占比</td></tr>
<tr><td>贫困生</td><td colspan="2">88</td><td colspan="2">40</td><td colspan="2">130</td><td colspan="2">60</td><td>218</td><td>100</td></tr>
<tr><td>非贫困生</td><td colspan="2">33</td><td colspan="2">39</td><td colspan="2">51</td><td colspan="2">61</td><td>84</td><td>100</td></tr>
<tr><td rowspan="2">就业地</td><td colspan="4">省内就业</td><td colspan="4">省外就业</td><td colspan="2">合计</td></tr>
<tr><td colspan="2">人数</td><td colspan="2">占比</td><td colspan="2">人数</td><td colspan="2">占比</td><td>人数</td><td>占比</td></tr>
<tr><td>贫困生</td><td colspan="2">47</td><td colspan="2">33</td><td colspan="2">96</td><td colspan="2">67</td><td>143</td><td>100</td></tr>
<tr><td>非贫困生</td><td colspan="2">23</td><td colspan="2">47</td><td colspan="2">26</td><td colspan="2">53</td><td>49</td><td>100</td></tr>
<tr><td rowspan="2">毕业去向</td><td colspan="2">净就业</td><td colspan="2">升学</td><td colspan="2">创业</td><td colspan="2">失业</td><td colspan="2">合计</td></tr>
<tr><td>人数</td><td>占比</td><td>人数</td><td>占比</td><td>人数</td><td>占比</td><td>人数</td><td>占比</td><td>人数</td><td>占比</td></tr>
<tr><td>贫困生</td><td>143</td><td>66</td><td>27</td><td>12</td><td>1</td><td>0. 5</td><td>47</td><td>22</td><td>218</td><td>100</td></tr>
<tr><td>非贫困生</td><td>49</td><td>58</td><td>14</td><td>17</td><td>1</td><td>1</td><td>20</td><td>24</td><td>84</td><td>100</td></tr>
<tr><td rowspan="2">单位性质</td><td colspan="2">体制内单位</td><td colspan="2">民营企业</td><td colspan="2">三资企业</td><td colspan="2">其他</td><td colspan="2">合计</td></tr>
<tr><td>人数</td><td>占比</td><td>人数</td><td>占比</td><td>人数</td><td>占比</td><td>人数</td><td>占比</td><td>人数</td><td>占比</td></tr>
<tr><td>贫困生</td><td>44</td><td>31</td><td>79</td><td>55</td><td>19</td><td>13</td><td>1</td><td>1</td><td>143</td><td>100</td></tr>
<tr><td>非贫困生</td><td>24</td><td>48</td><td>18</td><td>37</td><td>5</td><td>10</td><td>2</td><td>5</td><td>49</td><td>100</td></tr>
</table>

4. 2. 2　正式调查的数据来源与样本信息

正式调查的调查样本较大，基本信息采集更加全面深入。按就读学校、专业、性别合理分布原则，研究团队 2015 年向江西省 6 所重点院校 1215 名本科毕业生发放问卷，10 月回收有效问卷 901 份，有效率 74. 16%。

正式调查采集了受调查者的家庭经济情况（即受资助情况）、性别、专业、毕业去向、生源地、就业地和就业单位性质等基本信息。表 4.2 显示：

在 901 份有效问卷中，贫困生 478 人，其中人文类、社科类、理学类和工科类专业各有 74 人、117 人、91 人和 196 人；非贫困生 423 人，其中人文类、社科类、理学类和工科类专业各有 96 人、102 人、91 人和 134 人。在贫困生中，理工科学生占 60.04%，高于非贫困生 53.19% 的相应比例。

从毕业去向看，在贫困生中，就业、升学、创业和失业人数分别为 379 人、58 人、5 人和 36 人，占比分别为 79.3%、12.1%、1.1% 和 7.5%；在非贫困生中，就业、升学、创业和失业人数分别为 306 人、72 人、3 人和 42 人，占比分别为 72.3%、17.0%、0.7% 和 10.0%。贫困生的净就业率高于非贫困生，而升学率低于非贫困生。[①]

从已就业学生的生源地和就业地看，74.4% 的贫困生（282 人）来自江西，表明本次调查的贫困生以江西革命老区贫困家庭子女为主，但只有 35.6% 的贫困生（135 人）在江西省内就业（87 人为江西生源，占江西生源贫困生的 31%），53.3% 的贫困生（202 人）流向了经济发达的一线城市和沿海地区；相比之下，45.4% 的非贫困生（139 人）来自江西本地，却有 47.7% 的非贫困生（146 人）选择留在江西工作（江西生源为 71 人，占江西生源非贫困生的 51%）。可见，在江西本地生源中，贫困生出省工作的比例高于非贫困生。

从就业单位性质看，104 名贫困生在体制内就业（党政机关 13 人，事业单位 15 人，国企 76 人），约占已就业贫困生总数的 27.4%，67 人和 208 人分别在三资企业和民营企业就业，各占其已就业贫困生总数的 17.6% 和 55%；相比之下，非贫困生在体制内就业 149 人（党政机关 30 人，事业单位 56 人，国企 53 人），约占已就业非贫困生总数的 45.4%；37 人和 130 人分别在三资企业和民营企业就业，各占已就业非贫困生总数的 12.1% 和 42.5%。总体来看，无论是贫困生还是非贫困生，体制外就业都占多数，但非贫困生体制内就业的比例远高于贫困生。

① 就业去向数据剔除了个别出国毕业生数据。

表 4.2　　第一阶段正式调查样本的基本信息统计　　单位：人；占比:%

学科	人文类		社科类		理学类		工学类		合计	
	人数	占比	人数	占比	人数	占比	人数	占比	人数	占比
贫困生	74	15.5	117	24.5	91	19.0	196	41.0	478	100
非贫困生	96	22.7	102	24.1	91	21.5	134	31.7	423	100
去向	净就业		升学		创业		待业		合计	
	人数	占比	人数	占比	人数	占比	人数	占比	人数	占比
贫困生	379	79.3	58	12.1	5	1.1	36	7.5	478	100
非贫困生	306	72.3	72	17.0	3	0.7	42	10.0	423	100
生源地	江西省内		一线城市		粤浙苏闽		其他		合计	
	人数	占比	人数	占比	人数	占比	人数	占比	人数	占比
贫困生	282	74.4	2	0.8	22	5.8	73	19.3	379	100
非贫困生	139	45.4	18	5.9	36	11.8	113	36.9	306	100
就业地	江西省内		一线城市		粤浙苏闽		其他		合计	
	人数	占比	人数	占比	人数	占比	人数	占比	人数	占比
贫困生	135	35.6	104	27.4	98	25.9	42	11.11	379	100
非贫困生	146	47.7	62	20.3	60	19.6	38	12.4	306	100
单位性质	机关事业单位		国有企业		三资企业		民营企业		合计	
	人数	占比	人数	占比	人数	占比	人数	占比	人数	占比
贫困生	28	7.4	76	20.0	67	17.6	208	55.0	379	100
非贫困生	86	28.1	53	17.3	37	12.1	130	42.5	306	100

注：表中人文专业包括文史哲等文科专业；社科专业包括经济、管理、政治、法学等专业；理学专业主要指物理、化学、数学等自然科学基础专业；工科专业包括计算机、电子、机械、农学等自然科学应用专业；“一线城市”系指北京、上海、广州、深圳，“粤浙苏闽”系指广东（不含深圳、广州）、浙江、江苏和福建等沿海省份。

4.3　精准扶贫阶段高校贫困生就业质量的外部异质性

高校贫困生就业质量的外部异质性即指高校贫困生与非贫困生的就业质量差异。对问卷调查数据进行统计后发现，在第一阶段的两次调查中，高校贫困生就业质量均低于非贫困生，但差异水平小于预期。以下对此予以分析。

4.3.1 单项指标得分比较

整理预调查和正式调查问卷数据后，运用加权平均法计算，可以得到精准扶贫阶段江西高校毕业生就业质量的一级、二级指标值。它们主要包括以下内容。

第一，就业率指标值。表4.3显示，第一阶段两次调查的结果高度一致。在两次调查中，贫困生的就业落实率都明显高于非贫困生，其失业率和升学率都明显低于非贫困生。这种就业去向的群体差异和公众认知是一致的。众所周知，由于家庭经济困难，多数高校贫困生就业意愿迫切，希望能尽早就业，赚取收入，以减轻家庭负担，改变家庭贫困面貌，而且高校贫困生更加吃苦耐劳，“先就业、后择业”意识较强，对工作包容度较高，就使其就业落实率高于非贫困生，而失业和继续升学的比率低于非贫困生；再从创业率看，综合两次调查结果，贫困生和非贫困生的创业率并没有表现出明显的群体差异，表明贫困生虽然经济基础薄弱，抗风险能力差，但其创业意愿并不亚于非贫困生。相关研究也表明，高校贫困生创业的内驱力和逆境承受力强，同时还具有严肃谨慎、吃苦耐劳和克勤克俭的优秀禀赋，契合创业要求。①②③ 正因为如此，在第一阶段的两次调查中，高校贫困生的就业率综合得分均高于非贫困生：预调查中高校贫困生综合得分为 -0.275 分，高于非贫困生的 -1.405 分，④ 正式调查中高校贫困生综合得分6.75分，依然高于非贫困生的5.5分，表明高校贫困生在就业数

---

① 乔中国，张艳，张岩．穷困大学生创业脱贫模式研究［J］．中国青年研究，2009（03）：38-42.

② 李莹．能力扶贫视角下高校贫困生创业能力帮扶机制研究［D］．南昌：江西财经大学，2021.

③ 卜雪梅，杨桂元．高校贫困生自主创业：问题与对策［J］．教育与职业，2012（15）：83-84.

④ 之所以就业率出现负值这样反常的评价结果，正如前所述，本调查为群体调查，若限定就业率计分最多只能扣权重分8分，某毕业班只有一位同学实现高质量就业（假定实现满分100分），其他同学均失业，那么整班的就业质量也高达92分。所以质的指标是定比数据，有零点下限，而量的指标评分是等距数据，应允许其扣分值突破权重值而出现负数。正因如此，在毕业前就业率不高的情况下，就业率得分出现负值。

量上比非贫困生有更好的表现。需要指出的是，两次调查的最大差异在于失业率不同，无论是贫困生还是非贫困生，正式调查的失业率都明显低于预调查。这主要因为预调查反映的是离校就业率，而正式调查 10 月开展，更接近于年底就业率。这也从一个侧面反映出近年来高校毕业生就业的“慢就业”特点。

表 4.3 高校贫困生与非贫困生的就业率水平比较（第一阶段调查）

就业率	项目	净就业率	创业率	升学率	失业率	综合分
预调查	贫困生	65.60%	0.46%	12.39%	21.55%	-0.275
	非贫困生	58.33%	1.19%	16.67%	23.81%	-1.405[1]
正式调查	贫困生	79.30%	1.10%	12.10%	7.50%	6.75
	非贫困生	72.30%	0.70%	17.00%	10.00%	5.5

第二，经济待遇指标值。表 4.4 显示，在第一阶段调查中，除了正式调查中高校贫困生的薪酬水平得分略高于非贫困生外，其他指标得分均低于非贫困生，有的差额还较大。这就导致了在第一阶段的两次调查中，高校贫困生的经济待遇综合评价值均低于非贫困生，表明高校贫困生工作后的经济回报不如非贫困生。进行文献研究后发现，这一现象具有某种长期性和普遍性，学界对此已有所探究：王庚（2015）等学者对某高校 2009～2013 年毕业生起薪数据进行回归后发现，在同等条件下，非贫困生起薪显著高于贫困生。其可能的原因在于：非贫困生的家庭社会资本高于贫困生，更容易利用丰富的社会资本找到高薪工作机会。① 王占国（2015）运用交互项回归模型计量后发现，家庭经济水平对起薪有显著的正向影响，家庭越富裕，高校毕业生起薪越高：同等条件下，高收入家庭的女性毕业生起薪比低收入家庭的女性毕业生约高 20%，差额约为 434 元；男性毕业生约高 55%，差额可达 1021 元。其可能的原因在于，若家庭经济富裕，可为毕业生提供更直接的经济资助，对其起薪水平提升作用更明显。② 刘

① 王庚，蔡颖，桂肖敏．人力资本和专业选择对大学生起薪的影响研究——基于大学生就业统计数据的实证分析［J］．中国大学生就业，2015，（15）：34－39.

② 王占国．高校毕业生起薪影响因素及性别差异研究［J］．教育与经济，2015，（05）：40－45，54.

敏和陆根书（2016）的研究也表明，家庭禀赋变量中的家庭经济收入对男性毕业生起薪具有显著的正向影响。① 本次调查再次佐证了前人的研究发现。

表 4.4　　　高校贫困生与非贫困生的经济待遇水平比较（第一阶段调查）

经济待遇	项目	薪酬水平	社会保障	补充福利	综合分
预调查	贫困生	7.69	13.6	5.39	26.68
	非贫困生	8.29	14.76	6.59	29.64
正式调查	贫困生	12.45	7.07	4.01	23.53
	非贫困生	12.21	9.59	4.32	26.12

第三，岗位特征指标值。表 4.5 显示，在第一阶段的两次调查中，高校贫困生的岗位特征综合分均略低于非贫困生，表明高校贫困生就业环境的身心舒适度不如非贫困生。再从二级指标看，高校贫困生与非贫困生的岗位胜任度没有显著差异，岗位特征综合分差异的关键在于工作环境满意度和工作时长不同。即在两次调查中，贫困生的工作环境满意度均低于非贫困生，而工作强度均明显高于非贫困生。这种差异又可以通过两者就业单位性质的不同来解释：表 4.1 和表 4.2 显示，在第一阶段的两次调查中，高校贫困生在体制内单位，即机关事业单位及国有企业的就业人数比例均低于非贫困生。目前，由于我国经济处于高速增长期，竞争日益激烈，我国劳动者的劳动强度普遍偏高。无论体制内外，超时工作都是常态，但相对而言，体制内单位的社会声誉更高，工作制度更规范，作息时间更规律，人际关系相对宽松；而民营企业竞争压力大，普遍加班较多，劳动强度更高，心理环境和工作氛围偏紧张。例如，吴琼（2009）对多地民营企业的抽样调查就表明，民营企业加班员工比例为 76%，周平均加班天数为 1.8 天，而加班费用的支付率仅为 34%，其中，按照《劳动法》规定支付加班费的仅 16.15%。② 这就导致了高校贫困生的工作强度高于非贫困生，工作环境满意度低于非贫困生。

① 刘敏，陆根书．高校毕业生起薪的性别差异状况及其影响因素［J］．高等教育研究，2016，37（05）：43－50.

② 吴琼．中国民营企业加班现象描述性研究［D］．长春：吉林大学，2009.

表 4.5　　高校贫困生与非贫困生的岗位特征水平比较（第一阶段调查）

岗位特征	项目	工作环境满意度	工作强度	岗位胜任度	周平均工作时间	综合分
预调查	贫困生	6. 18	0. 56	2. 39	3. 51	12. 64
	非贫困生	6. 51	0. 31	2. 47	3. 53	12. 82
正式调查	贫困生	3. 83	—	2. 99	4. 21	12. 02
	非贫困生	4. 3	—	2. 71	6. 33	13. 78

第四，发展空间指标值。表 4. 6 显示，在两次调查中，贫困生的个人发展空间综合得分均与非贫困生基本持平，表明高校贫困生和非贫困生对个人发展前景的预判没有显著差异，但贫困生总体上有微弱的优势。再从二级指标来看，在两次调查中多数指标得分各有高低或基本持平，唯一表现出明显差异和倾向的指标是晋升率，即高校贫困生的晋升率得分均高于非贫困生。之所以形成这种差异，也可以通过两者就业单位性质的不同来解释。表 4. 1 和表 4. 2 显示，在第一阶段的两次调查中，高校贫困生在体制外单位就业的比例均高于非贫困生。而就一般经验而言，民营企业体制机制相对灵活，职位晋升对劳动付出和业绩的依赖度更高，晋升渠道和方式更加灵活，晋升速度更快，而且贫困生吃苦耐劳，踏实肯干，容易优先得到晋升机会。相比之下，体制内单位晋升更强调规范性，晋升条件更为全面复杂，同时也存在某些论资排辈现象，因此晋升可能性和透明度可能低于体制外单位。这就导致了高校贫困生对职务晋升的预期比非贫困生更加乐观。

表 4. 6　　高校贫困生与非贫困生的发展空间水平比较（第一阶段调查）

发展空间	项目	晋升率	培训率	兴趣匹配度	专业对口度	行业前景	综合分
预调查	贫困生	3. 44	2. 97	1. 87	1. 65	2. 93	12. 86
	非贫困生	2. 98	3. 14	1. 87	1. 77	2. 83	12. 59
正式调查	贫困生	3. 25	2. 11	2. 08	3. 98	3. 15	13. 58
	非贫困生	2. 81	2. 47	1. 85	3. 15	3. 27	13. 11

第五，稳定性指标值。表 4. 7 显示，在第一阶段的两次调查中，高校

贫困生的稳定性综合得分均低于非贫困生，表明高校贫困生就业的稳定性不如非贫困生。从二级指标看，两者在服务年限上差异并不显著，且在两次调查中得分互有高低，因此引起这种差异的主要原因同样在于两者的就业单位性质不同。即高校贫困生在体制内单位就业的比例低于非贫困生，而从以往多年的经验看，体制内单位的稳定性远超体制外单位，这也是众多毕业生对体制内工作趋之若鹜的主要原因。这就导致了高校贫困生单位性质得分明显低于非贫困生。

表 4.7　高校贫困生与非贫困生的稳定性水平比较（第一阶段调查）

稳定性	项目	单位性质	服务期限	综合分
预调查	贫困生	3.34	1.18	4.52
	非贫困生	3.95	1.17	5.12
正式调查	贫困生	2.81	1.4	4.21
	非贫困生	3.69	2.03	5.72

4.3.2　总体得分比较

综合上述对单项指标的统计，可以计算出预调查和正式调查的大学生就业质量总分。其结果为：在预调查中，高校贫困生与非贫困生的就业质量分别为56.43分和58.77分；在正式调查中，高校贫困生与非贫困生的就业质量分别为60.09分和64.23分。比较表4.8中的数据，还可以看出以下几个特点。

表 4.8　高校贫困生与非贫困生的就业质量水平比较（第一阶段调查）

就业质量	项目	就业率	经济待遇	岗位特征	发展空间	稳定性	综合分
预调查	贫困生	−0.275	26.68	12.64	12.86	4.52	56.43
	非贫困生	−1.405	29.64	12.82	12.59	5.12	58.77
正式调查	贫困生	6.75	23.53	12.02	13.58	4.21	60.09
	非贫困生	5.5	26.12	13.78	13.11	5.72	64.23

第一，无论贫困生或非贫困生，正式调查期的就业质量均显著高于预

调查期。这一变化主要是就业率大幅上升引起的。这再次凸显当前高校毕业生普遍存在的“慢就业”的特点。

第二，无论预调查或正式调查，高校贫困生的就业质量都低于非贫困生。而且在 10 月的正式调查中，贫困生与非贫困生的就业质量差距相比离校之际的预调查隐然有扩大的趋势。这反映出高校贫困生在就业底蕴和后劲方面的不足。这不但证实了以往关于高校贫困生就业质量低于非贫困生的判断，同时也折射出贫困生就业的先天困境，表明了贫困生就业帮扶的必要性。

对于高校贫困生就业质量低于非贫困生的直接原因，综合上述各指标得分及其差异解释不难发现，高校贫困生在就业率和个人发展空间两项一级指标方面的得分优于非贫困生，唯有在经济待遇、岗位特征和稳定性三项指标上，贫困生得分低于非贫困生（见表 4.8）。再深入二级指标考察，对贫困生与非贫困生就业质量差异最具解释力的指标是“就业单位性质”——生活经验和诸多研究都表明，我国体制内单位（包括党政事业机关和国有企业）在稳定性、劳动制度规范性和社会保障上比体制外单位总体上更具优势，因而就业质量更高。例如，刘志国与詹姆斯·马（James Ma）运用明瑟收益方程对 CHNS 数据估算后发现，在同等条件下，体制内收入更高且上升空间大，体制外收入不稳定，波动风险较大，因此追求体制内就业是市场理性的表现；[①] 韩丹（2010）研究表明，体制内工作在稳定性和福利水平上拥有更高的满意度。[②] 正因为如此，体制内就业长期以来都被社会排在“正式工作”之首而视为高质量就业的典范。在高校就业统计工作中，体制内就业率也成为判断就业工作含金量的关键指标。在访谈中，多数受访学生也认为，体制外岗位虽然发展空间大，甚至收入更高，但缺乏稳定性和规范性，社会保障也不大完善，因而体制内岗位是最优选择。而表 4.1 和表 4.2 显示，第一阶段调查中体制内就业的非贫困生人数比例始终高于贫困生（预调查和正式调查中非贫困生在体制内就业占比分别为 48% 和 45.4%，高于贫困生 31% 和 27.4% 的相应比例）。这不但

① 刘志国，James Ma. 劳动力市场的部门分割与体制内就业优势研究［J］. 中国人口科学，2016，(04)：85－95.

② 韩丹. 工作满意度：“体制内”与“体制外”就业者的比较研究［J］. 社会科学辑刊，2010，(06)：42－46.

使得非贫困生在预调查和正式调查中的"就业单位性质"指标上得分高于贫困生，也使得其在"社会保障""补充福利""工作满意度"和"周平均工时"等二级指标上的得分均高于贫困生，进而带动"稳定性""岗位特征"与"经济待遇"等一级指标超过贫困生，最终使得贫困生就业质量水平低于非贫困生（见表4.2至表4.8）。因此有理由认为，体制内就业比例不同是引起贫困生就业质量外部异质性的直接原因。

第三，在以往的认识中，高校贫困生与非贫困生就业质量差异悬殊似乎是社会共识。除了直观印象外，这一观点也得到了不少研究的支持。例如，戴勇（2008）研究发现，从就业数量看，高校贫困生的相对于非贫困生的就业机会更少，就业率更低；[①] 从就业的质来看，麦克思调查（2013）曾发现，贫困生在主要劳动力市场就业的可能性只有44%，平均月薪与就业满意度比非贫困生分别低654元和24%；[②] 贫困生的薪酬水平、工作环境、晋升空间和求职满意度比非贫困生的同类值要差。[③] 类似的研究很多，在某种程度上都隐含着高校贫困生与非贫困生就业质量差异悬殊的结论。但从本书的调查结果来看，两者差距似乎并不那么"悬殊"：在预调查中贫困生与非贫困生的就业质量差距仅有2.34分，大样本的正式调查中就业质量差距纵然有所扩大，但也仅有4.14分，两者差异小于预期。对于这一现象，其解释有两种。

其一，以往的研究大多考察的是高校贫困生的就业率、起薪或满意度等少数指标，却很少涉及岗位特征、发展前景和稳定性等方面的状况，更未对其就业质量进行全面的量化测评，因而可能以偏概全，高估了当时高校贫困生与非贫困生就业质量的整体差异。这种研究结果偏离预期的现象在高校贫困生就业研究中并不乏先例（例如，张欢和王丽对中西部十省17所高校9641名大学生的问卷调查表明，贫困生和非贫困生对就业期望和认知方面并不存在显著，这一结果就与作者本人的预期以及多数研究结果相异[④]），

① 戴勇．高校贫困生就业援助模式探析［J］．中国高等教育，2008（24）：35－36.

② 麦可思．2013年中国大学生就业报告［M］，社会科学文献出版社，2014：88.

③ 钟云华．社会资本对高等教育公平的负面效应及消弭分析［J］．江苏高教，2016（03）：27－30.

④ 张欢，王丽．中西部十省高校贫困生就业愿景现状调查报告［J］．高等教育研究，2008，（03）：39－45.

而这也正是本书强调实证调查和科学测评的价值所在。但遗憾的是，正如"人不能两次踏入同一条河流"，由于时过境迁，研究团队已难以还原历史现场开展就业质量测评，因此该推断暂时只能作为一种假设。

其二，精准扶贫工作初见成效。在第一阶段调查实施之际，正值精准扶贫工作实施已一年半至两年。[①] 研究团队在调研中了解到，精准扶贫实施以来，绝大多数贫困生家庭的经济状况不同程度地得到改善，学校资助资源相比以往也有所增加，贫困生的经济条件和精神面貌明显有所好转。这一点既是研究团队的实地调研所见，也已被诸多报道和研究所证实。许多受访学生表示，经济条件改善后，不但学业上减少了后顾之忧，也为自身综合素质提升、职业修养发展和求职投入增加提供了条件，求职信心明显增强，再加上学校对贫困生就业帮扶的力度加大，自己求职相对往届贫困生更顺利，就业质量也更高。受访贫困生的个体经验可以得到相关研究的支持。在以往研究中，高校贫困生的低就业质量通常被归结为经济资本和社会资本不足。[②③④⑤] 那么反过来可以合乎逻辑地判断，高校贫困生经济资本的提升必将改善其人力资本、社会资本、就业经济支持以及通过更为复杂的多因素互动作用路径，改善其就业质量。[⑥⑦⑧⑨] 由此，我们有理由认为，受访贫困生的个体经验是具有普遍性的。在精准扶贫的帮扶下，高校贫困生的就业质量有所提升，缩小了与非贫困生的差

---

① 2013 年 11 月习近平总书记于湘西调研扶贫工作时提出了"精准扶贫"的概念。2014 年 1 月，国家扶贫办发布《建立精准扶贫工作机制的实施方案》，标志着我国正式启动精准扶贫工作。而第一阶段调查正值 2015 年 6 ~ 12 月，精准扶贫工作已开展一年半至两年。

② 钟云华，王骄华．四维资本视角下贫困生就业困难的根源及其精准化解路径［J］．教育文化论坛，2022，14（01）：69 – 76.

③ 韩璐璠．家庭资本对大学毕业生初次就业的影响研究［D］．大连：东北财经大学，2016.

④ 董云芳．高校贫困生社会资本的匮乏与提升［J］．华东理工大学学报（社会科学版），2007（02）：28 – 32.

⑤ 高耀．人力资本与家庭资本对高校学生就业的影响［D］．南京：南京农业大学，2011.

⑥ 杨钋．大学生资助对学业发展的影响［J］．清华大学教育研究，2009（05）：101 – 108.

⑦ 鲍威，陈亚晓．经济资助方式对农村第一代大学生学业发展的影响［J］．北京大学教育评论，2015，13（02）：80 – 96，190.

⑧ 钟云华．学生贷款的社会流动效应研究——基于资本转化的视角［M］．北京：中国社会科学出版社，2014.

⑨ 曲垠姣，岳昌君，纪效珲．大学生经济资助对就业质量的影响研究［J］．清华大学教育研究，2018，39（01）：84 – 90.

距，反映了精准扶贫工作的成效。这一结论是逻辑、经验和调研结合的产物，具有相当的合理性。在第5章，我们将对该问题开展进一步的考察和检验。

4.4　精准扶贫阶段高校贫困生就业质量的内部异质性

高校贫困生的就业质量不仅与非贫困生存在差异，即使在贫困生群体内部也可能存在就业质量差异。为考察高校贫困生就业质量的内部异质性，第一阶段调研引入了学科专业和就业地域维度，对高校贫困生子群体的就业质量数据进行分类统计，同时引入非贫困生对照组。统计后发现，不同专业和就业地域的高校贫困生就业质量均存在明显差异，理工科专业贫困生就业质量高于人文社科类贫困生，省外就业的贫困生就业质量高于省内就业的贫困生。

4.4.1　高校贫困生就业质量的就业地域异质性

研究团队首先将就业地域分为江西省内就业和江西省外就业两组，然后再将受调查者分为省内就业贫困生、省外就业贫困生、省内就业非贫困生和省外就业非贫困生四组。分类统计后发现，在第一阶段的两次调查中，其就业质量水平的排序及其数据特征均一致。

以正式调查为例，[①] 表4.9显示，江西省内就业贫困生、江西省外就业贫困生、江西省内就业非贫困生和江西省外就业非贫困生各有135人、244人、146人和160人。这四组已就业毕业生的就业质量排序由高到低依次是：省内就业非贫困生60.72分、省外就业非贫困生56.87分、省外就

① 预调查中按就业地域划分的各组毕业生的就业质量排序与数据特征与正式调查完全一致。但由于已就业非贫困生样本有限（仅49人，其中省内就业和省外就业分别只有23人和26人），调查数据说服力不强，为避免争议，故只给出正式调查的大样本数据。下节关于高校贫困生就业质量的专业异质性也因同样的原因，只给出正式调查的大样本数据。

业贫困生 54.10 分和省内就业贫困生 52.03 分。① 比较各组得分后不难发现，无论在江西省内就业还是江西省外就业，非贫困生就业质量都全面高于贫困生，但江西省内就业的非贫困生就业质量最高；与之相反，江西省外就业的贫困生就业质量不但高于江西省内就业贫困生，而且与省外就业的非贫困生就业质量差异小于省内就业的贫困生与非贫困生就业质量差异。②

表 4.9　高校毕业生就业质量的就业地域异质性（第一阶段调查）

考察维度 \ 质量得分		贫困生		非贫困生	
		人数	得分	人数	得分
地域	省内	135	52.03	146	60.72
	省外	244	54.10	160	56.87

上述调查表明，赴江西省外就业的贫困生，其就业质量不仅高于省内就业的贫困生，还能缩小与非贫困生的就业质量差距。因此对贫困生而言，江西省外就业乃是一项理性的选择。正因为如此，表 4.1 和 4.2 显示，在预调查和正式调查中均有超过六成的高校贫困生赴省外工作（其中绝大多数又流向了发达地区），其比例远超江西省内工作的贫困生和同样在省外工作的非贫困生比例，表明江西革命老区高校贫困生更加偏好前往江西省外发达地区就业。在调研中发现，这种偏好源自三个方面：一是江西作为典型的革命老区省域，经济长期欠发达，优质工作机会相对稀缺所产生人口外推力，推动毕业生走向省外就业；二是发达地区资源富集、新兴产业就业机会多，收入水平高等原因产生的人口拉力，诱使毕业生流向该地区；三是江西革命老区的地理位置和择业传统也是重要影响因素。江西地处中东部地区，毗邻粤、浙、苏、闽、沪等沿海发达地区，交通和迁移成本较低，历史上就形成了高校毕业生赴省外发达地区就业的传统和偏好，贫困生也不例外。同时，许多参加江西高校校园招聘的用人单位来自省外发达地区，在以往的招聘和工作中颇为青睐和信任江西高校贫

① 在表 4.9 中，省内外就业的毕业生就业质量考察的均为已就业毕业生，因而就业率未纳入统计范围，所以其得分总体上明显低于按专业维度考察的毕业生就业质量值。

② 统计数据可知，江西省内已就业毕业生中，贫困生就业质量低于非贫困生 8.69 分；而在省外就业的毕业生中，贫困生就业质量仅低于非贫困生 2.77 分。

困生勤奋踏实的工作态度，这就与江西高校贫困生就业地域偏好相契合，增加了其发达地区就业的机会。因此许多贫困生在访谈中表示，发达地区高薪工作机会多，发展空间大，再加上许多学长学姐也在那里工作，工作生活上都能得到一些照顾，自己一直比较向往，所以更倾向于去那里工作。

4.4.2 高校贫困生就业质量的学科专业异质性

除就业地域因素外，研究团队还将贫困生和非贫困生分别按照学科专业维度分为人文社科类和理工类两组，再将受调查者分为人文社科类贫困生、理工类贫困生、人文社科类非贫困生和理工类非贫困生四组，然后分别对其就业质量进行考察。分类统计后发现，在第一阶段的两次调查中，其就业质量水平的排序及其数据特征均一致。

以正式调查为例，表4.10显示，人文社科类贫困生、理工类贫困生、人文社科类非贫困生和理工科非贫困生各有191人、287人，198人和225人，其就业质量得分从高到低依次为：理工科非贫困生65.12分、人文社科类非贫困生63.24分、理工类贫困生62.94分和人文社科类贫困生55.82分。比较各组得分后不难发现，无论是人文社科类还是理工类，非贫困生就业质量都全面高于贫困生，但理工类非贫困生就业质量最高。同时，理工类贫困生就业质量不但高于人文社科类贫困生，而且与理工类非贫困生就业质量的差异小于人文社科类贫困生与非贫困生的就业质量差异，[①] 人文社科类的贫困生就业质量最低。

表4.10　高校贫困生就业质量的专业异质性（第一阶段调查）

考察维度＼质量得分		贫困生		非贫困生	
		人数	得分	人数	得分
专业	理工类	287	62.94	225	65.12
	人文社科类	191	55.82	198	63.24

① 统计表4.10数据可知，人文社科类毕业生中，贫困生就业质量低于非贫困生7.42分，而在理工类毕业生中，贫困生就业质量仅低于非贫困生2.18分。

上述调查表明，理工科贫困生的就业质量不仅高于人文社科类贫困生，而且与理工类非贫困生的就业质量差异更小。调研中也了解到，理工科专业的人才需求总体较好，而且工作专业性较强，求职竞争相对和缓，收入也较高，因此对贫困生而言，选择理工科就读也是一种较为理性的选择。正因为如此，表4.1和表4.2显示，在两次调查中均有六成的高校贫困生从事理工科（其中多数是工科），其比例均超过人文社科类贫困生比例，在正式调查中还超过了同样学习理工科的非贫困生比例，表明高校贫困生更加偏好理工科专业。许多受访贫困生在访谈中也表示，从小父母和老师就教育自己，“千金在手，不如一技傍身”“学好数理化，走遍天下都不怕”，自己也深知家庭条件有限，因此早早就决定了要学习理工类专业。

由前述分析可知，在高校贫困生群体内部，同样存在就业质量的差异。而且这种就业地域和学科专业上的异质性，在以往多项相关研究中已有所反映。例如，赖德胜教授（2013）调查发现，我国东部地区经济发达，其就业质量优于西部，西部地区就业质量又高于中部地区；① 史淑桃（2010）对2001～2007届毕业生调查后发现，工科类就业质量变化平稳，人文社科类下降明显；② 麦可思研究院（2014）调研表明，我国理工科毕业生的就业率、收入水平和就业满意度高于人文社科类毕业生。③ 此外，民间长期流传的“孔雀东南飞”“穷学理，富学文”的传统认知虽过于简单，但也在某种程度上暗示着就业质量的地域和学科差异。在这个意义上，本章对精准扶贫背景下高校贫困生就业质量内部异质性的考察结果，为以往的研究结论提供了新的佐证，同时这也表明即使是高校贫困生这一特殊群体，其就业同样服从人才供求关系和区域人才虹吸等大学生就业的一般规律。

① 赖德胜，石丹淅．我国就业质量状况研究：基于问卷数据的分析［J］．中国经济问题，2013（05）：39－48.

② 史淑桃．高校毕业生就业质量专业差异的比较研究［J］．黑龙江高教研究，2010（01）：77－79.

③ 麦可思研究院．2014中国大学生就业蓝皮书［M］．北京：社会科学文献出版社，2014.

4.5 精准扶贫阶段高校贫困生就业质量异质性的成因解释

前面研究表明，高校贫困生的就业质量存在内外部异质性。那么，这种异质性是如何形成的？从外部异质性看，在高校贫困生经济资本有明显改善条件下，高校贫困生的就业质量为何仍然会低于贫困生？从内部异质性看，为何明明是同一学科或就业地域，理工科与发达地区就业的毕业生就业质量就相对更均衡，而人文社科类和江西省内就业的毕业生就业质量差异更大？引起上述异质性的根源何在？本节对此分析后，将答案指向了社会资本。

4.5.1 高校贫困生就业质量外部异质性的成因解释

前面研究表明，体制内就业比例不同是引起贫困生就业质量外部异质性的直接原因。那么，贫困生与非贫困生为何会在就业单位性质上呈现出显著差异？具体来说，贫困生体制内就业比例为何会低于非贫困生？是其缺乏体制内就业意愿和能力吗？实际情况并非如此。

以最具典型性的公务员招录为例，1993 年国务院颁布《国家公务员暂行条例》，标志着我国国家公务员考试制度的正式诞生，1994 年国家首次公开招录公务员。2002 年以后，公务员考试人数开始激增，此后考公报考人数和报录比率创新高，成为最受大学生关注、竞争最激烈的考试之一。而根据王铁男 2014 年（本调查实施前一年）对云南省的抽样调查，在 500 名大学生中有一半以上的学生有考公的打算，表明大学生考公意愿普遍强烈；而在 308 名来自农村的大学生中，有 179 人选择报考公务员，占总人数的 58.1%，明显高于城镇家庭大学生 46.4% 的比例，表明农村家庭大学生的公务员报考意愿更为强烈。① 对于考试能力，更缺乏公认的证据表明贫困生的学习能力和人力资本低于非贫困生。因此，就业意愿和能力因素不足以解释两者的体制内就业比例差异。

① 王铁男．高校大学生报考公务员热的实证研究［D］．昆明：云南师范大学，2014.

为找出贫困生体制内就业比例低于非贫困生的主要原因，查找贫困生就业的薄弱环节。研究者运用定量文献研究方法中的词频法和概念组分析法①提取出大学生就业质量的影响因素，然后要求受调查者根据自身就业经验。就这些因素对就业质量的正向促进作用进行赋权，然后对赋权结果进行排序比较，借此总结贫困生就业的薄弱环节，探究高校贫困生就业质量外部异质性的成因。

（1）大学生就业质量的影响因素及其赋权比较。

研究团队筛选出CKNI数据库中2010～2016年20篇引用率最高的相关文献，然后罗列出文献中的所有影响因子，根据其内涵进行分类，形成相互独立的概念组（即影响因素）；再以某概念组在文献样本中的出现频次为依据，统计其百分比，剔除掉某些百分比过低的概念，最后归纳出8个主要影响因素：专业水平、通用技能、社交能力、择业观、个人意志品质、社会资本、社会实践经历、准职业形象（见表4.11）。

表4.11　大学生就业质量的影响因素（第一阶段调查）

影响因素	内涵	频次	有效百分比
专业水平	学业成绩、专业理论及其实践能力	28	19.18%
通用技能	英语、计算机、驾驶水平等	21	14.38%
社交能力	语言表达能力、沟通能力、面试能力等	19	13.01%
择业观	职业兴趣、地域、单位、岗位等个人偏好	12	8.22%
意志品质	吃苦耐劳、踏实肯干等职业精神	15	10.27%

① 定量文献研究包括内容分析、二次分析和现存统计资料分析三类方法。本书使用内容分析法中的简单计词法和概念组分析法从研究文献中提炼相关因素。简单计词法是统计某个单词在文献出现的次数的方法。其做法是：首先确定与研究问题有关的关键词，然后统计这些关键词在各样本中出现的频数或百分比，最后进行比较，选出最需要的词汇；概念组分析法是指将上述关键词分成若干小组，并以小组为单位统计其在文献中出现次数的方法。具体统计方式是：这种方法的记录单位仍是单词，并依此计算频数和百分比，但概念组分析中的变量为概念组，所以当属于概念组的某个词出现时，就算该概念组出现了一次。由于简单计词法和概念组分析法是以文献为研究对象，分析的只是文献表面的内容，而非内容的深层解释，并采用数量化分析而非主观判断，因而具有较强的客观性和科学性。本文也将综合应用这两种方法，对现有文献所提出的大学生就业质量影响因素进行筛选。其目的有三个：一是过滤掉在文献中出现频次过低的影响因素；二是通过概念分组，整合简化影响因素，同时保证因素间的独立性，以克服现有现有中研究视角不统一，内涵交叉重复带来的混乱；三是通过定量研究，保证文献研究结果的综合性和客观性，以克服现有研究中经验归纳大于科学分析的不足。

续表

影响因素	内涵	频次	有效百分比
社会资本	父母、亲友、师长、同学等关系网络	16	10.96%
社会实践	包括专业实践、实习及其工作经历等	10	6.85%
职业形象	形象、气质等	15	10.27%
剔除因素	低频因素，共8个，如机遇、健康等	10	6.85%

为了解上述8个影响因素对就业质量的正向促进作用大小，调查者在问卷“就业质量影响因素调查”中设置5级统计量表，要求受访者根据自身就业经验，对各因素的正向促进作用打分。其目标是考察各因素的总得分在总体样本所有得分中的比重。令第i个样本第j个影响因素的重要性程度（权重）得分为x_{ij}，则因素权重测算模型为：

$$a_j = \frac{\sum_{i=1}^{m} x_{ij}}{\sum_{i=1}^{m}\sum_{j=1}^{n} x_{ij}} \tag{4-1}$$

其后，对调查所获数据进行分类统计，再将权重测量结果转化为条状图进行排序比较，可得图4.1（括号中数字代表影响因素权重）。

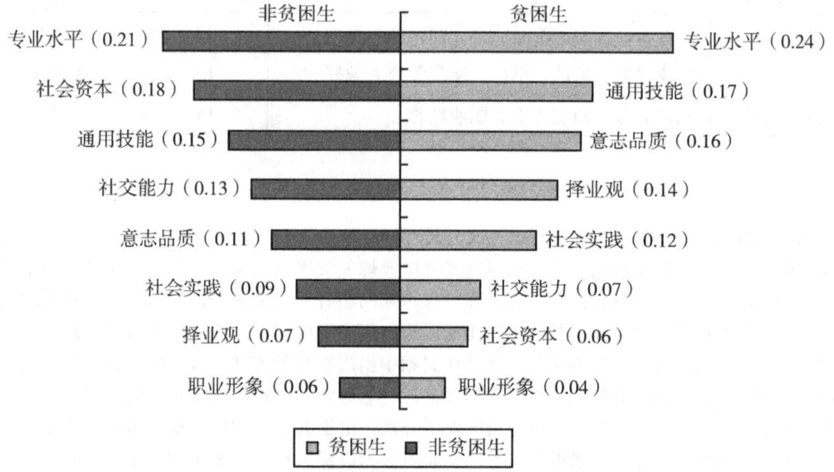

图4.1　就业质量影响因素的权重排序比较

（2）高校贫困生就业质量外部异质性的成因。

上述影响因素的权重值源自受调查大学生的主观评价，反映了其基于个体求职经验对各影响因素重要性评价的集中趋势。其分析依据与思路是：若贫困生对某因素权重的排序结果低于非贫困生，表明该因素对贫困生就业质量起到的正向促进作用比非贫困生低。在已知贫困生就业质量低于非贫困生的事实前提下，则有理由认为，该因素是贫困生就业的薄弱环节，也是导致贫困生质量低于非贫困生的成因。

从权重计量结果看，非贫困生和贫困生对影响因素赋权既有一致之处，也有明显的差别。其一致之处在于：他们都将专业水平作为保障就业质量的首要因素，而职业形象的权重都是最低的。这说明专业学习仍然是保障就业质量的基础，外形气质等因素的影响总体上最小。而在访谈中，多数学生也表示，专业水平是对自身就业的质量影响最大的因素。因此，无论家庭经济状况如何，要提升就业质量，都要从强化专业学习这一根本任务着手。此外，与非贫困生群体相比，贫困生对意志品质、社会实践和择业观的重视程度均要高于非贫困生。这也合乎人们的直观经验和生活逻辑。一般来说，贫困生求学期背负了较大的经济社会压力，一般懂事较早。因而相比非贫困生，总体上生活比较朴素，更加吃苦耐劳，勤工俭学也相对更多，择业心态也更加务实灵活。

从图 4.1 权重排序结果看，贫困生赋权值低于非贫困生的因素有两个，即社会资本和社交能力，表明这两个因素是贫困生就业的薄弱环节。其中赋值差异最大的是社会资本：非贫困生将社会资本作为提升就业质量的第二重要因素，而贫困生将其置于倒数第二位。同样，在访谈中 67% 的非贫困生表示，在就业过程中得到过他人的重要帮助，而作出同样表示的受访贫困生只有 20%。这就说明非贫困生就业对社会资本的依赖程度高于贫困生。这一点在相关研究中也得到了证实。例如，赵明（2021）根据江苏省 8 校的 2116 份问卷调查数据进行比较分析后发现，相比非贫困生，贫困生的社会资本数量与质量都较低，使用机会较少，且通常运用“弱关系”与“低质量”的社会资本来获取就业资源，导致其求职成本增加、就业机会降低以及就业质量不高。[①]

另外，以往研究已表明，我国体制内就业对家庭背景及其社会资本

① 赵明．社会资本对贫困大学生的就业影响研究——基于江苏省 8 所院校调查结果的分析［J］．江苏高教，2021（12）：123 －127. DOI：10.13236/j.cnki.jshe.2021.12.021.

具有较高的依赖性。例如，赖德胜、孟大虎和苏丽锋研究（2012）发现，决定大学生起薪的因素是人力资本，决定大学生能否进国有部门的因素是社会资本。[①] 韩雷等（2016）利用 CHNS 调查数据研究发现，中国体制内单位就业与父母职业高度相关，存在职业与职务代际传递现象；[②] 中国社会科学院（2013）研究报告表明，城市家庭出身的毕业生进入公有部门的比例（47.8%）远高于农村家庭出身的毕业生（31.1%）；[③] 刘彦林和马莉萍（2018）对 2015 年全国高校毕业生就业调查数据研究后，发现父母在体制内工作的毕业生，往往具有更广泛的社会联系，来自父母亲戚的求职信息更多，这些都有助于毕业生进入体制内单位就业。[④] 李中建和袁璐璐利用 2013 年 CHIP 数据，综合使用 Probit 模型和倾向得分匹配模型，更是得出了"与父母双方仅有一人在体制内单位工作相比，父母双方均在体制内工作的劳动者更容易进入体制内单位工作，而父母双方均不在体制内单位工作的劳动者进入体制内单位工作的可能性不大"的结论。[⑤] 这就可以解释，为何本次调查中贫困生在体制内就业比例远低于非贫困生。此外，贫困生对社交能力的重要性排序也低于非贫困生。在访谈中，73%（22 人）的贫困生都表示，由于家庭经济困难，他们较少参加社交活动，而是把业余时间更多地用于勤工俭学等社会实践活动，而这又必将进一步影响贫困生的后致性社会资本。

综上所述，本章有理由认为，体制内就业比例差异是导致贫困生就业质量外部异质性的直接原因，其根源在于贫困生社会资本和社交能力不足，其中社会资本不足是主因。

---

① 赖德胜，孟大虎，苏丽锋．替代还是互补——大学生就业中的人力资本和社会资本联合作用机制研究［J］．北京大学教育评论，2012，10（01）：13-31，187-188．

② 韩雷，陈华帅，刘长庚．"铁饭碗"可以代代相传吗？——中国体制内单位就业代际传递的实证研究［J］．经济学动态，2016（08）：61-70．

③ 李培林等．社会蓝皮书：2014 年中国社会形势分析与预测［M］．北京：社会科学文献出版社，2013．

④ 刘彦林，马莉萍．体制内工作的代际传递及机制研究——基于全国高校毕业生就业调查数据［J］．教育与经济，2018，（05）：40-47．

⑤ 李中建，袁璐璐．体制内就业的职业代际流动：家庭背景与学历［J］．南方经济，2019，（09）：69-83．

4.5.2　高校贫困生就业质量内部异质性的成因解释

既然同为贫困生，为何理工科和江西省外就业的贫困生就业质量更高？一个基于劳动力市场分割理论的解释是，由于人才供求关系和地区经济差异，理工科毕业生和经济发达地区的工作岗位更多地处于主要劳动力市场，而人文社科类毕业生和欠发达地区就业则更容易进入次要劳动力市场。这一点也可以得到以往相关调研的支持。但如果仅仅如此，却无法解释另一个现象，即为何都在同一地域平台或学科专业上开展就业竞争，发达地区就业与理工类毕业生的就业质量就更均衡，而江西省内就业和人文社科类毕业生的就业质量差异更大——表4.9和表4.10显示，江西省内就业的贫困生和非贫困生就业质量相差8.69分，江西省外就业的贫困生和非贫困生就业质量仅相差2.77分；人文社科类贫困生和非贫困生就业质量相差7.42分，而理工类贫困生和非贫困生就业质量仅相差2.18分，前者差距较大，后者更均衡，其原因何在？因此，另一个更合理的解释是，社会资本的作用也存在专业和地域差异。关于这一点，可以引入社会资本运作空间理论（徐晓军，2002）予以阐释。

本章的研究已经表明，贫困生与非贫困生就业质量差异的最主要成因在于社会资本的差异。然而社会资本运作空间理论认为，社会资本不同于人力资本，其运用并不是无条件的，它需要特定的运作空间，“社会资本运作空间越大，社会资本的作用就越大，否则就越小”。[①] 具体在劳动就业领域，社会资本的运作空间受到劳动力市场完备性和专业技术壁垒的影响，劳动力市场越完备，专业技术壁垒越高，社会资本的运作空间就越小。[②] 按照这一理论，高校贫困生就业的社会资本虽不如非贫困生，但其负面影响在一定程度上是可以规避和削弱的。

首先，从地域角度看，高校毕业生的社会资本辐射范围一般局限于生源所在地或就读地，能够跨省的并不多。再加上在经济发达地区，就业环

---

① 徐晓军．大学生就业过程中的双重机制：人力资本与社会资本［J］．青年研究，2002（06）：9－14．

② 詹姆斯·科尔曼（美）著，邓方译．社会理论的基础［M］．北京：社会科学文献出版社，1992．

境更完善公平，因而以江西革命老区生源为主的毕业生在出省就业时，受社会资本影响更小，使得贫困生和非贫困生的就业质量更均衡。而对江西省内就业的毕业生来说，社会资本的作用更能得到充分发挥。这就可以解释为何江西省外就业贫困生就业质量（54.03 分）略高于江西省内就业贫困生就业质量（52.03 分），而江西省外就业非贫困生就业质量（56.87 分）反而低于江西省内就业非贫困生就业质量（60.72 分）。正因为如此，这也使得同一就业地域的毕业生就业质量呈现两极化：省内就业非贫困生就业质量最高，而省内就业贫困生的就业质量最低。这一解释还可以得到相关研究的佐证。例如，岳昌君（2011）整理 2009 年全国高校毕业生就业调查数据后认为，尽管家庭社会关系的范围可以覆盖外省，但更重要的社会关系是在本地和省内。因此，高家庭社会资本的大学生流动需求小，即便在生源地以外就读，毕业后也更倾向于回生源地就业，而来自农村家庭、家庭社会关系少的大学生则更倾向于离开生源地和就读地就业。[①] 其次，从学科专业角度看，理工类专业技术壁垒明显，劳动力供求关系相对更合理，社会资本运作空间小，因而就业竞争更多地取决于专业水平而非社会资本。相比之下，多数人文社科类专业技术门槛不显著，就业竞争更激烈，毕业生就业更容易受到社会资本干扰，因而不利于贫困生就业。所以人文社科类贫困生与非贫困生的就业质量差距较大，而理工类毕业生就业能减少社会资本对就业竞争的影响，就业更加公平，使两者就业质量差距较小。

上述解释在访谈中也得到了证实。多数出省就业的贫困生都表示，许多家里有“关系”的同学都较早地确定了工作，但由于自己“没关系”，因而他们更乐意去就业环境更公平的大城市就业。同样，多数理工科学生在访谈时也表示，他们就业虽然也受社会关系影响，但专业成绩和实践技能更加重要，所以就业也相对更公平。最后这也可以解释，为何在本次调查中，贫困生更加倾向理工科就学和江西省外就业（贫困生中理工类学生占 60%，高于非贫困生 53% 的相应比例；只有略高于三成的江西生源贫困生留在省内就业，其余大多流向经济发达地区，却有超过一半的江西生源非贫困生留在本省工作）。

① 岳昌君．大学生跨省流动的特点及影响因素分析［J］．复旦教育论坛，2011（2）．

可见，社会资本不仅会引起高校贫困生与非贫困生的就业质量差异，而且会拉开贫困生群体内部的就业质量差距。所以理工类和经济发达地区就业的贫困生就业质量更高，与非贫困生的就业质量也更均衡。

4.6　调查结果与启示

本章旨在考察精准扶贫实施初期江西革命老区高校贫困生的就业质量。通过第一阶段的调查和就业质量测度，有以下发现。

第一，高校贫困生就业质量存在外部异质性。从单个指标看，高校贫困生的就业率和个人发展空间优于非贫困生，但在薪酬待遇、工作的稳定性和岗位特征方面均不如非贫困生，导致其总体水平略低于非贫困生。这就证实了以往社会各界对高校贫困生就业质量的直观判断，即高校贫困生就业质量低于非贫困生，表明了高校贫困生就业帮扶的必要性；另外，高校贫困生与非贫困生的就业质量差距小于预期，这在很大程度上反映了精准扶贫工作的成效。其原因在于精准扶贫工作改善了高校贫困生原生家庭的经济状况，而且大大增加了学生资助资源投入——据统计，2013年高校资助总额为574亿元，至2018年，高校资助总额达1150亿元，约为精准扶贫启动期的2倍，连续多年实现高校资助人次、资助总额、财政投入及社会投入的“四个增长”，困扰中国高校学生资助事业多年的资助资源短缺问题得到解决，基本实现“应助尽助”。[①] 这使高校贫困生的经济资本显著提升，为高校贫困生就业能力和就业质量的提升提供了物质保障。

第二，高校贫困生就业质量存在内部异质性。这种内部异质性主要表现为理工科贫困生的就业质量高于人文社科类贫困生，江西省外就业的贫困生就业质量高于省内就业的贫困生；理工科与发达地区就业的贫困生就业质量与同类非贫困生的毕业生就业质量相对更均衡。这也是高校贫困生更加偏好理工科专业和江西省外发达地区就业的主要原因。而且，这种专

① 季俊杰，熊婧．高校资助政策价值主题的演进规律与启示［J］．教育学术月刊，2021（09）：37－44．

业和就业地域上的就业质量异质性与普通大学生一致，表明高校贫困生就业同样服从大学生就业的一般规律，从中也可以总结高校贫困生高质量就业的经验。

第三，贫困生就业质量内外部异质性的主因都指向了社会资本。即精准扶贫改善了高校贫困生的经济资本，但其就业依然缺乏社会资本，导致其进入体制内工作的比例更低，使得其群体就业质量低于非贫困生；而在贫困生群体内部，理工类岗位招聘的专业壁垒较高，而在江西省外发达地区就业限制了非贫困生社会资本的运作空间，能更好地规避贫困生社会资本匮乏的不利影响，因而其就业质量相对较高。

综上所述，高校贫困生的就业质量低于非贫困生。但在精准扶贫作用下，两者差距有所减小。另外，引起高校贫困生就业质量异质性的主要原因在于社会资本不足，可能导致在择业时处于不利地位。若不加以干预，将会影响阶层流动，不利于脱贫巩固。因此，应对贫困生就业采取有针对性的帮扶措施，以提升其就业质量。这就启示我们：

第一，应充分重视和利用高校贫困生就业质量数据，促进就业帮扶全过程精准化。在以往的高校就业帮扶工作中，由于就业质量数据不清，引起了某些粗放帮扶现象，如难以识别帮扶重点导致帮扶资源漫灌、难以建立集约化的精准扶助管理系统以及精准评估帮扶成效等。而本章的研究表明，测评高校贫困生的就业质量数据是可行的。因此，政府和高校可联合建立贫困生就业质量动态数据库，定期测评与更新数据，同时结合就业质量数据的变化趋势，评估帮扶成效，优化帮扶方式，确保实现高校就业帮扶的精准识别、精准帮扶、精准管理和精准评估。

第二，经济帮扶是高校贫困就业帮扶的基础。本章的调研结果表明，精准扶贫改善了高校贫困生的经济状况，进而缩小了其与非贫困生的就业质量差距。这一点是本书研究对高校贫困生近距离观察和访谈的结果，也可以得到诸多研究的支持。例如，杨钋（2009）研究发现，经济资助与受助学生的学习成绩显著正相关，与课程不及格显著负相关；[①] 鲍威和陈亚晓（2015）研究发现，学生资助在直接促进农村第一代大学生学业成就提升的同时，分别通过调整经济压力、强化学术融入、增加专业兴趣、促进

---

① 杨钋．大学生资助对学业发展的影响［J］．清华大学教育研究，2009（05）：101－108.

社会融入等不同路径，间接影响农村第一代大学生的学业成就；[①] 钟云华（2014）研究发现，贫困生获得学生资助，其实质是改善经济资本，有利于打破社会资本匮乏的束缚，促进社会资本数量增加和质量提升；[②] 曲垠娇等（2018）的研究表明，获得国家奖学金、国家助学贷款以及提高国家奖助学金和勤工助学资助力度，能够有效提高毕业生就业质量，而且经济资助还可将经济资本转化为人力资本和社会资本，最终促进教育过程与结果的公平。[③] 因此，当扶贫行动增加了高校贫困生的经济资本，并被转化为人力资本和社会资本时，其就业质量提升就是一个水到渠成的结果。这就启示我们，在较长一段时期内，经济资助对提升高校贫困生就业质量的边际效益是相当显著的。今后对高校贫困生就业质量的帮扶仍应以充足的经济资助为根本保障，而脱贫巩固及其后续的扶贫行动对于促进贫困生高质量就业不可或缺，是一项必须长期可持续的工作。

第三，高度重视高校贫困生社会资本的建设与支持。第一阶段的调查表明，精准扶贫工作增加了高校贫困生经济资本，促进了其就业质量的提升。但由于高校贫困生社会资本不足，其就业质量仍与非贫困生存在差距。目前我国已全面建成小康社会，贫困类型已由转为相对贫困和精神贫困。可以预见，随着脱贫巩固任务的完成，今后高校贫困生的经济状况还将进一步好转。相对非贫困生，今后高校贫困生就业的主要薄弱环节在于社会资本不足。因此，今后的高校贫困生就业帮扶工作应将更多的资源转移到社会资本构建与支持方面。

中国社会是一个人情社会，受中国传统的农耕经济、儒释道思想的教化等传统影响，人情关系不仅存在于社会表层，而且深入社会基因。[④] 中国人情关系及其运行逻辑，是人们日常活动进行中重要的行动秩序。在国家公权力与法制规则力量有限的情境下，人情规则能够发挥重要的补充性

---

① 鲍威，陈亚晓．经济资助方式对农村第一代大学生学业发展的影响［J］．北京大学教育评论，2015，13（02）：80－96，190.

② 钟云华．学生贷款的社会流动效应研究——基于资本转化的视角［M］．北京：中国社会科学出版社，2014.

③ 曲垠姣，岳昌君，纪效珲．大学生经济资助对就业质量的影响研究［J］．清华大学教育研究，2018，39（01）：84－90.

④ 刘津．人情关系的结构转型、性质转向与社会资本培育［J］．理论月刊，2021（06）：95－104. DOI：10.14180/j.cnki.1004－0544.2021.06.011.

甚至是主导性作用。[①] 求职就业当然也不例外。詹姆斯·科尔曼也曾指出："社会资本是影响大学生就业能力的重要资源，它可从功能上动员社会资本结构的各种要素，帮助大学生实现就业目标"。同时国内研究也表明，社会资本具有促进就业信息流动、获得就业推荐、减少就业搜寻成本等多种功效。本章研究的调查再次证实了这一点。因此，今后高校应加强与用人单位的联系，通过优先推荐、动员企业帮扶、设立贫困生招聘专场等形式，为贫困生就业搭建平台；高校教师也应利用自身社会资本，主动带领贫困生走出校园，开展各类实践活动，指导贫困生与各界人士建立关系网络，形成全员帮扶就业的局面。

第四，引导高校贫困生制定更加有效的就业就学策略。我国是一个关系本位的社会，大学生的求职行为和结果自然被嵌入各种社会关系网络中，受其左右。受这种关系性嵌入机制影响，贫困生规模偏小，上限不高的社会关系网络，会成为其高质量就业的阻碍因素，使其在就业竞争中处于不利地位，而家庭背景较好的毕业生则可利用其优厚的社会资本及其派生出的信息优势、人际网络促进高质量就业。这也是第一阶段调查中高校贫困生进入体制内单位比例低于贫困生的重要原因。更有甚者，部分家庭甚至可能采取不公平手段抢占优质就业岗位，产生如"萝卜招聘""近亲繁殖"等现象。例如，2010 年北京大学冯军旗博士的学位论文《中县干部》曾披露中部某县 21 个政治"大家族"和 140 个政治"小家族"依靠裙带关系垄断县域领导岗位的详情，曾引起广泛关注；[②] 2022 年江西国企员工周某的炫"关系"事件，更刺痛了公众神经和对于就业公平的期待。在这一背景下，部分贫困生在劳动力市场尚存在不公平现象的条件下调整就业就学策略，优先选择对社会资本依赖度更低的学科专业和就业区域，不失为一种理性务实的选择和高质量就业经验。因此，学校也应在综合考量国家需求、学生兴趣和最新就业形势的前提下，引导贫困学生制定更为科学有效的就业就学策略，以避开其社会资本匮乏的不足，提升其就业质量。

---

① 罗必良，耿鹏鹏. 乡村治理及其转型：基于人情关系维度的考察［J］. 农业经济问题，2022（10）：6－18. DOI：10.13246/j.cnki.iae.2022.10.001.

② 冯军旗. 中县干部［D］，北京大学博士学位论文，2010.

第5章　脱贫巩固叠加疫情阶段高校贫困生就业质量及其异质性

本章旨在考察脱贫巩固叠加疫情背景下高校贫困生就业质量的新变化。2020年末，我国宣布脱贫攻坚工作取得全面胜利，如期全面建成小康社会。至此中国彻底告别绝对贫困，进入脱贫巩固阶段，并开始为实现共同富裕而奋斗；另外，2020年初，新冠疫情不期而至，对国民经济发展和劳动就业造成重大冲击。在上述双重背景下，高校贫困生的就业质量及其异质性相比以往有何变化？变化的动因何在？疫情冲击是否会影响脱贫巩固？有何应对就业危机的经验、措施和机制？针对上述问题，研究团队于2022年9月对江西革命老区高校贫困生展开了第二阶段调查。

调查中发现，新冠疫情的确对大学毕业生就业造成了冲击，高校贫困生与非贫困生的就业质量均出现下滑，但贫困生就业质量下滑幅度较小，虽有不利影响但不会干扰脱贫巩固大局；另外，江西革命老区高校贫困生的就业质量相对上升并罕见地超越了非贫困生，从中折射出扶贫工作和就业帮扶工作的长期成效。在内部异质性方面，最大的变化是人文社科类贫困生就业质量赶超理工科贫困生，非发达地区就业质量与发达地区趋同，这在以往是很少见的。这也表明，高校贫困生就业质量会随时代条件而变化，即具有“时间上的异质性”。调研后发现，异质性变化的主因依然在于经济资本、人力资本和社会资本诸因素作用：在外部异质性方面，在脱贫巩固叠加疫情背景下，国家经济扶贫行动改善了高校贫困生的经济资本，教育扶贫夯实了高校贫困生的人力资本，就业环境优化弱化了社会资本对就业的影响，在多方发力下高校贫困生的就业竞争力得到释放。高校贫困生就业质量的改善具有历史的必然性；在内部异质性方面，在体制内岗位扩张的背景下，理工科贫困生由于专业原因考编受限，发达地区体制内岗位入编难度大，导致人文社科类专业和非发达地区就业贫困生分享了更多的红利，理工类与发达地区就业贫困生就业质量相对下降。调查总体表明，国家扶贫战略和就业帮扶政策是颇有成效的，革命老区贫困家庭大学毕业生就业阻碍因素正在消减，下一阶段就业支持工作的重点应转向失业贫困生帮扶和全面提升贫困生就业资本。

5.1 调查背景与主旨

在经过多年奋战的2020年末，我国郑重宣布胜利完成脱贫攻坚任务，如期全面建成小康社会，成功实现中国共产党的第一个百年奋斗目标。在中国大地上，从此告别了绝对贫困，进入以相对贫困和精神贫困的后精准扶贫时代。为巩固脱贫成果，“十四五”期间被设置为脱贫巩固期，继续实行“四个不摘”[①] 的扶贫政策，为乡村振兴和共同富裕奠定基础，扶贫成果进一步巩固深化。据统计，2021年中央财政衔接推进乡村振兴补助资金投入1561亿元，比上年增加100亿元，其中50%以上用于支持产业发展；2021年脱贫地区农村居民人均可支配收入1.4万元、同比增长11.6%，均高于全国农村居民人均可支配收入10.5%的增速。全国脱贫人口人均纯收入和脱贫地区农村居民人均可支配收入占全国农村居民人均可支配收入的比例分别为66.3%和74.2%，同比分别提高3.6%和0.7%。截至2022年5月底，脱贫劳动力务工规模3133万人，超额全年目标任务；新增发放小额信贷超过250亿元，支持57.3万脱贫人口发展产业，近70%的监测对象已消除返贫致贫风险。[②] 总体来看，脱贫巩固阶段困难群众的生活水平和经济状况进一步改善，这显然有利于高校贫困生增加家庭经济资本和提升就业质量。

另外，2020年初新冠疫情突降中国，并很快扩散全球，再叠加全球经

---

① “四个不摘”指的是摘帽不摘责任、摘帽不摘政策、摘帽不摘帮扶和摘帽不摘监管，以巩固和深化脱贫成果，防止出现规模返贫。

② 本自然段数据整理自2022年1月5日《人民日报》14版文章《脱贫攻坚成果得到巩固拓展》和2022年6月20日《人民日报》5版文章《持续巩固拓展脱贫攻坚成果》。

济下行和政治局势紧张等因素，给我国经济发展和劳动就业工作带来持久反复的冲击和挑战。以2020年为例，国家统计局的数据显示，受新冠疫情的冲击，2020年第一季度我国经济增长率同比下降6.8%，全年增长仅2.2%，当年城镇调查失业率从1月的5.3%陡升至2月的6.2%，创2018年1月数据发布以来最大升幅，新增失业人口400万人左右；企业工时从1月的46.7小时下降为2月的40.2小时，就业人员在职未上班比例2月急剧上升至49%，大约有7568万人处于休假未上班状态，表明就业充分程度下降。期间受疫情影响，城镇就业人口下降6%，大约2640万就业者退出劳动市场。外出务工的农民工群体由2019年底的1.7亿人降低到2020年2月底的1.2亿人，16~24岁的青年失业率达到13%左右的高位。2020年第一季度中国就业市场景气指数（CIER指数）从2019年第四季度的2.18大幅下降至1.43，其中3月更降至1.02的历史低位。2020年第二季度，随着疫情好转和经济复苏，再加上国家空前加大了“保就业”政策实施力度，各项就业指标都呈现出回升态势。但此后两年多，疫情不断反复，再叠加全球经济下行和政治局势紧张，众多企业生产销售受阻，物流受限，居民消费受到约束，劳动力市场需求下降，裁员增多，对我国“稳就业”战略造成巨大挑战。据统计，2021年全国城镇调查失业率平均值降至5.1%，比2020年均值下降0.5个百分点，可2022年4月该数据重新上升为6.1%；总体来看，疫情以来全国城镇调查失业率一直在5%~6%的高位徘徊。①

在疫情背景下，青年劳动者的就业形势相当严峻。据统计，在疫情前两年的2018年和2019年，青年（16~24岁人口）调查失业率仅不到14%的水平，而2020年和2021年已达到接近17%的水平，到2022年7月，2022年该数据飙升至19.9%的创纪录水平；再从青年调查失业率与社会整体失业率水平的比值看，该数据月度峰值在疫情前两年约为2.5，2022年7月上升为3.7，增长超过四成，表明疫情背景下青年群体就业压力和难度超过了其他年龄段的就业群体。在青年群体中，高校毕业生是国家着力保障的重点就业群体。2020年我国高校毕业生达874万人，2021届全国普通

① 本自然段数据主要引自中国人民大学国家发展与战略研究院官网刊登的曾湘泉教授的报告《疫情冲击下的中国就业市场：短期波动与长期展望》，http：//nads.ruc.edu.cn/xzgd/897c399fb2c2431d9be979973f20b202.htm.

高校毕业生909万人，同比增加35万人，2022年全国高校毕业生规模首次突破千万，达到了1076万人，增加167万人，超过此前六年之和，总量创历史新高，再加上近年留学人员回国求职人数上升和往年积压的未就业高校毕业生，就业形势空前紧张。为保障大学毕业生就业，政府、高校和社会各界积极采取多种措施，帮扶大学生就业，收到了显著的成效，2020年我国高校毕业生总体就业率达90%以上，好于预期。但总体来看，疫情背景下大学毕业生的就业质量不可避免地受到了积累性、叠加性的负面影响。

前面研究表明，首先，在精准扶贫行动的帮扶下，高校贫困生就业质量已有所提升，与非贫困生的就业质量差距逐步缩小，但由于家庭经济资本和社会资本的限制，其就业质量水平仍然低于非贫困生。那么在脱贫巩固和疫情冲击的双重背景下，高校贫困生的就业质量会呈现怎样的变化？是会因家庭经济资本进一步改善而使就业质量继续提升，还是会因疫情冲击导致原本就相对弱势的就业质量严重下滑，导致家庭返贫，影响脱贫巩固成效？其次，在互相对冲的双重背景作用下，高校贫困生与非贫困生的就业质量又会如何变化？两者的差距是继续缩小还是重新扩大，抑或是实现赶超？最后，在高校贫困生内部，其就业质量异质性是延续以往格局还是产生新的变化？上述变化的动因和机理是什么？研究这些问题有助于深化对于高校贫困生就业规律和高质量就业经验的认识，防范困难家庭子女失业返贫，促进脱贫巩固。

基于上述问题，本章将对江西革命老区的9所高校开展了第二阶段调查。其中，评价量表与第一阶段相同，以便于开展就业质量的前后比较；调查问卷和第一阶段调查相比，收集的受调查者基本信息更加细致深入，以便于开展更多的内部异质性比较，更全面地总结贫困生高质量就业经验。此外，为深入考察高校贫困生就业质量，还抽取了部分问卷对象进行访谈。访谈内容包括影响就业质量的主次因素、对于大学生就业异质性变化的成因和意见建议等。

5.2 调查数据来源与样本信息

为考察脱贫巩固叠加疫情阶段高校贫困生就业质量及其异质性，研究人员2022年对江西9所高校进行了调查。调查院校中，除第一阶段的6所江西重点院校外，还新增了3所民办重点院校，以加大调查样本，全面反映各种类型的高校贫困生的就业质量。研究团队共发放了1858份就业质量问卷，9月回收问卷。剔除无效问卷后，得到有效问卷1664份，问卷有效率89%。与第一阶段调查相比，本阶段的调查对调查样本的基本信息采集更为全面，除调查样本的家庭经济状况（资助情况）、性别、专业、生源地、就业地和就业单位性质等常规信息外，还采集了调查样本的生源招录类型、政治面貌、是否担任学生干部、社会资本在求职中的作用等基本信息，以拓展内部异质性的分析内容，充分反映人力资本、经济资本和社会资本对高校贫困生就业质量的影响，并对第一阶段调查结论再次进行检验。表5.1显示如下。

表5.1　第二阶段调查样本的基本信息　　单位：人；占比:%

性别	男		女		合计	
	人数	占比	人数	占比	人数	占比
贫困生	387	48.8	406	51.2	793	100
非贫困生	455	52.2	416	47.8	871	100
生源地	江西籍		非江西籍		合计	
	人数	占比	人数	占比	人数	占比
贫困生	475	59.9	318	40.1	793	100
非贫困生	535	61.4	336	38.6	871	100
学科大类	人文社科类		理工类		合计	
	人数	占比	人数	占比	人数	占比
贫困生	369	46.5	424	53.5	793	100
非贫困生	439	50.4	432	49.6	871	100
是否学生干部	是		否		合计	
	人数	占比	人数	占比	人数	占比
贫困生	531	67	262	33	793	100
非贫困生	468	53.7	403	46.3	871	100
是否党员	党员		非党员		合计	
	人数	占比	人数	占比	人数	占比
贫困生	317	40	476	60	793	100
非贫困生	197	22.6	674	77.4	871	100

续表

社会关系帮助	很大和较大		一般、较少、很少		合计	
	人数	占比	人数	占比	人数	占比
贫困生	203	25.6%	590	74.4%	793	100
非贫困生	267	30.7%	604	69.3%	871	100

毕业院校	一本		二本		三本		合计	
	人数	占比	人数	占比	人数	占比	人数	占比
贫困生	416	52.5	305	38.5	72	9	793	100
非贫困生	382	43.9	404	46.4	85	9.7	871	100

资助情况	一种		两种		三种		四种		合计	
	人数	占比	人数	占比	人数	占比	人数	占比	人数	占比
贫困生	418	52.7	266	33.5	95	12	14	1.8	793	100
非贫困生	无								0	0

注：第二阶段调查中一线城市指北上广深四大中心城市，其他经济发达地区指除一线城市之外的经济发达地区。

从家庭经济状况看，在受调查学生中，贫困生793人，其中获得一种、两种、三种和四种资助的学生分别有418人、266人、95人和14人，各自占比为52.7%、33.5%、12%和1.8%，未获得资助的非贫困生871人。

从性别结构看，男生842人，女生822人，男女几乎各占一半，男生总数略多。在非贫困生中男生略多，为455人，占比为52%，女生416人，占比为48%，在贫困生中相反，女生略多于男生，前者406人，占比为51%，后者387人，占比为49%。从生源地结构看，在贫困生中，江西籍475人，非江西籍318人，分别占贫困生总数的60%和40%；在非贫困生中，江西籍535人，非江西籍336人，分别占非贫困生总数的61.4%和38.6%。总体来看，江西籍毕业生占六成，表明调查对象以江西革命老区毕业生为主。从学科结构看，在793名贫困生中，理工类毕业生424人，人文社科类毕业生369人，分别占贫困生总人数的53.5%和46.5%，理工类比例更高；在871名非贫困生中，人文社科类毕业生439人，理工类毕业生432人，分别占非贫困生总数的50.4%和49.6%，人文社科类占比略高。总体来看，专业类别分布较为均衡，但贫困生就读理工类专业比例略高于非贫困生。

为考察调查样本的人力资本情况，调查人员还调查了毕业生的招录批次和入党及其担任学生干部情况，这几个指标也是相关研究中反映调查样本人力资本占有情况的常用指标。调查结果显示，在招录批次方面，416名贫困生一本批次入学，占贫困生总数的52.5%；而在非贫困生中，一本批次入学只有382名，占非贫困生总数的43.9%。在贫困生中，中共党员317人，非中共党员476人，各自占比为40%和60%；而在非贫困生中，中共党员仅有197人，占比为22.6%，非中共党员占比为77.4%。在担任学生干部方面，67%贫困生都有学生干部经历，而非贫困生中只有53.7%的毕业生有此经历。从上述调查结果可以发现一个耐人寻味的现象：在随机发放的1664份问卷中，贫困生反映出的人力资本含量明显高于非贫困生。这也可以很好地佐证前人的研究观点，即人力资本不是贫困生高质量就业的阻碍因素。

此外，调查人员还调查了社会资本对毕业生就业的支持情况。调查数据表明，30.7%的非贫困生认为社会关系对自己帮助很大或较大，高于贫困生25.6%的比例。这也佐证了以往研究中非贫困生社会资本拥有量高于贫困生的论点。

此外，本章还调查了毕业生的毕业去向和已就业毕业生的就业地域和单位性质，以便于开展异质性及其成因分析（见表5.2）。

表5.2　　第二阶段已就业调查样本的基本信息　　单位：人；占比:%

毕业去向	净就业		升学		创业		待业		合计	
	人数	占比	人数	占比	人数	占比	人数	占比	人数	占比
贫困生	302	38.1	247	31.1	22	2.8	222	28.0	793	100
非贫困生	312	35.8	230	26.4	26	3.0	303	34.8	871	100

就业地	江西境内		其他经济发达地区		一线城市		其他地区		合计	
	人数	占比	人数	占比	人数	占比	人数	占比	人数	占比
贫困生	143	44.1	56	17.3	53	16.4	72	22.2	324	100
非贫困生	148	43.8	87	25.7	55	16.3	48	14.2	338	100

单位性质	党政机关		国有企业		事业单位		三资企业		民营企业		合计	
	人数	占比	人数	占比	人数	占比	人数	占比	人数	占比	人数	占比
贫困生	33	10.2	86	26	63	19.4	10	3.1	132	40.8	324	100
非贫困生	44	13	64	19	58	17.2	6	1.8	166	49	338	100

从毕业去向看，贫困生中净就业 302 人，创业 22 人（就业人员合计 322 人），升学 247 人，待就业 222 人，占比分别为 38.1%、31.1%、2.8% 和 28%；在非贫困生中净就业 312 人，创业 26 人（就业人员合计 338 人），升学 230 人，待就业 303 人，占比分别为 35.8%、26.4%、3.0% 和 34.8%。贫困生净就业率和升学率高于贫困生，其创业率和失业率均低于非贫困生。与第一阶段调查结果相比，高校贫困生和非贫困生的失业率均显著上升，贫困生升学率赶超了非贫困生。

从就业地看，无论是贫困生还是非贫困生，留在江西省内的就业人数最多，各有 143 人和 148 人，占比分别为 44.1% 和 43.8%。但与第一阶段调查相比，贫困生留在江西省内的人数比例上升 8.5%，非贫困生留在江西省内的比例下降 3.9%。贫困生中流向一线城市和其他经济发达地区就业的人数比例为 33.7%，比第一阶段正式调查中 53.3% 的相应比例大幅下降 19.6%；相反，非贫困生中流向经济发达地区就业人数占比为 42%，比第一阶段调查中相应比例小幅上升 2.1%。此外，与第一阶段正式调查相比，贫困生流向其他非发达地区的人数比例上升 11.1%，非贫困生人数比例基本持平，略微上升 1.8%。总体来看，与以往相比，在疫情背景下江西革命老区高校贫困生留在江西省内和非发达地区就业的比例显著上升，而非贫困生地区流向基本保持稳定，仅有小幅变化。对于贫困生流向的显著变化，从访谈中了解到，其主要原因在于疫情背景下国家释放了更多的体制内岗位，为许多贫困生提供了大量就业机会，但由于发达地区招录竞争格外激烈，大多数贫困生报考者最终在竞争相对和缓的江西省内或省外非发达地区“上岸”，于是使得高校贫困生流向发达地区的人数比例大幅降低。

从已就业毕业生的单位性质看，疫情背景下体制内单位成为受调查毕业生最主要的“避风港”，就业比例大幅上升，但相比之下，贫困生就业人数比例增长更为迅猛，非贫困生仅有小幅增长：在 324 名贫困生中，进入国家机关、事业单位和国企等体制内单位的贫困生人数分别为 33 人、86 人和 63 人，合计人数占比为 56.1%，超过贫困生总数的一半，相比第一阶段正式调查中 27.4% 的体制内就业比例，增长一倍多，明显高于非贫困生 49.2% 的相应比例；相比之下，非贫困生的体制内就业人数比例仅比第一阶段正式调查增长 3.8%。再对问卷中这些体制内就业贫困生的就业地域进行考察，发现多数都在江西省内外非发达地区，这就证实了前面关于贫困生就业地区流向变化的访谈结果。同时，非贫困生在体制外就业的人数比例达到50.8%，高于贫困生43.9%的相应比例，表明贫困生和非贫困生的就业单位性质也发生了逆转。而正是这种体制内就业人员比例的大幅增长和分布逆转，对疫情背景下高校贫困生就业质量的内外部异质性造成了重大影响。

5.3　脱贫巩固叠加疫情阶段高校贫困生就业质量的外部异质性

对第二阶段问卷调查数据进行统计后发现，与第一阶段调查结果相反，在脱贫巩固阶段，受疫情影响，高校贫困生和非贫困生的就业质量出现了全面下滑。但相比之下，高校贫困生更多地得益于国家脱贫巩固和就业帮扶政策的支持，其就业质量受冲击较小，并罕见地赶超了非贫困生。从样本数据看，高校贫困生就业质量的下滑程度总体可控，不足以干扰脱贫巩固大局。

5.3.1　单项指标得分比较

整理第二阶段问卷调查原始数据后，运用加权平均法计算，可以得到脱贫巩固叠加疫情阶段江西革命老区高校毕业生就业质量的一级、二级指标值。它们主要包括以下内容。

第一，就业率指标值。表5.3显示，在793名贫困生中，净就业率、升学率、创业率和失业率分别为38.1%、31.1%、2.8%和28%；在871名非贫困生中，净就业率、升学率、创业率和失业率分别为35.8%、26.4%、3.0%和34.8%。贫困生净就业率和升学率高于非贫困生，其创业率和失业率均低于非贫困生。与第一阶段调查结果相比，高校贫困生和非贫困生的失业率均显著上升——在2015年6月的第一阶段预调查中，贫困生和非贫困生失业率分别为21.6%和23.8%，在10月正式调查中，其失业率分别为7.5%和10%；而在第二阶段9月调查中失业率分别增至28%和

35%，远高于2015年，表明有约1/4的贫困生和1/3的非贫困生未能就业，从中可以看出疫情冲击和经济下行对大学生就业的负面影响；另外，研究团队在调研中也发现，高校毕业生失业率上升，除了疫情冲击外，也与其对就业的高期望值和家庭经济支持有关。有些毕业生就业追求"一步到位"，宁愿放弃不理想的岗位而在家待业，甚至少数贫困生也是如此。相比2015年的第一阶段调查，这一现象明显增多，从一个侧面折射出当前高校劳动力市场就业弹性缺失的新特点。

在第一阶段调查中贫困生和非贫困生升学率分别约为12%和17%，而在第二阶段调查中两者升学率分别增至31.1%和26.4%，分别增长2.6倍和1.6倍，从中可以看出疫情背景下研究生教育扩招对大学生毕业去向的影响。对于高校贫困生升学率赶超非贫困生的原因，从访谈中了解到，高校贫困生学习大多较为刻苦，但以往为了减轻家庭负担，他们更加倾向于就业，但在疫情背景下面对就业困境，部分贫困生放弃了就业转而寻求升学，导致升学率赶超非贫困生。总体来看，在疫情冲击下高校贫困生和非贫困生的就业率都出现了下滑，因而导致就业率指标得分明显低于第一阶段调查，但相比之下，高校贫困生的就业率更好，其得分也更高。

表5.3　　高校贫困生与非贫困生的就业率水平比较
（第二阶段调查）

就业率	净就业率	升学率	创业率	失业率	综合分
贫困生	38.10%	31.10%	2.80%	28%	-3.5[①]
非贫困生	35.80%	26.40%	3.00%	34.80%	-6.89

注：之所以就业率出现负值这样反常的评价结果，首先是因为本研究对就业率赋值的方式允许出现负值。正如前文所述，本调查为群体调查，若限定就业率计分最多只能扣权重分8分，那么可以设想一种情形：若某毕业班只有一位同学实现高质量就业（假定实现满分100分），其他同学均失业，那么整班的就业质量也高达92分。就业率指标是个特殊指标，"量在质先"，没有充足的就业量，空谈就业的质无意义，所以质的指标是定比数据，有零点下限，而量的指标评分是等距数据，应允许其扣分值突破权重值而出现负数。正因如此，在疫情对就业造成重大冲击的背景下，就业率普遍下降导致其得分出现负值。

第二，经济待遇指标值。在第一阶段调查中，高校贫困生的经济待遇综合值以及社会保障和补充福利两项二级指标值均低于非贫困生，以往绝大多数研究也都发现同等条件下高校贫困生的起薪低于非贫困生。[①②③] 而表5.4显示，在第二阶段调查中，高校贫困生所有的经济待遇类指标得分都超过了非贫困生，表明在疫情期间高校贫困生就业初期的经济回报更高，这一调查发现与以往同类研究的结果截然相反。从两阶段调查的得分水平看，第二阶段调查中贫困生经济待遇水平略有提升，非贫困生的经济待遇略有下降。这就导致了贫困生与非贫困生经济待遇相对地位的对调。

表 5.4　　高校贫困生与非贫困生的经济待遇水平比较（第二阶段调查）

	毕业生类型	薪酬水平	社会保障	补充福利	综合分
经济待遇	贫困生	11.43	8.88	5.78	26.09
	非贫困生	10.92	8.25	5.65	24.82

第三，岗位特征指标值。从贫困生与非贫困生的得分高低看，表5.5显示，高校贫困生的岗位特征综合值略高于非贫困生，这一点与第一阶段调查结果相同。从二级指标看，两阶段调查中贫困生与非贫困生的得分高低也完全一致，表明疫情背景下高校贫困生和非贫困生的岗位特征值结构基本延续了以往的格局。两阶段调查最大的不同在于：相比第一阶段调查，第二阶段调查中贫困生和非贫困生的“周平均工时”和“工作环境满意度”得分均有明显提高，导致第二阶段调查中贫困生与非贫困生的岗位特征综合评分明显高于第一阶段调查结果，表明该阶段毕业生就业岗位的劳动规范程度和身心舒适度有了很大的改善。

表 5.5　　高校贫困生与非贫困生的岗位特征水平比较（第二阶段调查）

	毕业生类型	环境满意度	周平均工时	岗位胜任度	综合分
岗位特征	贫困生	4.95	8.76	2.65	16.36
	非贫困生	5.1	8.91	2.64	16.65

① 王庚，蔡颖，桂肖敏．人力资本和专业选择对大学生起薪的影响研究——基于大学生就业统计数据的实证分析［J］．中国大学生就业，2015，（15）：34－39.

② 王占国．高校毕业生起薪影响因素及性别差异研究［J］．教育与经济，2015，（05）：40－45，54.

③ 刘敏，陆根书．高校毕业生起薪的性别差异状况及其影响因素［J］．高等教育研究，2016，37（05）：43－50.

第四，发展空间指标值。观察表5.6可以发现，高校贫困生的个人发展空间综合评分略高于非贫困生，这点与第一阶段调查结果相同，但两者的具体得分均低于第一阶段调查，表明高校毕业生对个人发展空间的预期有所下降；从二级指标来看，两阶段调查最大的差别在于：无论是贫困生还是非贫困生，其“晋升率”“职业兴趣匹配度”和“专业对口度”的评分都出现下滑，而“培训率”和“行业前景”的评分均有所上升。

表5.6　　高校贫困生与非贫困生的发展空间水平比较（第二阶段调查）

	毕业生类型	晋升率	培训率	专业对口度	职业兴趣匹配度	行业前景	综合分
发展空间	贫困生	1.43	2.93	3.12	1.69	3.76	12.93
	非贫困生	1.43	2.81	2.94	1.61	3.75	12.54

第五，稳定性指标值。在第一阶段两次调查中，高校贫困生的稳定性综合得分均低于非贫困生，表明高校贫困生就业的稳定性不如非贫困生。然而表5.7显示，第二阶段调查中高校贫困生在单位性质和服务年限上的二级指标得分均超过了非贫困生，使得稳定性综合评分高于非贫困生。引起这种变化的主要原因同样可以用体制内就业人数比例的变化来解释。即在疫情背景下高校贫困生在体制内单位就业的比例高于非贫困生，使得其稳定性得分超过了非贫困生。

表5.7　　高校贫困生与非贫困生的稳定性水平比较（第二阶段调查）

	项目	单位性质	合同期限	综合分
稳定性	贫困生	3.86	1.2	5.06
	非贫困生	3.68	1.15	4.83

5.3.2　总体得分比较

汇总上述单项指标得分，可以计算出第二阶段调查高校贫困和非贫困生的就业质量总分。表5.8显示，高校贫困生与非贫困生的就业质量分别为 56.94 分和 51.95 分。

表 5.8　高校贫困生与非贫困生的就业质量水平比较（第二阶段调查）

一级指标	二级指标	二级指标		一级指标	
		贫困生	非贫困生	贫困生	非贫困生
就业率	净就业率	—		-3.50	-6.89
	创业率				
	升学率				
经济待遇	实发薪资	11.43	10.92	26.09	24.82
	保障水平	8.88	8.25		
	福利水平	5.78	5.65		
岗位特征	工作环境满意度	4.95	5.10	16.83	16.95
	周平均工时	8.76	8.91		
	岗位胜任度	2.65	2.64		
发展空间	专业对口度	3.12	2.94	12.93	12.54
	晋升透明率	1.43	1.43		
	入职培训率	2.93	2.81		
	职业兴趣匹配度	1.69	1.61		
	行业前景	3.76	3.75		
稳定性	单位所有制性质	3.86	3.68	5.06	4.83
	劳动合同期限	1.20	1.15		
合计				56.94	51.95

将两阶段调查的就业质量水平对比，可得表 5.9。观察表 5.9 数据，可以看出以下几个特点。

表 5.9　高校毕业生两阶段调查的就业质量水平比较

就业质量水平比较	毕业生类型	就业率	经济待遇	岗位特征	发展空间	稳定性	综合分
第二阶段调查	贫困生	-3.50	26.09	16.36	12.93	5.06	56.94
	非贫困生	-6.89	24.82	16.65	12.54	4.83	51.95
第一阶段调查	贫困生	6.75	23.53	12.02	13.58	4.21	60.09
	非贫困生	5.50	26.12	13.78	13.11	5.72	64.23

第一，与第一阶段几乎同期的正式调查相比，无论是贫困生还是非贫困生，其就业质量水平均不同程度地出现下滑，贫困生就业质量下降3.15分，非贫困生下降12.28分。其中，下滑最为明显的是就业率指标，贫困生与非贫困生分别下降10.25分和12.39分，是两者就业质量下滑的最大原因，折射出疫情和经济下行对大学生就业的负面影响，需要引起相关部门的注意。

从宏观就业形势看，疫情以来为保障大学毕业生就业，国家、高校和社会各界竭尽全力采取诸多措施帮扶和疏导大学生就业，缓解了疫情对高校劳动力市场的冲击。2020年高校毕业生总体就业率达90%以上，就业率好于预期，但疫情期间就业压力始终高于疫情前水平。从求人倍率指标①看，疫情前两年高校毕业生的求人倍率季度平均值为1.56，2020年初疫情暴发后的均值下降为1.05，降幅约为1/3。尽管其后该数据在社会各界努力下一度回升到1.52，但是随着经济下行压力加大叠加疫情反复，该数据持续回落到2022年第二季度的0.53，降到2018年以来的最低点；② 截至2022年4月底，全国高校毕业生平均毕业去向落实率仅为23.60%，低收入家庭等重点群体去向落实率为21.47%。除劳动需求下降外，持续反复的疫情也不利于大学毕业生快速就业。例如，以往高校毕业生习惯通过春秋季校园招聘会就业，但疫情发生后线下招聘会取消，只能通过线上招聘的方式求职，不但拉长了求职流程，而且增加了信息搜寻和沟通成本，“慢就业”人数明显增加。总体来看，疫情之下高校毕业生的就业率普遍遭受冲击，本研究第二阶段的调查结果也佐证了这一点。

第二，同在疫情背景下，高校贫困生就业质量受疫情影响程度更小，导致其就业质量相对上升，“一反常态”地高于非贫困生4.99分。再从二级指标看，疫情背景下贫困生就业的经济待遇、岗位特征和稳定性相比精准扶贫初期第一阶段调查的水平明显增长。这在以往是很不多见的，反映了扶贫行动和就业帮扶工作的成效。

---

① 求人倍率是劳动力市场需求人数与求职人数之比，它表明了劳动力市场中每个岗位需求所对应的求职人数。如求人倍率为0.8，表示10个求职者竞争8个岗位。

② 本自然段关于青年调查失业率数据主要引自北京大学国家发展研究院官网刊登的卢峰教授报告《疫情期宏观波动与就业形势》，https://www.nsd.pku.edu.cn/sylm/gd/526240.htm.

前面研究表明，第一阶段调查中高校贫困生就业质量之所以低于非贫困生，是因为贫困生体制内就业的人数比例低于非贫困生，致使其在经济待遇、岗位特征和稳定性三方面得分低于非贫困生。同样，第二阶段调查中高校贫困生就业质量能够赶超非贫困生，也是源于其体制内就业人数比例上升——在第一阶段两次调查中，高校贫困生体制内就业人数比例分别为31%和27.4%，低于非贫困生48%和45.4%的相应比例。而在第二阶段调查中，高校贫困生的体制内就业比例上升为56.1%，高于同期非贫困49.2%的比例（参见表5.1、表5.2和表5.3）。

众所周知，体制内岗位的社会保障、福利待遇和稳定性水平总体更好。尤其是在疫情背景下，当体制外单位大面积裁员和降薪之际，体制内岗位仍能保持工作机会和薪酬的基本稳定，颇有职场“避风港”的意味。更多的贫困生进入了体制内岗位，促使高校贫困生在经济待遇和稳定性方面总体得分赶超了非贫困生。这也相当契合地解释了其他二级指标得分的变动：在岗位特征方面，体制内岗位的劳动规范程度、身心舒适度和安全感相对较强，因此高校贫困生的周平均工时和工作环境满意度得分均有显著提高。在发展空间方面，体制内岗位强调行为规范，培训机会较多，工作单位又具有某种垄断性，行业前景稳固，因此高校贫困生的培训率和行业前景评分上升；体制内岗位的日常工作更强调行政能力，对专业技能和个人兴趣的依存度较低，岗位晋升也更强调规范性，难度高于体制外单位，因此高校贫困生的专业对口度、职业兴趣匹配度和晋升率三项指标评分出现下降。贫困生在体制内就业人数比例的上升还很好地解释了疫情背景下就业结构的变化。由此可见，高校贫困生体制内就业人数比例上升正是第二阶段调查中贫困生就业质量超过非贫困生的直接因素，也是理解疫情背景下高校贫困生就业特征的一个重要切入口。

综上所述，在疫情背景下高校贫困生就业质量固然出现了下滑，但由于更多的贫困生进入了体制内岗位，致使就业质量下滑幅度总体可控，并赶超了非贫困生的就业质量。总体来看，疫情对贫困生就业虽有一定负面影响，需要引起重视，并尽快采取措施予以缓解，但不会干扰脱贫巩固的大局。另外，疫情背景下贫困生就业质量下滑的主要原因是就业量不足而非质的下降，所以贫困生就业帮扶的重点应放在提升就业率方面，努力帮助失业贫困生就业。

5.4 脱贫巩固叠加疫情阶段高校贫困生就业质量的内部异质性

疫情背景下高校贫困生的外部异质性发生了变化，高校贫困生的就业质量赶超了非贫困生。那么在疫情背景下，高校贫困生就业质量的内部异质性相比疫情前又有哪些变化？除了专业和地域上的异质性外，高校贫困生群体内部还可能存在哪些异质性？为明确上述问题，第二阶段调查在第一阶段引入的学科专业和就业地域维度的基础上，还引入了性别、户籍地、资助力度、录取批次、是否党员和学生干部、社会关系对就业帮助显著与否等维度，对高校贫困生子群体的就业质量数据进行分类统计。一方面考察学科专业和就业地域在疫情背景下的就业质量异质性变化；另一方面拓展异质性分析内容，进一步考察人力资本、社会资本和经济资本等因素对就业质量的影响，检视高校贫困生就业的共性规律和个性特点。统计后发现，贫困生中男性就业质量高于女性，非江西生源就业质量高于江西生源，人力资本、社会资本和经济资本的拥有量均与贫困生就业质量有正相关性；在疫情背景下，经济发达地区就业贫困生就业质量与非经济发达地区就业贫困生趋同，理工科贫困生与人文社科类毕业生的就业质量甚至发生了逆转，后者的就业质量赶超了前者。

5.4.1 高校贫困生就业质量的性别与生源地异质性

研究团队首先按性别将高校贫困生分为男生和女生两组，然后按生源所在地分为江西革命老区贫困生和非江西革命老区贫困生两组，对其进行分类统计，以考察高校贫困生的性别与生源地异质性。

表5.1显示，在贫困生中男生387人，占比为49%；女生406人，占比为51%，女生略多于男生。对男生和女生就业质量进行分类统计后发现（见表5.10），男生就业质量综合分为58.48分，高于女生55.23分的水平。这一调查结果与公众认知和多数研究的结果一致。在中国的传统观念认知中，“男主外、女主内”，女性主要精力应放在家庭，职业发展是次要

的价值追求，再加上劳动力市场对女性劳动者隐性的歧视，女生的就业质量一般低于男生。[①②③④⑤] 再从二级指标得分看，两性的最大差异在于薪酬水平，女生为 24.43 分，明显低于男生的 27.49 分；在就业率、岗位特征和发展空间三项二级指标上，女生得分也略低于男生，唯有稳定性指标高于男生。这一特点显然与女生更加追求稳定，以家庭为主的价值观有关。许多受访女生在访谈中表示，相比男生，她们赚钱的压力相对较小，只要工作稳定有保障，方便照顾家里，"能养活自己就行"，这也是其父母或男友对她们的要求。可见，在职业发展和照顾家庭方面，女生相对更倾向于后者。另外，针对如何提高就业质量问题，访谈中也有女性毕业生希望减少求职中的性别歧视现象，营造公平的劳动力市场环境。这一调查结果也表明，贫困生在就业质量方面的两性差异与非贫困生一致，总体服从高校毕业生的一般规律。

表 5.10　高校贫困生就业质量的性别异质性（第二阶段调查）

性别	就业率	经济待遇	岗位特征	发展空间	稳定性	综合分
女	-3.79	24.43	16.79	12.41	5.39	55.23
男	-3.2	27.49	16.87	12.53	4.79	58.48

从生源地维度看，在贫困生中，江西籍 475 人，非江西籍 318 人，分别占贫困生总数的 60% 和 40%，江西革命老区贫困生人数多于江西省外贫困生。对江西籍贫困生和非江西籍贫困生的就业质量进行分类统计后发现（见表 5.11），江西籍贫困生就业质量综合分为 59.81 分，低于非江西籍贫困生 55.03 分的水平。再从二级指标看，除了岗位特征指标外，江西生源地贫困生在就业率、经济待遇、发展空间和稳定性方面，均不同程度地低

① 王庚，蔡颖，桂肖敏. 人力资本和专业选择对大学生起薪的影响研究——基于大学生就业统计数据的实证分析［J］. 中国大学生就业，2015（15）：34-39.

② 王占国. 高校毕业生起薪影响因素及性别差异研究［J］. 教育与经济，2015（05）：40-45，54.

③ 刘敏，陆根书. 高校毕业生起薪的性别差异状况及其影响因素［J］. 高等教育研究，2016，37（05）：43-50.

④ 岳昌君，白一平. 2017 年全国高校毕业生就业状况实证研究［J］. 华东师范大学学报（教育科学版），2018（05）.

⑤ 霍明贤. 河北省城镇女性就业质量研究［D］. 保定：河北大学，2017.

于江西省外生源贫困生。对于就业质量的生源地差异成因，以往缺乏相关研究。研究团队在访谈中了解到，其原因主要有两个：第一，江西革命老区经济欠发达，因而省内生源家庭贫困度较高，而外地生源贫困生大多来自周边中东部地区，如福建、广东、浙江、江苏、湖南、湖北等，其经济发展水平高于江西，因此当地贫困家庭的实际贫困度要低于江西革命老区贫困家庭；第二，贫困生选择就业地时，返乡就业的优先度较高，疫情背景下尤其如此。由于江西经济欠发达，江西生源返乡就业的薪酬水平和发展空间大多不如周边地区，于是就进一步放大不同生源地贫困生的就业质量差异。

表 5.11　高校贫困生就业质量的生源地异质性（第二阶段调查）

生源地	就业率	经济待遇	岗位特征	发展空间	稳定性	综合分
江西籍	-4.03	25.06	16.87	12.31	4.82	55.03
非江西籍	-2.71	27.63	16.76	12.7	5.43	59.81

5.4.2　高校贫困生就业质量的人力资本异质性

表 5.1 显示，在 793 名贫困生中，一本录取的学生 416 人，占比为 52.5%，二本录取的生源 305 人，占比为 38.5%，三本录取 72 人，占比为 9%；有过学生干部经历的毕业生 531 人，占比为 67%，没有学生干部经历的毕业生 262 人，占比为 33%；中共党员 317 人，占比为 40%，非党员 476 人，占比为 60%。总体来看，调查样本中贫困生综合素质较好，人力资本含量较高。按上述三种维度对贫困家庭毕业生进行分类统计后发现（见表 5.12）。

首先，在 793 名贫困生中，一本录取毕业生就业质量综合分为 61.18 分，显著高于二本 52.29 分和三本的 52.44 分，二本毕业生和三本毕业生的就业质量差距很小。从二级指标看，三者的最大差异在于就业率不同：一本毕业生就业率为 -1.5 分，而二本和三本毕业生就业率分别只有 -6.5 分和 -6 分，差距最为显著，表明一本毕业生无论是就业还是升学，都比二本和三本毕业生受欢迎；薪酬水平相差也较大，一本毕业生薪酬水平得分 28.04 分，明显高于二本和三本毕业生的 24.38 分和 24.77 分；此外，一本毕业生就业岗位的稳定性也要好于二本和三本毕业生。对于一本毕业生的高就业质量，调研中了解到，除了毕业生个人素质较高外，多数一本毕业生所在高校具有较好的口碑，参加校园招聘的用人单位层次也较高，有的用人单位还明确要求只招一本毕业生，因而其就业质量也较高，而二本和三本毕业生则不容易享受到这种待遇。

其次，有过学生干部经历的毕业生就业质量综合分为 59. 2 分，显著高于未担任过干部经历的毕业生的 51. 84 分。从二级指标看，在有过学生干部经历的毕业生和没有学生干部经历的毕业生中，前者就业率为 -2. 5 分，显著高于后者的 -5. 91 分；薪酬水平，前者 26. 99 分，明显高于后者的 24. 12 分；其他指标差距不大。对于上述就业质量差异，访谈中了解到，大学期间学生干部的职责相比中学更多，在服务师生的同时还能提高自身综合素质。访谈对象 G 就很庆幸担任过班长，她表示："以前因为家庭穷，只能一门心思读书，大学前没当过班干部。大学期间竞选班干部是因为知道自己胆小，也不太会讲话，就想去锻炼锻炼。担任完一年班长后，我和领导讲话也不会胆怯了，在就业应聘过程中，也不害怕和人交流了，结果在求职面试中表现很好"。正因为如此，许多高质量就业岗位更倾向于招聘有过学生干部经历的毕业生，这就进一步扩大了学生干部和非学生干部毕业生的就业质量。

最后，在 793 名贫困生中，中共党员的就业质量综合分为 64. 43 分，是第二阶段调查中录得的就业质量最高分，远远高于非中共党员 51. 5 分的就业质量水平，两者相差 12. 93 分，也是第二阶段调查录得的最大内部差异值。从二级指标看，在党员毕业生和非党员毕业生中，前者每项指标值都高于后者，但差异最大的是就业率，前者就业率为 1 分，比后者高出 8 分。对于党员毕业生的高就业质量，调研中了解到，本科生入党名额少，竞争激烈，绝大多数学生党员都是品学兼优、综合素质较好的优秀学生，多数人还担任了学生干部，个人素质较高，所以本身就业质量就应该高于其他毕业生，再加上疫情期间诸多体制内高就业质量岗位，如选调生、高校辅导员、部分公务员及事业单位明确要求只限招收中共党员，央企和地方国企等单位同等条件下优先录取党员，因而进一步放大党员毕业生的就业优势。

表 5.12 高校贫困生就业质量的人力资本异质性
（第二阶段调查）

录取批次	就业率	经济待遇	岗位特征	发展空间	稳定性	综合分
一本	-1.5	28.04	16.67	12.25	5.72	61.18
二本	-6.5	24.38	17.11	12.71	4.59	52.29
三本	-6	24.77	16.82	12.28	4.57	52.44
是否学生干部	就业率	经济待遇	岗位特征	发展空间	稳定性	综合分
是	-2.5	26.99	16.92	12.75	5.04	59.2
否	-5.91	24.12	16.64	11.86	5.13	51.84
是否入党	就业率	经济待遇	岗位特征	发展空间	稳定性	综合分
是	1	28.04	17.15	13.04	5.2	64.43
否	-7	24.83	16.62	12.08	4.97	51.5

对于人力资本与就业质量的关系，在以往相关研究中多有涉及。研究者一般认为，人力资本含量与就业质量呈正相关关系，但此类研究的对象一般是普通学生而非贫困生，评价方法也是针对个别指标，而非总体的量化评价。而第二阶段调查显示，贫困生的人力资本含量越多，综合素质越好，其就业质量就越高，表明高校贫困生同样遵循人力资本与就业质量正相关的一般规律；对于本次调查中不同人力资本含量毕业生在就业质量方面呈现的显著差异，调研中发现，疫情在一定程度上凸显了人力资本的重要性。其原因可以引入教育经济学的信号筛选理论予以阐释。信号筛选理论认为，劳动力市场中劳资双方存在信息不对称，为了降低交易成本，求职者以发送信号的形式向用人单位展示自己的能力，用人单位凭借各类信号（尤其是教育信号）了解求职者的能力。[①] 而在疫情冲击下，劳动力供过于求，竞争加剧，用人单位需要识别的求职信息更加冗杂，于是一本生源、学生干部和党员等代表人力资本含量的信号标识作用得到强化，而不具备这些信号的毕业生就业处于更弱势地位，毕业生就业质量进一步分化。这一发现也得到了同类研究的支持。例如，刘保中、郭亚平和敖妮花（2022）调研发现，疫情背景下双一流本科院校毕业生就业受疫情影响最

① 刘霄．存在、时效与合理？——信号筛选视角下对我国学术劳动力市场中教育信号三重特性的实证检验［J］．高教探索，2020（12）：98－109．

小；高职院校毕业生毕业去向落实率虽高，但就业质量堪忧；非双一流本科院校毕业生受疫情冲击最大，其毕业去向落实率最低，就业满意度的下降程度最大。其原因在于疫情下不同类型大学学历信号作用被强化①。

5.4.3　高校贫困生就业质量的社会资本异质性

第一阶段调查表明，在促进高校贫困生高质量的诸项因素中，社会资本处于倒数第二的位置，表明社会资本是高校贫困生高质量就业的薄弱环节。在第二阶段调查中，本研究调查了社会关系对贫困生求职的帮助作用，然后根据帮助作用是否显著对高校贫困生进行分类，并分别统计其就业质量，进而从另一个角度检验贫困生社会资本对其就业质量的影响。

表 5.1 显示，在贫困生中，认为社会关系对自身就业帮助作用“很大”或“较大”的贫困生有 203 人，占比仅略高于 1/4，近 3/4 的贫困生都自认为社会关系对自身就业帮助作用“一般”“较少”或“很少”。对上述两类贫困生的就业质量进行分类统计后发现（见表 5. 13）：在社会资本作用显著和不显著的两类贫困生中，前者就业质量 59. 22 分，高于后者 56. 04 分的就业质量水平；从二级指标看，自认社会资本作用显著和不显著的两类贫困生中，前者的五项指标值都高于后者，但总体来看各项值差距都不大。这一方面表明，高校贫困生就业同样服从社会资本与就业质量正相关的一般规律，高校贫困生的社会资本帮助作用越大，就业质量就越高；另一方面，在自认社会资本作用显著和不显著的两类贫困生之间，其就业质量差距仅有 3. 18 分。可见，即便是少数自认社会资本对自身就业帮助较为显著的贫困生，其就业质量水平的提升幅度也不大，表明社会资本对高校贫困生就业所起的作用总体有限。这一点也可以通过相关研究得到解释。例如，钟云华（2020）对社会资本进行实证测量后发现，贫困大学生的社会资本具有同质化的特点，普遍存在数量不多，质量不高，使用频次低，强关系缺乏资源动员能力，弱关系缺乏支持力度的不足，在求职竞

① 刘保中，郭亚平，敖妮花. 新冠肺炎疫情对大学毕业生就业质量的影响——基于疫情前后全国 19 所高校的调查对比分析［J］. 中国青年研究，2022（10）：110－119.

争中社会资本普遍处于劣势地位。[①] 因此，有受访贫困生表示，社会关系对其求职的显著作用主要体现在提供求职信息、缩短求职时间和减少求职成本方面，就业质量也比预期的略好一些。但由于帮助者自身能力有限，就业质量没有实现“质的突破”。鉴于贫困生社会资本普遍低质匮乏，即便社会资本能够发生作用，其对就业质量水平的提升作用也是有限的。这一方面表明了对贫困家庭毕业生来说，人力资本和经济资本才是决定其就业质量的关键因素；另一方面也再次佐证了帮扶贫困生拓展后致性社会资本的必要性。

表 5.13　　高校贫困生就业质量的社会资本异质性（第二阶段调查）

社会关系	就业率	经济待遇	岗位特征	发展空间	稳定性	综合分
作用显著	-3.54	26.34	17.71	13.22	5.49	59.22
作用不显著	-3.5	25.98	16.49	12.18	4.89	56.04

5.4.4 高校贫困生就业质量的经济资本异质性

本节最后考察高校贫困生就业质量的经济资本异质性。第一阶段表明，经济资本的改善有助于高校贫困生就业质量提升，这一结论是建立在理论分析、前人研究和个体经验访谈基础上的。本节将通过考察高校贫困生获得经济资助的多寡与就业质量的关系，从实证调研的角度对两者的关系进行再次检验——本章首先假定：高校贫困生获得学生资助的种类越多，其经济资本就越多（这一假定在实践中基本上是成立的）。在第二阶段调查中，本章将目前高校学生资助体系中资助金额较大的四种主要资助方式[②]作为备选项，调查高校贫困生获得资助的种类数量，曾获得过 1 ~ 2 种资助的毕业生为低水平受助者，曾获得过 3 ~ 4 种资助的毕业生为高水平

① 钟云华．社会资本分布失衡对贫困大学生就业的影响［J］．湖南师范大学教育科学学报，2020，19（03）：116 - 124.

② 按照目前国家对高校资助体系的设计，解决学费和住宿费问题，以国家助学贷款为主，以国家励志奖学金等为辅；解决生活费问题，以国家助学金为主，以勤工助学等为辅。但考虑到勤工俭学资助力度较小且具有短期性、临时性的特点，故以面向特困生的学费减免替代之。

受助者，然后对两类毕业生就业质量进行分类统计和比较，以反映贫困生经济资本对其就业质量的影响。

表5.1显示，在贫困生中，获得过1~2种资助的毕业生684人，占比为86.3%，获得过3~4种资助的毕业生109人，占比为13.7%。总体来看，高资助毕业生占比很低。对这两类毕业生进行分类统计后发现（见表5.14）：高水平受助毕业生的就业质量综合分为59.95分，高于低水平受助毕业生54.69分的水平。这一调查结果合乎预期，再次证实了经济资助越多，就业质量越高的正相关作用；从二级指标看，高水平受助者与低水平受助者的最大差异体现在就业率方面，前者就业率得分为2.24分（这也是在第二阶段调查中录得的最高就业率得分），比后者高出6.65分，但在其他质的指标上无显著差异。

表5.14　高校贫困生就业质量的经济资本异质性（第二阶段调查）

资助水平	就业率	经济待遇	岗位特征	发展空间	稳定性	综合分
高水平	2.24	24.36	15.37	13	4.98	59.95
低水平	-4.41	26.31	15.3	12.39	5.1	54.69

高水平获助者为何唯独在就业量上表现优异，却在其他方面趋同？在调研中了解到，高水平获助者主要有两类：一类是获得国家励志奖学金的优秀学生，其毕业后升学比例较高，因而其毕业去向只能影响就业的量，却未能影响就业的质；另一类是特困生，其家庭经济面临特殊困难，因而获得资助项目更多。他们毕业后往往就业心切，甚至不惜牺牲自身的长期利益和就业的“质”，希望尽快落实就业岗位，以早日帮助家庭脱困，因而其就业率相当高。但这种“先就业后择业”的做法以及家庭先天条件的不足在客观上也限制了其就业质量的大幅提升；另外，从高水平受助者的整体就业质量看，其59.95分的就业质量综合水平已经超出了贫困生56.94分和非贫困生51.95分的平均水平。许多受访的高水平受助者也表示，正是高额资助使其有能力走出深度贫困的泥潭，在学业上和生活上具备完善自我的基本条件，最终得以和其他学生一样实现正常升学和就业，他们对此非常感恩。总体来看，高水平受助毕业生调查以一种曲折的方式佐证了经济资助对贫困生就业质量的提升作用，也显现了深度贫困家庭子女就业脱贫的代价和路径。

5.4.5 高校贫困生就业质量的学科专业与就业地域异质性

在第一阶段调查中，本章考察了高校贫困生的学科专业异质性和就业地区异质性。研究表明，理工科贫困生的就业质量高于人文社科类贫困生，经济发达地区就业的贫困生的就业质量高于其他地区就业的贫困生。本节将在疫情背景下再次对其进行考察，以反映高校贫困生就业质量内部异质性的变化。

表5.1显示，在第二阶段调查的793名贫困生中，理工类毕业生424人，人文社科类毕业生369人，分别占贫困生总人数的53.5%和46.5%，理工类毕业生占比更高。在本研究第一阶段的调查中，理工类贫困生的就业质量明显高于人文社科类贫困生就业质量，这也是以往大多数相关调查的结论。然而对第二阶段调查中人文社科类贫困生和理工类贫困生的就业质量进行分类统计后发现（见表5.15），人文社科类贫困生就业质量综合分为58.11分，高于理工类贫困生的55.95分，表明人文社科类贫困毕业生的总体就业质量要好于理工类贫困毕业生。从二级指标看，除岗位特征和发展空间两项指标外，人文社科类贫困生在就业率、薪酬水平和稳定性三项指标上均不同程度地高于理工类贫困生。这一调查结果与第一阶段调查结果以及以往研究的结论截然不同，这也是本书的一个新发现。

表5.15　高校贫困生就业质量的学科异质性（第二阶段调查）

学科大类	就业率	经济待遇	岗位特征	发展空间	稳定性	综合分
人文社科	-2.37	26.1	16.8	12.23	5.35	58.11
理工	-4.48	26.07	16.87	12.71	4.78	55.95

从就业地域看，表5.1显示，在324名贫困生中，留在江西省内就业人数143人，占比为44.1%，比第一阶段调查期上升8.5%；流向其他非发达地区72人，占比上升11.1%；流向一线城市和其他发达地区109人，占比为33.7%，比第一阶段调查下降19.6%；总体来看，非发达地区就业

人数比例显著上升，发达地区就业人数比例下降。在第一阶段的调查中，发达地区就业的贫困生就业质量明显高于非发达地区就业的贫困生，这也合乎以往相关研究的结论，然而对第二阶段调查中发达地区就业贫困生和非发达地区就业贫困生的就业质量进行分类统计后发现（见表5.16），前者就业质量综合分为59.14分，仅比后者的58.66分略高0.48分，[①] 比第一阶段调查中两者2.07分的差距大大缩小；从二级指标看，除经济待遇指标外，发达地区就业贫困生在岗位特征、发展空间和稳定性三项指标上均逊于非发达地区就业贫困生。总体来看，疫情背景下发达地区的贫困生就业人数和就业质量双双下滑。这一调查结果虽未从根本逆转上发达地区和非发达地区就业质量的差异，但也足以动摇以往发达地区就业质量必然高于非发达地区的定见。

表5.16　高校贫困生就业质量的就业地域异质性

（第二阶段调查）

就业地	—	经济待遇	岗位特征	发展空间	稳定性	综合分
发达地区	—	27.26	15.06	12.27	4.55	59.14
非发达地区	—	25.33	15.43	12.57	5.33	58.66

对于人文社科和理工类贫困生就业质量逆转和发达地区与非发达地区贫困生就业质量趋同的成因，以往研究很少涉及。为此，研究团队进行了调研。在调研中了解到，高校贫困生就业质量的专业异质性与地域异质性的变化，看似不同，但原因具有共通性。其主要原因有两个：

第一，理工类和发达地区人才需求下降。在疫情冲击下，无论是传统理工类毕业生的用人大户（即体制外的民营企业和三资企业），还是以往高质量就业机会密集的发达地区，在疫情冲击下都大量减少招聘岗位，部分中小企业甚至面临关闭风险，导致人才需求萎缩，岗位薪酬和稳定性下降，同时为减少用工成本，用人单位还增加了工作强度，从而降低了理工

① 不同就业地的高校贫困生子群体就业质量综合分高于所有调查样本的就业质量综合分，其原因在于前者考察已就业贫困生的就业质量，就业率不纳入考察范围，而后者必须考察就业率，而且得分都是负分。

科毕业生和发达地区的就业质量；再进一步看，高质量就业的理工科岗位大多位于发达地区，两者的人才需求和就业质量状况本身就具有一体两面、重叠共振的特点。例如，李琦（2021）对疫情前 2014～2018 年九所高校就业质量数据进行分析后发现，相比综合院校毕业生在一线城市就业比例缓慢下降，工科高校毕业生在一线城市（上海、广州和深圳）就业趋势稳步提升，2014～2018 年就业比例及人数逐年上升，从 41.8%（9875 人）增至 45.7%（10883 人），其中，广深两地就业人数比例增加最为明显，表明大湾区在产业升级过程中对工科高端人才需求旺盛。①

第二，贫困生进入体制内岗位的人数比例存在学科差异和地域差异。人才需求的下降只能解释疫情背景下理工类专业贫困生和发达地区就业贫困生的就业质量为何下滑，却无法解释为何同在疫情背景下，人文社科类贫困生和非发达地区就业贫困生的就业质量相对上升。整理调查问卷数据后发现，其原因在于，在宏观就业质量下行的背景下，人文社科类贫困生和非发达地区就业贫困生进入体制内“避风港”的人数比例及其岗位质量更高。表 5.17 显示，调查样本中体制内就业的贫困生共 182 人。从学科结构看，人文社科类毕业生 95 人，占本学科 162 名已就业毕业生的 58%，其中近七成（66 人）集中在体制化程度和就业质量较高的机关事业单位；理工类 87 人，占本学科 162 名已就业毕业生的 54%，人数比例低于人文社科类贫困生，而且近七成（57 人）集中在体制化程度和就业质量相对较低的国企，表明人文社科类贫困生进入体制内的人数比例和岗位质量更高；从就业地域结构看，非发达地区体制内就业 134 人，占 215 名非发达地区就业人数的 62%，而且六成（80 人）集中在机关和事业单位；发达地区体制内就业 48 人，只占 109 名发达地区就业总数的 44%，而且 2/3（32 人）集中在国有企业，表明非发达地区就业贫困生进入体制内的人数比例和岗位质量更高。以上现象表明，国家释放体制内岗位的红利更多地被人文社科类和非发达地区就业的毕业生获取，这就导致了贫困生就业质量在不同学科和地域间的此消彼长。

① 李琦．基于灰色模型对高校毕业生就业地域选择的实证研究——以全国 9 所高校毕业生就业质量报告为例［J］．高等工程教育研究，2021，（S1）：123－128.

表 5.17　高校贫困生体制内就业人数及其比例的学科差异与地区差异（第二阶段调查）

类型		非发达地区	发达地区	人文社科类	理工类
机关事业单位人数		80	16	66	57
体制内就业人数		134	48	95	87
体制内就业类型	党政机关	26	7	21	12
	事业单位	54	9	45	18
	国有企业	54	32	29	57
就业总人数		215	109	162	162
体制内就业人数占比		62%	44%	58%	54%
机关事业单位人数占比		60%	33%	69%	66%

汇总上述各类异质性数据，可得表 5.18。

表 5.18　高校贫困生就业质量的内部异质性（第二阶段调查）

性别	就业率	经济待遇	岗位特征	发展空间	稳定性	综合分
女	-3.79	24.43	16.79	12.41	5.39	55.23
男	-3.2	27.49	16.87	12.53	4.79	58.48
生源地	就业率	经济待遇	岗位特征	发展空间	稳定性	综合分
江西籍	-4.03	25.06	16.87	12.31	4.82	55.03
非江西籍	-2.71	27.63	16.76	12.7	5.43	59.81
学科大类	就业率	经济待遇	岗位特征	发展空间	稳定性	综合分
人文社科	-2.37	26.1	16.8	12.23	5.35	58.11
理工	-4.48	26.07	16.87	12.71	4.78	55.95
录取批次	就业率	经济待遇	岗位特征	发展空间	稳定性	综合分
一本	-1.5	28.04	16.67	12.25	5.72	61.18
二本	-6.5	24.38	17.11	12.71	4.59	52.29
三本	-6	24.77	16.82	12.28	4.57	52.44
是否学生干部	就业率	经济待遇	岗位特征	发展空间	稳定性	综合分
是	-2.5	26.99	16.92	12.75	5.04	59.2
否	-5.91	24.12	16.64	11.86	5.13	51.84
是否入党	就业率	经济待遇	岗位特征	发展空间	稳定性	综合分
是	1	28.04	17.15	13.04	5.2	64.43
否	-7	24.83	16.62	12.08	4.97	51.5

续表

社会关系	就业率	经济待遇	岗位特征	发展空间	稳定性	综合分
作用显著	-3.54	26.34	17.71	13.22	5.49	59.22
作用不显著	-3.5	25.98	16.49	12.18	4.89	56.04
资助水平	就业率	经济待遇	岗位特征	发展空间	稳定性	综合分
高水平	2.24	24.36	15.37	13	4.98	59.95
低水平	-4.41	26.31	15.3	12.39	5.1	54.69
就业地	—	经济待遇	岗位特征	发展空间	稳定性	综合分
发达地区	—	27.26	15.06	12.27	4.55	59.14
非发达地区	—	25.33	15.43	12.57	5.33	58.66

综上所述，高校贫困生就业质量的内部异质性大多服从高校毕业生就业的一般经验规律，即总体上男性高于女性，发达地区生源高于欠发达地区生源，人力资本、社会资本和经济资本均与就业质量正相关。这也正是高校贫困生作为高校毕业生的一个子群体，与普通高校毕业生在就业规律方面的共性之处；另外，在国家为缓解疫情冲击而大量释放体制内岗位的背景下，人文社科类贫困生和非发达地区就业的高校贫困生的就业质量相对提升，呈现出与以往高校贫困生就业的不同特点，体现了特殊时期高校贫困就业的个性规律。

5.5 脱贫巩固叠加疫情阶段高校贫困生就业质量异质性的变化成因

前面研究表明，在脱贫巩固叠加疫情背景下，江西革命老区高校贫困生的就业质量及其异质性相比精准扶贫初期开展的第一阶段调查出现了新的变化：在外部异质性上，高校贫困生就业质量赶超了非贫困生；在内部异质性上，最大的变化是人文社科类贫困生和非发达地区就业贫困生的就业质量相对上升。这两种异质性变化的直接原因都与其体制内就业人数比例更高有关。由此，体制内岗位扩张成为高校贫困生异质性变化最显著的解释变量，这也是疫情背景下大学生就业的一个突出特点。

另外，体制内岗位扩张固然是影响高校贫困生就业质量及其异质性的关键因素，可体制内就业的贫困生毕竟只有不到六成，还有接近一半的贫困生在体制外就业。因此，要解释同在疫情背景下高校贫困生的就业质量何以赶超贫困生，体制内就业比例上升并非唯一原因；再进一步看，第一阶段调查已表明，由于社会资本不足，高校贫困生体制内就业的人数比例低于非贫困生。那么在新的时代背景下，高校贫困生进入体制内岗位的人数比例何以超过非贫困生？是体制内岗位招录的偶然结果还是多方面努力促成的必然？从内部异质性看，同为贫困生，疫情背景下人文社科类和非发达地区就业贫困生的体制内就业人数比例何以高于理工类和发达地区就业贫困生？如果说就业比例一向如此，那么为何唯独在疫情背景下才形成人文社科类贫困就业质量赶超理工科贫困生，发达地区和非发达地区就业质量趋同的局面？以下将对上述问题进行探讨。

5.5.1 高校贫困生就业质量外部异质性变化的成因

从外部异质性看，高校大学毕业生就业质量普遍出现下滑，但贫困生就业质量相对上升并赶超了非贫困生。如果说前者出于疫情等不可抗因素，那么后者既受疫情背景下体制内岗位扩张等特殊动因的影响，具有一定偶然性，又是长期可持续的扶贫工作和就业环境优化的累积结果，具有历史的必然性。

高校贫困生与非贫困生就业质量的逆转是彰显我国教育扶贫和就业扶贫成效的重要标志。研究后发现，除了体制内就业比例上升这一表征外，其深层次的助力因素来自多个方面：第一，长期有效的扶贫工作改善了贫困生的个人经济资本与家庭经济成本；第二，教育扶贫行动夯实了贫困生的人力资本；第三，疫情背景下高校贫困生就业的社会支持网强度加大。在上述因素的共同努力下，高校贫困生的就业竞争力被释放，叠加疫情背景下国家体制内岗位扩张，而新时期日趋公平透明的招录方式削减了贫困社会资本匮乏的不利影响，最终促成了高校贫困生体制内就业人数比例和就业质量的相对上升。

（1）长期有效的经济扶贫行动提升了贫困生的经济资本。

经济资本的改善是高校贫困质量相对上升的基础。从精准扶贫到脱贫攻坚再到脱贫巩固，新时代党和政府历经多年艰苦奋斗，如期打赢脱贫攻坚战，消除了绝对贫困，全面建成小康社会，创造了中国乃至人类减贫史上的奇迹。2013 ~2020 年全国农村贫困人口累计减少 9899 万人，年均减贫 1237 万人，贫困发生率年均下降 1.3 个百分点，目前正向共同富裕迈进。在中国特色社会主义集中力量办大事的制度优势下，扶贫工作始终坚持以“人民为中心”为出发点和落脚点，使得贫困群众义务教育、医疗水平、住房条件得到保障，真正保障了贫困群众的根本利益，真真切切增强了贫困群众的获得感、满足感与幸福感。同时，打赢脱贫攻坚战加快了贫困地区经济社会发展进程，大幅度提高了贫困群众的生活质量，改善了贫困地区的基本生活条件，促进了城乡和区域统筹发展。①

为了提高扶贫工作的科学性、针对性及有效性，党和政府还创造性地提出和实施了精准脱贫战略，确保了脱贫质量，改善了困难群众的经济状况。作为双向维度的扶贫开发，精准脱贫理念既积极组织全社会投身扶贫开发，也鼓励贫困群体激发内在动力，标志着我国由“输血式扶贫”转化为“参与开发式扶贫”。在扶贫政策的加持下，贫困地区产业稳步发展壮大，部分贫困群体实现了就地脱贫致富，缩小了与非贫困群体的经济差距，这一点可以通过相关调查研究得到支持。例如，张博胜等以云南省为研究案例，结果表明精准扶贫政策通过促进城镇化、增加资本投入、提高农业产出水平以及产业结构非农化调整 4 个方面促进了国家级贫困县城乡收入差距的缩小。②

经济资本是大学生学习生活和求职就业的物质保障，但大学生一般无独立经济来源，其经济支持主要来自家庭和学生资助。从高校贫困生的家庭经济资本看，贫困地区农村居民人均可支配收入从 2013 年的 6079 元，增长到 2015 年的 7653 元，再增长至 2020 年的 1.25 万元，年均增长 11.6%。2020 年末我国困难群众全面脱贫后，在脱贫巩固工作支持下，脱贫群众收入继续增长，2021 年脱贫县农村居民人均可支配收入 14051 元，比上年名义增长 11.6%；再从江西数据看，在本研究第一阶段调查实施期的 2015 年，全省贫困地区农民人均可支配收入 7760 元，到第二阶段调查

---

① 黄承伟. 中国新时代脱贫攻坚的历史意义与世界贡献 [J]. 南京农业大学学报（社会科学版），2020，20（04）：2－10.

② 张博胜，曹筱杨. 精准扶贫政策对国家级贫困县城乡收入差距的影响 [J]. 资源科学，2021，43（08）：1549－1561.

前期的 2021 年，江西省脱贫户人均收入达到 14411 元。可见，七年间江西贫困家庭收入增长近一倍，这就大大改善了贫困生的家庭经济成本。

从贫困生的个人经济资本看，精准扶贫工作开展至今，学生资助资金投入不断加大，增加了高校贫困生自身的经济收入。2013 年，政府、高校及社会设立的各类政策措施共资助全国普通高等学校学生 3724.07 万人/次，资助总金额 574.11 亿元，学生人均受助金额 1541 元；2015 年，政府、高校及社会设立的各类政策措施共资助全国普通高等学校学生 4141.58 万人/次，资助总金额 847.97 亿元，学生人均受助金额 2047 元；2021 年，政府、高校及社会设立的各项普通高等教育学生资助政策共资助全国普通高等教育学生 3925.7 万人/次，资助资金 1450.40 亿元，学生人均资助金额增长至 3693 元。而且，上述资助资金中包含诸多面向非贫困生的小额资助项目，真正面向贫困生的主体资助项目人均资助额度更大，增幅更快。例如，2021 年助学金人均资助 3780 元，助学贷款人均资助 8273 元，而在 2015 年，这一数据分别为 2654 元和 6596 元，2013 年分别为 2372 元和 5606 元。学生资助资金的快速增长进一步提升了贫困生的个人经济资本。①

研究团队在访谈中了解到，首先，得益于国家长期的扶贫工作，受访贫困生的家庭经济状况已普遍好转，生活相对宽裕很多，不但基本具备了支付其学习和生活所需资金的能力，而且学生求职过程中的简历制作、异地求职食宿交通、外部形象包装、笔面试培训等费用，多数都能得到家庭支持，少数大额支出依靠学生资助、兼职、实习获得的积蓄也能得到解决。这就为其高质量就业提供了物质保障。其次，国家资助体系基本满足了家庭经济困难学生的经济需要。通过助学金和国家助学贷款，基本可覆盖其学业和生活支出；而作为对优秀贫困生的物质激励，国家励志奖学金不但可以增加经济保障，还可以转化成向用人单位展示的人力资本筛选信号，增加优质就业机会。例如，访谈对象 A 在大三获得国家励志奖学金后，就与某国企签订了出国工作的合约，大四时公司还赞助了其在校期间的学费和住宿费，毕业后由公司安排一切出国就业事项，过程很顺利。

① 本自然段数据出自相关年份《中国学生资助发展报告》。

可见，得益于党和政府多年来可持续和体系化的脱贫措施，贫困生的家庭经济资本和个人经济资本相比以往已大有提升，其与非贫困生的经济资本差距已明显缩小，从而保障了其学习、生活和求职所需的物质资源，为其人力资本积累、后致性社会资本拓展和求职提供了条件，在一定程度上弥补了就业弱势，为进一步提高相对就业质量打下了坚实基础。

（2）教育扶贫夯实了贫困生的人力资本。

高校贫困生就业质量的相对上升，必须以充足的人力资本为基础。尤其是第二阶段调查中大量贫困生能够通过公平严格的招考方式进入体制内岗位，至少表明贫困生的人力资本含量是不低于非贫困生的。而要实现这一点，不仅取决于高等教育阶段的人才培养活动，也与贯穿全教育周期的教育扶贫行动夯实了贫困生的人力资本是分不开的。

教育扶贫是中国扶贫事业的重要特色组成部分，它将“教育”与“脱贫”有机组合，赋予其两层含义，即“扶教育之贫”与“靠教育脱贫”：一方面，国家通过加大对贫困地区的资源投入，重点改善基础教育条件，提高贫困地区的基础教育质量，促进教育起点公平；另一方面，以教育为抓手，切实提高贫困群体的知识技术水平与能力，激发贫困者摆脱贫困的信心，最终实现教育反哺地区经济社会发展。因此，教育扶贫是一项长期的人力资本投资政策，旨在通过个体人力资本的增加，使其所在贫困群体摆脱困境，其最终成果应以贫困人口因人力资本提升而获得的回报来衡量。①

从我国教育扶贫行动的周期跨度看，它努力满足贫困学生从义务教育阶段到高等教育阶段的发展需要，竭力提高贫困学生各教育阶段的受教育机会和教育质量，不断改善其知识素质水平和拓展发展潜能。按照正常上学年限，调查样本中的2022届高校贫困生于2006年接受小学教育，2012年接受初中教育，2015年接受高中教育，2018年接受高等教育，基本契合了我国教育公平推进和教育扶贫事业发展的重要节点——例如，2007年我国义务教育阶段学生免收学杂费用推及全国农村地区；2011年，中国全面

① 袁利平，丁雅施．教育扶贫：中国方案及世界意义［J］．教育研究，2020，41（07）：17－30.

普及实现九年义务教育；2016年，高中阶段的“十三五”规划要求扩大高中学位的容量，提高高中生的资助覆盖率及升学率，同年国务院印发《“十三五”国家信息化规划》强调，加大贫困地区的信息化建设，覆盖优质教学资源；2018年，教育部发布了《教育部等六部门关于做好家庭经济困难学生认定工作的指导意见》，明确指出家庭经济困难学生的认定对象、原则和程序，为家庭经济困难学生顺利完成高等教育提供了制度保障。正因为如此，在第二阶段调查中的高校贫困生虽然物质相对贫困，但其培养质量和人力资本含量总体上并不亚于非贫困生。对比某些西方国家刻意降低弱势群体的入学和毕业标准的做法，我国的教育扶贫政策真正将教育公平和提高弱势群体的人力资本落到了实处。因此，有多位贫困生在访谈中表示感谢党和国家的教育政策，让他们在从基础教育到高等教育的漫长求学路上不掉队，掌握了不亚于非贫困生的知识技能，提高了就业竞争力。由此可见，教育扶贫是阻断贫困代际传递的利器，也是实现贫困家庭子女人力资本增值的重要途径，增强了贫困生家庭脱贫的内生动力和造血机能，从而帮助实现了就业质量的相对提升。

（3）疫情背景下高校贫困生就业支持强度加大。

疫情背景下，为保证高校毕业生顺利就业，中央和地方各级政府加大了就业支持力度，出台了一系列政策措施促进毕业生就业，同时各高校和社会各界也在努力做好就业支持工作。在这些政策措施中，既有专门针对贫困生的就业促进政策措施，也有面向所有高校毕业生的普惠性政策措施。其中普惠性政策虽面向全体大学生，但因困难毕业生的信息、人脉等资源相对稀缺，普惠性政策实际上对他们帮助作用更大，惠及更深。这两类就业促进政策使得江西革命老区高校贫困生就业虽然遭受疫情和经济下行冲击，但下滑程度有限，总体处于可控范围。

在这些就业支持政策中，在中央政府层面，教育部、人力资源保障部会同地方部门，制定出台了六项针对普通大学生就业的措施，包括积极拓展政策性岗位、开发市场化岗位、提升就业指导服务水平、完善就业统计评价、加强领导和组织保障、做好就业总结宣传工作等，积极推动大学生就业；另外，教育部办公厅2022年发布《关于进一步做好高校困难毕业生群体就业帮扶工作的通知》，要求对脱贫家庭、低保家庭和零就业家庭的毕业生开展就业帮扶，实行校领导包干责任制，院系领导分班级责任制，开展有温度的“一对一”帮扶。《通知》还要求向每位困难毕业生推荐3个有效岗位，组织参与3次就业促进活动，落实“一人一档”“一人一策”台账式管理，积极发动企业提供适合困难毕业生的岗位，同时“国家大学生就业服务平台”向困难毕业生精准推送岗位信息，开展残疾人毕业生网络招聘活动和“宏志助航网上招聘会”，中央和地方基层项目优先招聘困难毕业生，通过公益性岗位兜底安置无法就业的困难毕业生，确保困难毕业生毕业去向落实率高于本地本校总体水平。

江西省政府积极响应中央政策，也极力扩大毕业生的就业机会：第一，鼓励基层就业，增加基层就业岗位数量，引导高校毕业生面向基层就业。第二，促进自主创业。对提供免费的公共就业和人才服务机构提供了创业指导服务，同时实施了创业培训“马兰花计划”，政府投资的创业载体安排30%左右的场地免费向高校毕业生创业者提供。此外，从经济层面支持大学生创业，如给予高校毕业生创业担保贷款和贴息支持，享受普惠性税费政策。第三，运用数字化技术开展高质量招聘活动，构建网上求职应聘的一站式服务体系，帮助高校毕业生接受精准的职位推荐，了解行业发展前景和提高职业技能。第四，江西省内注册企业招用2022届高校毕业生与其签订一年以上劳动合同并按规定缴纳社会保险费的，企业可申请1000元/人的一次性吸纳高校毕业生就业补贴，以推动高校毕业生就业。此外，江西省高校和社会各界也提供了多样化的就业服务。高校的措施包括：第一，高校书记校长开展了访企拓岗促就业专项行动，实地走访用人单位，为大学毕业生尤其贫困生拓展就业岗位。第二，不定期组织线上和线下结合的招聘和指导活动，为高校生提供就业信息和就业技能培训。第三，开展创业就业培训课程，以不断探索创新创业和就业新路径。社会各界极力促进高校毕业生顺利就业，其措施包括：第一，疫情期间，用人单位支持远程面试，线上签约。第二，“江西微就业”平台开发推出了“智就业”系统，对毕业生求职意愿和单位用人需求进行大数据分析，开展“智能匹配”对接，向用人单位精准推送。第三，搭建平台强对接。通过加强高校与省重点产业链、省内重点企业、工业园区的对接，提高毕业生就业比例和省内就业比例。针对高校贫困生，除了积极落实《关于进一步做好高校困难毕业生群体就业帮扶工作的通知》外，江西省政府对有就业创业意愿并积极求职创业的困难家庭毕业生以及就业困难毕业生发放一次性求职补贴，对于有创业意愿的贫困生提供专门性的创业补贴；多所高校都设立了“困难毕业生就业帮扶基金”，对就业困难的家庭经济困难毕业生给予临时困难补助，对率先就业的贫困生给予经济奖励，引导贫困生主动实现早就业；实施“宏志助航计划”，借助互联网为高校毕业生提供就业指导。

在疫情背景下政府的各项帮扶措施中，对高校毕业生就业促进作用最为直接的是拓展政策性就业岗位。自2020年初开始，政府这方面主要开展了以下工作：第一，落实好党政机关、事业单位、国有企业等空缺岗位主要招聘应届高校毕业生的政策；第二，积极拓宽基层就业渠道，做好“特岗计划”“大学生村官”“三支一扶”“西部计划”等基层项目招录工作，尽可能扩大地方性基层就业项目规模；第三，深入推进大学生征兵工作；第四，扩大科研助理招录规模。

疫情以来，政策性岗位已经成为高校毕业生重要的就业去向。据统计，仅2020年一年，全国公共部门提供了大约300万个岗位吸纳高校毕业生就业。[①] 按当年874万名高校毕业生计算，吸纳比例超过1/3。2022年政策性岗位继续扩张：中央机关及其直属机构与地方各级机关公务员共计划招录11.6万名应届生，比2021年增加0.9万名；[②] 共青团中央组织实施大学生志愿服务西部计划，2022年招募总规模扩大到3.67万人；教育部会同财政部印发通知，全国计划招聘特岗教师6.7万名；人社部、财政部印发通知，计划招募高校毕业生3.4万名，截至7月底计划招募岗位已扩大到3.95万个；截至2022年8月，科研助理岗位吸纳应届毕业生超12万人；[③] 民政部、教育部等多部门联合印发通知，提出加强社区工作者队伍建设，全方位引导和吸引高校毕业生到城乡社区创业就业。

江西也是如此。江西省政府发布通知，要求各地各部门要尽最大努力挖掘政策性岗位潜力，增加拓展毕业生基层就业岗位：2022年“特岗教师”计划招录不少于4800人，“三支一扶”计划招录不少于1800人，“西

① 欧媚. 2020年高校毕业生总体就业率超90% [N]. 中国教育部 2020-02-27.

② 2022年中央机关和各地公务员招录进一步吸纳高校毕业生 EB/OL，中国政府网官网，http://www.gov.cn/xinwen/2022-06/22/content_5697142.htm，2022-06-22.

③ 刘垠. 吸纳二〇二二届高校毕业生就业超十二万人——科研助理岗位开发工作取得重大进展 [N]. 科技日报，2022-08-31 (05).

部计划”计划招录不少于300人，安排高校毕业生基层就业公共服务专岗不少于3000个，司法所司法辅助岗位不少于1000个；加大机关事业单位招聘高校毕业生力度：全省中小学教师招聘不少于10300人，医疗系统计划招录不少于3000人，其他事业单位计划招录不少于6000人，面向应届毕业生的岗位不低于40%；省属企业计划招聘不少于3670人，全年大学毕业生征兵不少于11000人，有效开发科研助理岗位，专项面向应届毕业生的岗位不得低于40%。在上述政策性岗位招聘要求中，很多都有优先招聘贫困生的规定。

正是在上述措施的帮扶下，江西高校贫困生就业有了基本的保障。在研究团队接触到的访谈对象中，多数贫困生都不同限度地得到了就业帮扶政策的支持，还有多位访谈对象最终是通过基层服务岗位优先招聘、兜底安置、“宏志助航网上招聘会”或学校“一对一”帮扶等困难学生专项帮扶措施实现了就业，他们对疫情背景下就业支持政策的作用都予以了充分肯定。可见，相比普通学生，高校贫困生在疫情背景下得到了更多的政策支持，降低了疫情对其就业的影响，避免了就业质量严重滑坡的局面，并促成了其就业质量赶超了非贫困生的局面。

（4）日趋公平规范的体制内招录削减了贫困家庭社会资本匮乏的不利影响。

在上述政策性岗位中，对高校毕业生最具吸引力的莫过于“党政机关、事业单位、国有企业等空缺岗位主要招聘应届高校毕业生的政策”。较长一段时期以来，体制内岗位虽然待遇不是很高，但胜在职业稳定，社会保障完善，社会地位较高，一直对高校毕业生有较强的吸引力。而在疫情背景下，劳动力市场风险加剧，就业质量下降，体制内无失业压力的优势被进一步放大，使得大学毕业生及其家长更加青睐体制内岗位，将其视为就业首选甚至夸张地称其为“宇宙尽头”。且不说党政机关、事业单位这些被视为“铁饭碗”的纯体制内岗位，或具有半体制化特征的国有企业，即便是“特岗计划”“大学生村官”“三支一扶”“西部计划”这些基层服务项目，也常被作为“曲线救国”的入编捷径而不乏报名者。这种热衷“铁饭碗”的求职导向虽与国家倡导的就业导向不完全相符，却是疫情背景下高校劳动力市场的现实。

前面研究表明，体制内就业人数比例赶超非贫困生是高校贫困生相对就业质量上升的直接原因。可第一阶段调研已表明，尽管不乏体制内就业的意愿和能力，但由于社会资本不足，高校贫困生体制内就业的人数比例低于非贫困生。那么为何在新的时代背景下，这一比例发生了逆转？研究后发现，主要原因在于时代条件发生了变化——在体制内就业方面，过去较长一段时间内它深受家庭背景和社会资本影响。例如，韩雷等基于“中国健康与营养调查”（CHNS）数据库1991～2011年的跟踪调研，证明各个体制内部门在就业方面都存在非常显著的代际传递性，并且虽然政府部门代际传递性相对较低，但绝对值依然非常高；[①] 李中健等采用中国居民收入调查（CHIP）2013城镇住户数据，分析发现劳动者的家庭背景状况会显著影响其进入体制内单位工作的机会，建议调整和完善体制内单位的就业招聘机制。[②] 这些调查研究可以说明，过往高校毕业生进入体制内工作对家庭背景及其拥有的社会资本有较强的依赖性。但近年来，随着我国劳动力市场的变革和廉政建设的深入推进，体制内就业对社会资本的依赖程度有所下降。这就使得脱贫巩固期的体制内招录方式比精准扶贫初期更加透明规范，就业环境更加公平，从而使贫困生规避了社会资本匮乏的不足，提高了其体制内就业的人数比例。

第一，新时期体制内招录方式更加透明规范，杜绝了大面积的招录腐败和不公。回溯历史可以发现，我国体制内岗位招录的公平化、规范化经历了一个较长的过程。在20世纪90年代以前，体制内就业采用“组织安排”原则，缺乏规范性，操作空间大，滋生了不少弊端。1993年国务院颁布《国家公务员暂行条例》，标志着我国国家公务员考试制度的正式诞生。1994年我国首次公开招考公务员，揭开了体制内就业由“组织安排”走向“逢进必考”的序幕。其后的2005年，《中华人民共和国公务员法》和《事业单位公开招聘人员暂行规定》陆续颁布。前者第二十一条规定：“录用担任主任科员以下及其他相当职务层次的非领导职务公务员，采取公开考试、严格考察、平等竞争、择优录取的办法”；后者则揭开了事业单位招聘“逢进必考”的序幕，并在2014年纳入《事业

① 韩雷，陈华帅，刘长庚．“铁饭碗”可以代代相传吗？——中国体制内单位就业代际传递的实证研究［J］．经济学动态，2016（08）：61－70．

② 李中建，袁璐璐．体制内就业的职业代际流动：家庭背景与学历［J］．南方经济，2019（09）：69－83．

单位人事管理条例》而上升为法律规定，进一步保障了事业单位招聘的公平性。

公务员和事业单位招考录制度出台后，经历了较长的一个完善落实期。在招考录制度实施初期，由于流程不完善和吏治弊政，有诸多环节容易出现不公的现象，如设置“萝卜条件”、考题外泄、考场舞弊、面试“打招呼”、篡改成绩、政审和体检弄虚作假等，但权力滥用是根本原因。[①] 这就导致尽管很早就实行了“逢进必考”制度，但选拔机制和结果仍一度饱受质疑和诟病，如“萝卜招聘”“家族世袭”乃至营私舞弊、招录腐败等事件频发。例如，2010 年三亚市某局长在事业单位招考中，通过幕后操作提前获得考题，使其女儿获得高分，酿成“99 分”事件，事发后该局长被免职；[②] 在 2011 年轰动一时的山西长治公考舞弊案中，笔面试总成绩第一的报考者在招录体检中血样竟然被政府官员和医务工作者联手篡改，酿成“长治公考状元体检被刷”案，五名串谋者获刑；2012 年中山市“私改公考分数”案，更将“萝卜招聘”流程走到极致，在招录中先后修改招录要求、笔试成绩和面试成绩，严重损害了公务员录用的公平公正。事发后主谋入狱一年，其余 6 名涉案官员受惩处。[③]

针对上述情况，国家不断完善招录流程和机制，堵住漏洞。2018 年修订的《中华人民共和国公务员法》，对公务员录用做了原则性的法律规定；2019 年修订的《公务员录用规定》明确了考试录用的相关问题及操作方法；其后还出台了适用于公务员招考过程各环节的规范性文件，如《公务员录用体检通用标准》《公务员录用体检操作手册》《公务员录用体检特殊标准》《新录用公务员试用期管理办法》等，进一步明确了考试录用环节的具体操作。在招录流程和机制方面，笔试统一组织，线上阅卷，多位阅卷人评审，每位评卷人只评几道题甚至一道题，去除最高分、最低分再计算平均分，另有监督组对有异议的评审结果进行复核，纪检监察机关全程

---

① 田湘波. 如何预防公务员考任中的腐败［J］. 检察风云，2012（22）：14 - 15.

② 局长之女“99 分”事件追踪：免去温孝廉社保局长职务［EB/OL］，凤凰网，https：//news. ifeng. com/c/7fZU5jQErsR，2011 - 03 - 23.

③ 魏蒙. 中山人社局纪委书记私改儿子“公考”分数被查处，中国政府网官网，http：//www. gov. cn/jrzg/2012 - 08/05/content_2198641. 2012 - 08 - 05.

参与监督；在面试环节，每位考生所分得的考场、考官、计时员、记分员、监督员，在面试当日按考生顺序随机抽取；结构化面试考官数量众多，考官差额抽取，未抽中的考官不参与面试；只有记分员、监督员可获知考生姓名，且不得向考官透露；面试考官地区内县市间交换；请人才测评专家、当地知名人士介入等，最大限度地杜绝了舞弊的可能。事业单位招聘也基本参照上述办法执行。

与此同时，国家加大对招考舞弊现象的惩治力度。例如，2009 年国家试行颁布了《公务员考试录用违纪违规行为处理办法》，此后不断修订，直至 2021 年最新修订版施行。文件明确了对公务员考试中各类违规行为的处理方案，对严肃公务员考风考纪、促进录用公平意义重大。处理办法规定：串通或有组织作弊、替考及其他影响恶劣的违规违纪行为，一经发现，取消考试资格且终身不得报考，构成犯罪的，依法追究刑事责任，其他作弊行为一经发现立即取消考试资格且 5 年内不得参加公务员考试。例如，在 2016 年的湖南省考中，莫某辉等 15 人利用作弊设备传输答案，判处有期徒刑二年六个月至有期徒刑一年，缓刑一年不等，并处罚金。2018 年《事业单位公开招聘违纪违规行为处理规定》也开始施行，在公开招聘过程中，包括发布公告、报名、资格审查、笔试、面试、实际操作能力测试、体检、考察、公示、聘用等各环节违纪违规行为的认定与处理。对于应聘人员违纪违规的，视情形分别给予取消应聘资格、科目成绩无效、全部科目考试成绩无效等处理，并记入诚信档案库；对招聘单位违纪违规的，责令限期改正直至对责任人员依法给予处分；对于工作人员违纪违规的，视情节轻重给予处分并停止继续参加招聘工作，或调离招聘岗位。这些法律法规的出台、修订和完善为治理招录不公提供了依据和措施，促进机关事业单位招聘的公平公开。

另外，持续的反腐高压逐渐震慑了招录腐败，进一步提升了招录的公正性。在打击招录腐败方面，党纪国法其实早有规定。例如，《中华人民共和国刑法》第四百一十八条规定，国家机关工作人员在招收公务员、学生工作中徇私舞弊，情节严重的，处三年以下有期徒刑或者拘役；《党纪处分条例》也规定有此类行为者，应根据情节轻重给予警告直至开除党籍处分。但在党的十八大前，上述规定并未得到有效执行。党的十八大之后，党和政府对腐败采取零容忍态度，高压反腐持续进行，逐渐遏制了权力滥用之风，惩治了一批涉及招录腐败的干部，对整治公务员和事业单位招录乱象产生了前所未有的积极作用，从根本上杜绝了招录舞弊大面积滋生的社会土壤，相关舆情事件也明显减少。

由此可见，自党的十八大以来体制内招录的环境正在逐渐好转。从当前情况看，我国公务员招考制度和流程已相当严格成熟，基本上没有"暗箱"操作的可能，事业单位招录也相当规范，舞弊现象很少。唯有国有企业在人事招录上尚有一些余弊，但近几年来，许多管理较为规范的国有企业也开始实行"逢进必考"制度，设有笔试、面试环节，招聘的公平性也有所提升。以浙江嘉兴市某建设投资有限公司为例，纪委负责人要求公司招聘的笔试、面试试题均由专业考试院进行命题和批改，具体流程直接参照事业单位招考流程与模式进行考试。考前纪委参与岗位、报考条件等的设置，保证公开透明，杜绝"萝卜招聘"，考后对拟聘人员进行跟踪考察，并公布举报电话，接受群众监督，在很大程度上保证了企业招聘的公平性。此外，包括"三支一扶""特岗计划"等公共岗位也开始实行"逢进必考"制度。因此总体来看，经过近年来的整顿，我国体制内就业的规范性和公平性已不可同日而语。正因为如此，第二阶段调查中的贫困生面对的体制内就业环境要优于七年前的第一阶段调查期，这就为疫情背景下社会资本匮乏的贫困生大量进入体制内就业提供了制度保障。这一点在访谈中也得到证实。受访贫困生均表示"考编非常公平，不管什么身份，只要认真备考、个人有能力就能上岸，不用找关系"。由于严格实行了"逢进必考"的入编方式，即使父母在体制内工作或家庭社会资本丰富的学生也难以对获得编制工作施加人情影响，大大削减了贫困家庭社会资本匮乏的不利影响，使得贫困大学毕业生能够平等参与、公平竞争，从而相对提高了贫困大学毕业生的就业质量。

第二，公益培训的普及降低了考编门槛，提高了贫困生体制内招考的通过率。信息不畅和备考不力是以往影响贫困生体制内就业的重要原因。随着21世纪初"考编热"的兴起，相关招考竞争日益激烈，笔面试难度提升。尤其是面试环节，形式和场景灵活多样，备考难度较大，于是一批针对公务员和事业单位招考的商业培训机构应运而生。这些机构一方面满足了社会需求，对提高通过率也确有帮助；另一方面学费昂贵，动辄收取数千乃至数万元不等的培训费用，令贫困生望而却步。王铁男（2014）曾对云南高校大学生“考公热”进行了调查。问卷显示，受访大学生中父亲职业为农民的占50%，母亲职业为农民的占52.8%。由于相关培训价格高昂，考编大学生中仅有31.34%表示打算参加辅导班，尤其是农村家庭的学生，只能选择自学。云南民族大学某行政管理专业大四学生就表示，因家庭经济状况限制，无力参加培训班。[①] 而研究团队在2015年第一阶段调查中也发现，参加过此类培训的学生均出自中高收入家庭。可见，高昂的培训费用仿佛一道壁垒，隔离了贫困生，使其在与中高收入家庭学生的备考竞争中处于劣势地位，严重影响了其体制内就业率。

所幸的是，为促进本校学生高质量就业，近几年江西许多高校开始整合自身优势，由学校就业指导中心组织免费或低价向学生开设公务员、事业单位考试培训班。例如，江西科技师范大学自2017年起面向该校统招本科生开设公务员招考培训班收费仅220元，疫情暴发后改为全免费。2022年新一期培训从4月到10月，总课时330节，采用面授精讲和分组训练相结合的方式，在提升学生基础理论知识的同时，辅以真题训练，以增强学生的应考能力，提高学校就业质量。培训吸引了全校12个学院的学生参加（据悉，市面上同类课程至少需要上万元学费）。有些学校的相关二级学院（如××大学财税与公共管理学院）也面向本院或本校学生开设了此类选修课程，对学生进行免费辅导。在第二阶段调查中，不少贫困生就参加过上述两种培训。此外，各地共青团组织、就业服务局、公共职业培训中心等机构也经常面向社会开展此类活动。此类公益培训活动的出现，弥补了市面上大量商业培训机构良莠不齐、价格高昂的问题，一方面有助于保障教学质量；另一方面极大地降低了培训成本，使贫困生有了同等参与培训的机会，缩小了与中高收入家庭学生的备考差距，促进了招考录公平，也提高了其体制内就业人数的比例。

第三，招考信息的透明度和传播度上升也是提高贫困生体制内就业比例的重要因素。刘彦林等（2018）利用2015年涵盖29所院校、15421个样本的全国高校毕业生就业抽样调查数据，研究发现毕业生在求职过程中更多的是通过父母获得可靠的体制内招聘信息，进行更有针对性的求职准备，来增加体制内就业的概率，因此弱势家庭的毕业生体制内求职具有劣

① 王铁男．高校大学生报考公务员热的实证研究［D］．昆明：云南师范大学，2014．

势，大学应拓宽求职信息获取及发布渠道。[①] 上述研究所依托的调查恰好与本研究第一阶段调查同期，表明在精准扶贫初期（2015 年）体制内招考录信息尚存在私人垄断和“小圈子”化的弊端，这也可以部分解释为何第一阶段调查中贫困生就业比例低于非贫困生。然而，最近几年随着学校对体制内就业信息的高度重视和大力传播以及相关考试网站和知识分享网站的兴起，招考信息日益公开化、透明化，相关的免费网课、解析视频、书面资料俯拾皆是，考试资讯、考试政策、考试真题一应俱全，乃至往届学生的学习经验、笔记等也大量涌现，信息鸿沟已被基本填平。可见，网络信息的快速发展打破了以往招录信息的私人垄断，削弱了社会资本对高校贫困生体制内就业的负面影响。

综上所述，高校贫困生就业质量赶超非贫困生虽受到疫情下贫困生就业帮扶力度加大和体制内岗位扩张等短期因素的影响，但总体来看，它是我国经济扶贫、教育扶贫、就业扶贫工作与就业环境优化综合作用的结果，具有历史的必然性，彰显了我国教育公平和扶贫事业的成就。

5.5.2 高校贫困生就业质量内部异质性变化的成因

前面研究表明，在脱贫巩固叠加疫情背景下，高校贫困生就业质量依然存在内部异质性：基于性别维度，男性毕业生就业质量高于女性毕业生；基于户籍维度，非江西生源毕业生就业质量高于江西生源；基于人力资本维度，一本招生毕业生就业质量高于二本和三本；担任过学生干部的毕业生就业质量高于未担任过学生干部的毕业生；党员毕业生就业质量高于非党员。基于社会资本维度，社会关系帮助大的毕业生就业质量高于帮助不显著的毕业生。这些内部异质性表明，高校贫困的就业质量服从高校毕业生的一般规律，即使疫情背景下也是如此；相比第一阶段调查，疫情背景下高校贫困生内部异质性最大的变化是人文社科类毕业生就业质量赶超了理工类毕业生，非发达地区与发达地区就业贫困的就业质量开始趋同。其变化的直接原因与各学科或就业地区体制内就业人数比例较高有

---

① 刘彦林，马莉萍. 体制内工作的代际传递及机制研究——基于全国高校毕业生就业调查数据［J］. 教育与经济，2018（05）：40－47.

关。那么，同为贫困生，疫情背景下人文社科类和非发达地区就业贫困生的体制内就业人数比例何以高于理工类和发达地区就业贫困生？如果说就业比例一向如此，那么为何在疫情背景下才形成这种就业质量格局？研究发现，其原因在于：

第一，理工科毕业生机关事业单位考编受限，而人文社科类毕业生更具优势。第二阶段调查表明，在疫情背景下，人文社科类贫困生体制内就业的人数比例和岗位质量高于理工类贫困生：从人数比例看，在调查样本中，体制内就业的人文社科类毕业生占本学科已就业毕业生的 58%，略高于理工类 54% 的相应比例；从体制内就业结构看，近七成人文社科类就业于体制化程度和就业质量较高的机关事业单位，而近七成理工类集中在体制化程度和就业质量相对较低的国企。总体来看，两者体制内就业的人数比例相差不大，但体制内就业结构和岗位质量相差甚大，表明疫情背景下国家释放的优质体制内岗位更多地被人文社科类毕业生获取。两者形成这样的差异，其原因在于人文社科类考入机关事业单位更具优势，理工科更加适合进入国企。

首先，人文社科类毕业生考编的学科专业匹配度高于理工科毕业生。国家机关事业单位是传统的“铁饭碗”单位，前者系行政编制，后者系事业编制，但其招录都对报考者所学专业有一定要求。从历年岗位招聘的专业需求看，招录的热门专业通常为财政学类、经济学类、金融学类、计算机类、统计学类、法学类、工商管理类、中国语言文学类、经济与贸易类、新闻传播类等专业，其中人文社科专业岗位更多，理工科专业中除计算机类专业外，多数岗位需求不大，只能填报专业不限的岗位，而此类岗位数量较少，竞争异常激烈，上岸难度大。访谈中，理工科专业贫困生 D 表示，他当初有参加公务员考试的想法，但由于专业限制，可报考的岗位几乎没有，“三不限”的岗位成功录取的概率又太小，因此放弃报考。再从事业单位的专业需求看，事业单位的宗旨是依托文理科专业知识向公众提供公共服务，大多为知识密集型组织，因此对理工类毕业生的需求相对公务员岗位更多，但鉴于大量的综合管理岗位主要录用人文社科类毕业生，因此从历年的岗位需求看，事业单位总体上对文科生的需求也更大。以江西省为例，表 5. 19 显示，在江西省 2022 年省直机关事业单位的招录计划中，面向人文社科类毕业生的职位和人数比例均高于理工类。因此岗位与专业难匹配限制了理工科毕业生体制内就业。

表 5.19　江西省 2022 年省直机关事业单位招录职位、人数与专业要求

专业类型 \ 单位类型		省直机关	省直事业单位	总计	占比
人文社科类	职位	2429	287	2716	45.90%
	人数	3042	392	3434	44.80%
理工类	职位	1518	300	1818	30.70%
	人数	1897	399	2296	29.90%
专业不限	职位	1345	41	1386	23.40%
	人数	1888	52	1940	25.30%
总计	职位	5292	628	5920	100%
	人数	6827	843	7670	100%

注：数据整理自《江西省 2022 年度省直事业单位公开招聘公告》附件 1《江西省 2022 年度省直事业单位公开招聘岗位表 . xlsx》和《江西省 2022 年度考试录用公务员公告》附件 1《江西省 2022 年度考试录用公务员职位表》（参见：http：//www. jxpta. com/news/14_3407. html；http：//rst. jiangxi. gov. cn/art/2022/4/15/art_47810_3922327. html）.

其次，从考试内容看，人文社科类毕业生的知识结构和素质也更为匹配。目前，机关事业单位招录分为笔试与面试环节。其中笔试科目分为《申论》和《行政能力测验》两科。申论题目主要来源于公共管理实践中的重点难点问题，主要考察报考者的阅读理解能力、综合分析能力和写作能力，文科生更占优势。行政能力测验考察内容较多，包括言语理解与表达、常识判断（侧重法律知识运用）、数量关系、判断推理和资料分析五类，其中文科生更占优势的题目主要集中在言语类和常识判断类，而且题量和分数占比较高，而理科生占优势的题目集中在推理类；计算类题目主要包括数量关系和材料分析。前者主要考察简单计算，对数学要求不高；后者对所有考生都有一定难度，多数考生得分相近。从两科综合来看，文科生占更多优势。事业单位考试科目与公务员招录大同小异，但更加灵活多样，常见科目有公共基础知识、申论、综合应用能力测验和职业能力测验，有的单位还会根据自身业务方向、管理职能考察公文写作和专业知识测试等科目。总体来看，也是文科生更占优势。在面试环节，机关事业单

位面试形式多为结构化面试或无领导小组讨论，题目往往来源于社会现象、社会热点事件或日常工作中的重点难点问题，要求考生谈看法、分析原因、提建议等，或是提出相应的活动方案、宣传方案等，以考查考生口头表达能力、分析决策能力、综合分析能力、人际交往能力、计划组织协调能力和反应与应变能力。总体来看，这类题目及其所要求的素质也与人文社科类毕业生更为匹配。在机关事业单位的招考实践中，即便是专业不限的岗位，多数岗位最终也被人文社科类毕业生所占据。

再次，从岗位的工作属性与要求看，人文社科类毕业生也更为适合。公务员的岗位职责是从事公共管理或社会治理，其工作对象是“人”，工作属性更偏人文，因此更适合人文社科类毕业生；再从工作的具体内容看，多数公务员岗位都是综合性岗位，其日常工作涵盖办文办会、材料写作、调研评估和综合协调，侧重行政管理能力、语言表达能力和人际沟通能力，对政治头脑和人文社科素养要求较高，尤其是某些擅长写作的文科生，一旦成为“笔杆子”将被重用；即使是一些行业监管部门需要具备某些自然科学专业知识，但需求并不高深。相比之下，理工科教育以自然科学知识与物质规律的理解及其应用为目标，对学生语言表达能力和人际沟通能力的训练相对薄弱，尤其是传统专才教育模式下理工科学生知识面较狭窄，人文素养和社会科学知识储备不足，这就致使多数理工科毕业生的实际工作能力相对人文社科毕业生存在欠缺。尤其是某些理工类毕业生囿于长期的自然科学训练，可能与单位生活和工作格格不入，需要很长时间去调整适应；再从事业单位的工作内容和要求看，其专门从事自然科学研究和应用的岗位数量虽多于公务员岗位，但鉴于事业单位系统里人文社科类专业岗位的数量和理工类岗位平分秋色，而综合管理岗位又更倾向于文科生，因此总体上也更偏向于人文社科类毕业生。

最后，从择业倾向和报考意愿看，人文社科类毕业生也强于理工类毕业生。通常情况下，人文社科类毕业生报考机关事业单位的人数比例，往往高于理工类毕业生。王铁男 2014 年对云南大学生公务员报考意愿调查中，在 214 名文科毕业生中，154 人有意愿报考公务员，占文科生总数的 72%；理科生 170 人，其中 81 人有意愿报考公务员，占比为 48%；工科生 116 人，其中 39 人有意愿报考公务员，占比为 34%。这表明文科生报考公务员的意愿强于理工类学生。在深度访谈中，文科生和理工科学生对于报考公务员也是态度悬殊，前者可谓趋之若鹜，后者态度则相对冷淡。[①]形成这种差异的原因在于：文科就业面窄，体制外高质量工作机会原本就不多，机关事业单位就业相对是一个不错的选择。而且文科专业女生多，机关事业单位相对轻松稳定，更有利于照顾家庭，因而是其择业首选。相比之下，理工类毕业生用人需求主要集中于产业界，而且理工科专业门槛高，很多企业岗位的待遇薪酬高于公务员和事业单位，专业能力突出的毕业生还能快速得到提拔，有利于"养家糊口"和事业快速发展，对于以男生为主的理工科毕业生具有较大的吸引力。因此，机关事业单位向来是人文社科类毕业生的用人大户，而理工类毕业生就业的主战场通常是企业，包括国企、民企和三资企业等，机关事业单位就业只是一个备选方案，备考的投入水平也不高。

另外，文科毕业生体制内就业比例通常虽然高于理工类毕业生，但在正常就业环境下，体制内岗位数量毕竟是有限的，更多的文科毕业生只能在薪酬待遇和就业质量较低的体制外岗位工作，拉低了人文社科类毕业生就业质量的总体水平。这也是以往人文社科类贫困生就业质量低于理工类贫困生的原因。然而疫情的降临改变了这一格局：一方面，疫情冲击下依靠市场生存发展的企业岗位需求和薪酬待遇双双下滑，导致对产业界依赖较大的理工类毕业生就业质量下降；另一方面，机关事业单位的高质量就业岗位扩张，其增量更多地被人文社科类贫困生所获得，导致了其就业质量上升，进而造成了两者的就业质量逆转。在某种意义上，文科贫困生就业质量压倒理工类贫困生是疫情期间前者对口岗位扩张、后者对口岗位收缩综合作用的结果，具有短期性和特殊性。

第二，非发达地区体制内就业难度低于发达地区，缩小了非发达地区和发达地区就业毕业生的就业质量差异。第二阶段调查表明，非发达地区体制内就业 134 人，占非发达地区就业人数的 62%，而且其中六成集中在机关和事业单位；发达地区体制内就业 48 人，只占发达地区就业人数的 44%，而且 2/3 集中在就业质量较低的国有企业，表明非发达地区就业贫困生进入体制内的人数比例和岗位质量更高。之所以形成这种差异，其原因在于发达地区体制内就业待遇高，本地教育资源密集，外来高水平求职

① 王铁男．高校大学生报考公务员热的实证研究［D］．昆明：云南师范大学，2014.

者云集，岗位供求关系更为紧张，这就导致其考试难度更大，岗位的获取概率更低。

首先，发达地区报考体制内单位往往存在多种门槛。由于发达地区具有强大的吸引力，为避免报考者过多，部分发达地区公务员招录设有严格的报考门槛。例如，2022年北京与上海公务员招录就限定了应届毕业生与社会人员的户籍、生源地、学历和工作经历条件：北京公务员招考规定，面向应届毕业生的招考职位仅限三类人员报考，即北京生源应届毕业生、北京普通高等学校的本科及以上的非北京生源应届毕业生，京外普通高等学校中最高学历学习期间获得校级以上“优秀学生”“优秀学生干部”或校级一等以上“优秀学生奖学金”等荣誉的非北京生源本科及以上应届毕业生；对于留学回国人员、退役大学生士兵、残疾人和服务期满且考核合格的大学生村官，亦有诸如户籍、人事行政关系、基层工作经历方面的要求。[①] 上海则要求，非本市户籍社会人员报考本市公务员，须具有硕士研究生及以上学历，且持有上海市居住证一年以上（仍在有效期内），积分达到标准分值120分以上；报考乡镇公务员职位的，限具有本市户籍人员，或者具有硕士研究生及以上学历，且持有上海市居住证一年以上（仍在有效期内），积分达到标准分值120分以上人员。[②] 广州和深圳报考要求相对宽松，但对非本地户籍报考者限定为全日制普通高等院校本科以上学历并取得学士以上学位的人员，而大专学历不得报考。而包括江西省在内多数非发达地区公务员省考对户籍基本无硬性限制。发达地区教育医疗科研等行业的事业单位普遍对学历要求很高。例如，一线城市公立医院科室普遍要求博士学位，仅有特别优秀者可放宽至硕士学位，此外还有工作经验、职称、科研项目等一系列附加要求；北京、深圳、杭州等地的著名中学，历年校园招聘对象限硕士以上学历，且来自海内外顶尖名校的教师比例远高于其他学校，媒体对此多有报道。尽管发达地区国企招聘要求总体上低

① 北京市各级机关2022年度考试录用公务员公告［EB/OL］，北京市人民政府官网，http：//www. beijing. gov. cn/gongkai/rsxx/gwyzk/202111/t20211112_2535949. html.

② 上海市2022年度考试录用公务员公告［EB/OL］，上海市公务员管理局官网，https：//shacs. gov. cn/recruits/216/article/71？n =% E4% B8% 8A% E6% B5% B7% E5% B8% 822022% E5% B9% B4% E5% BA% A6% E8% 80% 83% E8% AF% 95% E5% BD% 95% E7% 94% A8% E5% 85% AC% E5% 8A% A1% E5% 91% 98.

于机关事业单位，但往往设有“隐形门槛”，如设置双一流大学毕业生或QS世界排名前列的留学生优先、学生干部优先、高GDP学生优先等隐形标准，总体上就业难度也大于其他地区的国企。

其次，发达地区体制内岗位招录考试难度大。由于发达地区财政状况好，体制内就业薪酬待遇高，因而吸引一大批高水平报考者，导致考试竞争更加激烈。为筛选出更优秀的报考者，北京、上海、浙江、江苏、深圳、广州等发达地区一般不参加公务员联考，而是采取自主命题的方式，试卷难度大，复杂题与新题型多见，对考生的基本知识掌握与理解能力等综合要求高。而江西、贵州、云南、宁夏、内蒙古、青海等相对欠发达地区基本稳定参与公务员联考，在同一考试时间采用统一由国家公务员主管部门命题的试卷，考试结构、内容与流程相对固定，整体难度相对较小，复习备考也相对容易。事业单位和国企招录的考试难度也类似，越是发达地区，考试难度也越大。

最后，疫情背景下发达地区体制内岗位扩张不足以对冲体制外岗位的萎缩和就业质量下滑。其原因在于：越是经济发达地区，民营经济通常就越发达，体制外岗位就远远多于体制内岗位，因此发达地区即便增加体制内岗位，其对冲作用也是有限的。相比之下，非发达地区体制内外岗位数量差距更小，体制内岗位扩张对疫情冲击的对冲作用也相对更为明显。

发达地区机关事业单位招考的通过率虽然一向很低，但在正常就业环境下，多数贫困生还可以寻求同区域的国企和体制外岗位就业，且薪酬待遇和就业质量不低；而非发达地区上岸固然更容易，但容量毕竟有限，多数贫困生不得不转向薪酬待遇和就业质量相对较低的国企和体制外工作，这就使得非发达地区就业贫困生的总体就业质量明显低于发达地区就业的贫困生。然而疫情背景下，一方面发达地区体制外岗位就业质量下滑，而机关事业单位岗位数量有限又难以企及，只能在就业质量稍逊一筹的国有企业就业；另一方面，非发达地区机关事业单位的高质量就业岗位扩张，吸纳了更多的贫困生，导致其就业质量相对上升，进而造成了两者就业质量的趋同。在某种意义上，发达地区与非发达地区就业贫困生就业质量的趋同也是疫情期间就业支持政策的特殊产物。

综上所述，疫情背景下国家释放了大量体制内岗位以促进大学生就业，而相比非贫困生，贫困生分享了更多红利，规避了社会资本匮乏的不足；而在贫困生中，人文社科类和投考非发达地区体制内岗位的贫困生又分享了更多的红利。这就促成了脱贫巩固期高校贫困生就业质量内外部异质性的变化。

5.6 调查结果与启示

本章旨在考察脱贫巩固初期叠加疫情背景下江西革命老区高校贫困生的就业质量。通过第二阶段的调查和就业质量测度，有以下发现：

第一，疫情背景下高校毕业生就业质量全面下滑，但得益于国家扶贫和就业帮扶政策，贫困生下滑幅度有限，虽有不利影响但不会干扰脱贫巩固大局。高校贫困生就业质量下滑主要源于就业量减少，而在就业的质上甚至还有所提升；除疫情因素外，贫困生就业率下降还与部分贫困生的“慢就业”心态有关，这折射出其对高质量就业的追求及其家庭经济条件的改善。下一阶段贫困生就业支持工作的重点应转向失业贫困生帮扶。

第二，疫情背景下高校贫困生就业质量的外部异质性发生了变化。这主要表现为高校贫困生就业质量超越了非贫困生。这一变化表面上由贫困生体制内就业比例上升所致，但其根源在于长期可持续的国家扶贫行动改善了贫困生的经济资本和人力资本，宏观就业环境的优化又削弱了社会资本对贫困生就业的不利影响，由此释放了高校贫困生的就业竞争力，它彰显了国家扶贫和劳动力市场建设的成效，具有历史的必然性。

第三，疫情背景下高校贫困生就业质量的内部异质性也发生了变化。第二阶段调查引入了更多的贫困生分类维度。调查发现，高校贫困生就业质量与其经济资本、人力资本和社会资本正相关，在性别和生源地等方面也与以往研究结论一致，表明高校贫困生作为高校毕业生的一个子群体，其就业服从大学生就业的一般规律；疫情背景下高校贫困生内部就业质量的最大变化在于，人文社科贫困生就业质量赶超了理工类贫困生，非发达地区与发达地区就业贫困生的就业质量趋同。这一变化表面上由人文社科类和非发达地区就业贫困生的体制内就业比例更高所致，但其根源在于两者的学科属性或招考方式使其更容易分享到国家释放的体制内岗位红利，由此促成了高校贫困生就业质量的分化。

从第二阶段的调查结果出发，可以得到如下启示：

第一，高校贫困生就业质量的提升应从多维度发力。研究表明，疫情期间高校贫困生就业质量的赶超，是以国家长期的经济扶贫、教育扶贫和劳动力市场建设为根基的，而非仅仅是应急性就业支持政策的结果。因此，今后高校贫困生就业帮扶工作应转变观念，扩大视野，提高站位，将就业帮扶工作的重点由就业终端发力转向全方位提升高校贫困生就业资本。

第二，贫困生社会资本帮扶应从完善劳动力市场和拓展后致性社会资本两方面着手。中国是一个人情社会，高校毕业生的初次就业很可能受到家庭背景和社会资本的影响，这也是以往有碍高校贫困生高质量就业的重要因素。但从宏观视角看，随着我国现代化进程的加快，社会资本对就业的负面影响必将减小。这点在相关研究中有所反映。例如，边燕杰（2019）基于社会网络与职业经历问卷调查（JSNET2009）对人情交换影响进行跨时代比较发现："随着中国社会的不断发展和市场改革的不断深入，确实抑制了关系人社会资本的给予意愿"。而本研究也证明，以往高校毕业生体制内就业对家庭背景及其社会资本有较强的依赖性，但随着机关事业单位招考录制度的规范化，一视同仁的"逢进必考"程序弥补了贫困生社会资本的不足，增强了其获得就业机会的公平性，表明我国就业环境正趋于公平，疫情背景下社会资本对贫困生就业的负面影响正在加速弱化；另外，边燕杰又认为，"根植于中国社会文化传统中人情运作内涵持久而又稳固地刻画在人们心中，即使受到社会体制的冲击，但其固有的内核却很难快速改变……在职业流动过程中，在相当长的时间内仍会呈现出有别于西方社会的社会资本动员现象"。① 因此，在治理贫困生社会资本不足方面，应从两方面入手：一方面建设更加公平高效的劳动力市场，遏制社会资本不足对贫困生的不利影响；另一方面帮助拓展贫困生的后致性社会资本，为其就业质量提升提供关系网络。

第三，做好后疫情时代贫困生就业帮扶回归常态化的准备，防止就业质量过快回落。第二阶段调查打破了以往非贫困生就业质量高于贫困生，

① 边燕杰，孙宇．职业流动过程中的社会资本动员［J］．社会科学战线，2019，No.283(01)：231－239，282.

理科生就业质量高于文科生的常规认知，表明高校贫困生就业质量不是一成不变的，而是具有“时间上的异质性”，即会随劳动力市场状况和国家政策而变化和分化。同时，研究表明，疫情背景下推动高校贫困生就业质量异质性变化的直接动力来自体制内岗位扩张，但它毕竟是一种非常态化的应急措施，更何况国有部门快速扩张对社会主义市场经济和劳动力市场健康发展有何影响还有待评估。那么疫情过后，随着劳动力市场复苏，体制内岗位扩张等应急性措施必将淡出，届时高校贫困生就业质量格局可能会恢复常态，因此应对高校贫困生就业质量继续予以关注并做好常态化帮扶的衔接工作，防止就业质量过快回落，影响脱贫巩固；疫情期间高校贫困生就业质量在学科异质性和就业地域异质性方面的变化，也提示我们应充分认识劳动力市场的不确定性和波动风险，今后应更加科学审慎地制定就业就学策略，切忌盲目跟风，追求短期效益。

第6章 拓展高校贫困生就业资本的个体路径与社会行动方案

高校贫困生的高质量就业经验与就业帮扶对策是一体两面、互相依存的一对范畴：前者侧重高校贫困生为提高自身就业质量而自觉采取的积极作为，后者强调外界为提高高校贫困生就业质量而予以的各种支持，两者目标一致，但主客体关系和视角不同。综合前面两阶段的调查结果可以发现，高校贫困生就业质量受到人力资本、经济资本、社会资本等多个因素的影响，同时其群体内部的就业质量也存在较大差异。那么，从横跨不同时期的高校贫困生就业质量调查看，高校贫困生具有哪些共性或个性的高质量就业经验？今后又应如何摆脱以往局限于就业环节发力的窠臼，建立更有利于根治高校贫困生就业困境的就业资本拓展路径与帮扶机制，以提升高校贫困生的就业质量？

研究发现，高校贫困生高质量就业经验可以概括为：勤于积累人力资本；积极拓展社会资本；尽力改善经济资本；制定科学的就业规划与就业就学策略。相应地，高校贫困生高质量就业帮扶体系包括：树立“大就业帮扶”理念；多维推进就业资本建设包括：以脱贫巩固为抓手全面充实贫困生经济资本，以教育扶贫为理念提高贫困生人力资本，劳动力市场建设与拓展贫困生社会资本并行，劳动力市场建设与拓展高校贫困生的后致性社会资本相结合；此外，还应完善高校贫困生就业的常态化帮扶机制和应急帮扶机制。

6.1　基于高校贫困生高质量就业经验的个人就业资本拓展路径

本部分将按高校贫困生就业质量内部异质性的不同分类维度，总结出贫困生高质量就业经验。但在各个分类维度中，由于性别因素和生源地因素具有先天性，因此本书研究不予以考察。综合调查发现，从就业资本拓展角度看，高校贫困生高质量就业经验可以概括为：勤于积累人力资本；积极拓展社会资本；大力夯实经济资本；制定科学的就业规划与就业就学策略。

6.1.1　勤于积累人力资本

人力资本是凝结在人身上知识、技能、健康等素质的资本存量。它的价值不会像物质资本那样贬值，而是可以反复使用，并在实践运用中实现自我增值。标识人力资本含量的因素很多，包括学历、毕业院校、党员、学生干部、学习成绩、有辅修或双学位经历、知识与技能证书等。已有研究和实际调查情况表明，拥有这些标识的毕业生，在高质量就业方面有很大优势。因此，对多数初次就业的大学生来说，人力资本是影响其就业质量的决定性因素；而对于家庭经济资本和社会资本匮乏的高校贫困生来说，人力资本更是其求职就业、安身立命的根本保证。从本书的两阶段调查来看，除了众所周知的学好专业知识、提高学习成绩之外，高校贫困生积累人力资本的途径和经验还包括以下内容。

第一，争取就读一本院校和专业。本书的调查表明，一本院校毕业生的就业质量明显高于二本和三本毕业生。在我国目前的劳动力市场上，按招生批次区分毕业生的人力资本是一种普遍做法。总体上，招生批次越靠前，高等教育入学成绩和生源质量就越好，就业质量相应就越高，即一本好于二本和三本。在人力资本积累方面，一本院校或专业的优势不仅体现在入学要求更高，而且一本院校和专业的师资力量、生源、物质条件和学风，往往强于其他招生批次的院校和专业，更有助于贫困生提高专业水平和综合素质，进而形成人力资本积累的正反馈和马太效应。正因为如此，一本院校和专业的毕业生更受用人单位青睐，其就业平台也更好。例如，在校园招聘中，学校对于招聘单位的审核要求往往决定了毕业生就业质量，而一本院校对招聘单位的审核要求更高，岗位就业质量也更好。有的贫困生在就业时缺乏充足自信去选择知名企业或高质量岗位，但在一本学校或专业的校招中，这种现象会大幅减少，这也为贫困生就业提供了质量保证。此外，一本学校或专业因其生源和师资更好，也有助于贫困生拓展更高质量的社会资本。此外，一本院校的优势还体现在社会支持等各个方面。

在调查中，研究团队发现，由于家庭经济紧张，少数贫困家庭更倾向于选择免费、低支出或短学制的学校和专业，而忽视了学校和专业的办学水平及其就业前景。例如，在调查对象中，有数位来自二本师范类专业的贫困生，其高考成绩足以选择更高层次的院校或专业就读，而其选择师范教育的动因仅仅是为了低学费。这既影响了自身的长远发展，也不利于国家选拔真正热爱教育事业的培养对象；在访谈中，研究团队也接触到相反的案例。一位正在非洲工作的贫困家庭毕业生高考前在他人建议下放弃了原本想填报的低学费的二本专业，而选择了学费更高，办学水平也更好的一本专业，其目前的发展已明显超出了原二本专业的高中同学。

上述案例表明，有的贫困家庭对人力资本积累与就业质量的关联缺乏足够的认识，影响了长期发展。事实上，即便从经济角度考虑，一本院校和专业通常拥有更多的财政扶持、学生资助资源和实习兼职机会，贫困家庭的经济负担可能更轻。因此，贫困生在选择就读院校和专业时，应充分考虑办学层次和水平，将自身人力资本的发展空间放在首位，这也是保障其就业质量的基础。

第二，勇于参与，不吝付出，用学生干部的经历锻炼和提高自己。本书的调查表明，相比没有学生干部经历的毕业生，有过学生干部经历的贫困毕业生就业质量更高。学生干部一般是大学生中的优秀群体，是否担任过学生干部也是用人单位选人的重要标准之一。调研中发现，这些担任过学生干部的贫困生，虽然家庭经济较为紧张，但性格大多自信开朗，学习成绩不错，有的在中学期间就担任过学生干部。在进入大学后，出于服务师生、锻炼自我的目的，他们通过任命或竞选的方式成为学生干部。在担任学生干部期间，他们在学生工作过程中得到了多方位的锻炼，政治素养、组织协调能力较强、人际沟通和交往能力都有所提高，有的还通过参加校内外活动拓展了人力资本，使其在就业过程中得到他人在求职信息、技巧和重要决策方面的指点，所以有明显的就业优势。另有调查显示，担任学生干部本身又是其人力资本较高的信号。例如，崔盛和吴秋翔（2018）采用双重差分法研究发现，高考成绩高、家庭经济条件好、大学成绩好以及党员身份的学生更可能担任学生干部；同时担任学生干部又能够有效提升工作能力与人际关系。因此，担任学生干部不仅是劳动力市场中学生能力的筛选信号，也是培养自身就业能力、提升薪酬的重要途径。① 可见，正是在这种人力资本的正反馈循环下，这类学生不断地增强自身优势，从而实现了高质量就业。

研究人员还对部分未担任过学生干部的贫困生进行访谈。调查发现，这些学生往往缺乏自信，性格内向，在考虑是否担任或竞选学生干部时，往往顾虑甚多，或担心学习与服务工作失衡，顾此失彼；或自认能力不足，威信不高、不善交际，觉得无法承担服务责任；或对学生干部的职责和角色存在理解偏差，认为其仅仅是为了追求名誉和权力的虚荣之举；除此之外，还有的贫困生认为学生干部竞选不够公平民主，甚至存在内定情况，因而没有参选。

客观地说，上述顾虑有一定的道理，在一定程度上也是对现实问题的某种反映。但也正因为如此，贫困生担任或竞选学生干部才有了挑战自我，增长才干、发展人力资本的空间。从人才培养角度看，学生干部工作本身就是一个长期非正式的教育过程，对学生综合素质发展和人力资本拓展帮助很大，这也是学校选拔学生干部的初衷之一。正因为如此，每所大学都提供了多层次、多维度的学生干部培养平台，力求让多数学生都能在学生工作中得到锻炼。尤其是对贫困生来说，由于经济条件和心理上的桎梏，他们在进入大学前大多与外界接触较少，交流范围仅限于少数家人和朋友，思维模式和解决问题的方式也比较单一，社会适应能力存在欠缺，但通过开展学生工作，他们可以更充分地发展自我，弥补短板，提高分析

---

① 崔盛，吴秋翔．信号识别还是能力提升：高校学生干部就业影响机制研究［J］．北京大学教育评论，2018，16（01）：138－158，191．

问题和解决问题的能力，为更好地融入社会奠定基础。因此，贫困生要抛掉固执观念，走出封闭心态，勇于挑战自我，甘于付出，在服务师生的过程中培养综合素质，提高就业能力。

第三，政治上追求进步，积极向党组织靠拢。本书的调查表明，中共党员的就业质量远远高于非党员，甚至创下了本书录得的就业质量最大差异值。学生党员之所以能够普遍实现高质量就业，其原因在于：本科生入党名额少，绝大多数党员原本就是学生中的佼佼者，不仅学习成绩较好，综合素质也优于普通学生，且大多身兼学生干部，人力资本数量和质量都比较高。而且，研究团队在调研中发现，入党以后，学生党员承担的责任更多，学校交付的任务也更重，需要在专业学习、党团建设、校园活动和社会实践各方面起到骨干带头作用。在压力和期待之下，其人力资本得到更多的积累，社会资本也明显拓展。另外，从劳动力市场看，学生党员作为一种人力资本标识，其有效性已为广大用人单位所熟知，体制内外的许多用人单位在招聘时，都有党员优先的规定；体制内岗位一般就业质量较高，但由于组织性质和工作内容的特殊性，往往对政治面貌有一定要求，而学生党员不仅合乎其政治面貌要求，而且在校期间经常参与党团事务，对其工作内容也更为适应，因而在激烈的就业竞争中胜出的概率更高。尤其是疫情以来，体制内岗位大量扩张，其就业优势就更为显著。此外，目前许多管理规范的体制外单位，也有党团建设需要，这又进一步放大了其就业优势。

可见，在校期间积极向党组织靠拢，成为一名中共党员，客观有利于积累人力资本，提高就业质量。但研究团队在调研中也发现，部分贫困生对积极向党组织靠拢存在两种误区：其一是思想封闭，政治意识淡薄乃至政治头脑缺失，只认同专业学习或课外兼职打工，对党团活动缺乏兴趣，认为浪费时间，甚至对政治上追求进步存在某些误解，很不利于政治素养和人力资本的全面提升；其二是功利之心过甚，单纯为了某些好处而追求入党，而忽视了在政治上、思想上和行动上的长期努力和踏实进取。因此，高校贫困生一方面应端正态度，摒弃错误观念和功利思想，增强共产党人的责任感和使命感，充分认识到入党既是追求政治进步的表现，又是培养奉献精神的过程，在学校服务工作和党团工作中发挥先锋骨干和模范带头作用；另一方面应努力提高综合素质，认识到党员是优秀分子的集合，争取在校期间搞好专业学习，在学校各种工作中拓展人力资本和社会资本，增长才干，实现全面发展，以真才实学和工作成绩赢得组织青睐。

6.1.2　积极拓展社会资本

前面研究表明，社会资本是影响高校贫困生就业质量的主要因素，也是高校贫困生就业质量形成内外部异质性的主要原因。第二阶段调查也表明，即使是在贫困生内部，得到社会关系更多帮助的贫困生的就业质量也要高于其他贫困生。同时，以往的研究也发现，在就业“准备期”分别有 46.6% 和 43.8% 的贫困生与非贫困生会通过自己的社会资本来搜集就业信息；在就业“过程期”分别有 37.2% 和 42.6% 的贫困生或非贫困生会通过自己的社会资本来给用人单位施加人情影响。[①] 这就表明，无论是贫困生还是非贫困生都希望通过非正式渠道来减少求职过程的不确定性。但问题是，贫困生社会资本的数量和质量均少于非贫困生，导致其难以高质量就业。

布迪厄认为，社会资本是社会网络中个体或者群体实际或者潜在拥有的资源的总和。这种资本又分为先赋性因素和后致性因素，前者指通过家庭背景形成的社会资本，后者是通过自身社交网络积累的社会资本。由于大学生未成年前社会交往较少，其社会资本一般来源于先赋性社会网络。但贫困生情况特殊，由于家庭的缘故，其先赋性社会资本明显短缺，在求职就业中不仅难以得到就业渠道推荐，也难以得到高质量的就业指导，因此必须通过积极拓展后致性社会网络来积累社会资本。

另外，囿于经济和精力的限制，多数高校贫困生的社交网络有限，缺乏拓展后致性社会资本的渠道。在访谈中，受访贫困生提到最多的求职支持来源还是来自校园。一些高质量就业贫困生提及，他们会在求职中积极寻求同辈、老师的帮助或依靠学校搭建的平台来提高自身就业质量：首先，对贫困生来说，同学、朋友、学长学姐等同辈群体的社会资源和能量虽然有限，但交往频次高，互助意愿强，是其最可靠的“强关系”，对贫

---

① 赵明．社会资本对贫困大学生的就业影响研究——基于江苏省 8 所院校调查结果的分析［J］．江苏高教，2021（12）：123－127. DOI：10.13236/j.cnki.jshe.2021.12.021.

困大学生求职具有重要意义。访谈中还发现，这类受访者与同辈的关系都较为和谐融洽，同辈群体也很愿意为他们提供就业咨询指导、求职技能辅导、就业信息搜寻等帮助。这就显示了社交能力与人际和谐对就业质量提升所起的作用。其次，教师特别关照。高校教师社会地位较高，其社会经验和社会资源较学生更为丰富，往往属于贫困生社会关系网络中的高阶人员。与教师交往密切的学生能够借助教师寻得实习机会、收集就业信息，甚至还可以通过教师施加人情影响以拓展就业机会。访谈发现，这些与教师发生强联系的贫困生大多为学生干部、党员或科研学术经历较为丰富的学生，较早就与教师在学术和工作上交往较多。这也是人力资本积累转化为社会资本的一个例证。此外，还有贫困生通过学校平台、校内外实践活动或在外实习兼职时期结识了高阶校友或企业界人士，并长期保持联系，最后通过这类社会资本实现了高质量就业。但此类案例为数不多，表明这是当前高校相关工作的欠缺之处。因此，为贫困生拓展后致性社会资本搭建平台、开拓渠道是今后高校在人才培养和就业帮扶方面应重点开展的工作之一。

6.1.3 着力改善经济资本

经济资本是在校大学生学习、生活和开展各类社会实践活动的物质基础，同时还可转化为人力资本和社会资本，直接影响毕业生的就业方向与就业质量。高校贫困生是我国大学生中一个特殊群体。在其离家进入大学后，原本就面临远离家庭带来的亲缘纽带断裂，再加上家庭贫困导致的经济压力，在学校生活中往往面临各种困惑与心理冲突，对其学业和身心发展及其校园融入形成障碍，严重影响其就业质量。而第二阶段调查也表明，高受助贫困毕业生的就业质量高于低受助的贫困毕业生。因此，高校贫困生要提升就业质量，应尽力改善自身经济资本。

在贫困生的经济来源中，除了不算太充足的家庭支持外，其经济来源还有学生资助和实习兼职收入两种。其中，学生资助是多数贫困生的主要经济来源。目前，我国高校已形成了较为完备的“奖、贷、助、勤、补、减”六位一体的资助体系。其中，助学贷款用于解决学费和生活费，助学金用于解决生活费，这两者是学生资助的主体项目，基本实现了“应助尽助”全覆盖，加上家庭经济支持，基本上可以维持一个大学生日常开支；勤工俭学是由学校提供的有偿资助，即贫困生通过“三助”（助教、助研、助管）岗位工作，获取报酬，属于按劳取酬，有助于培养贫困生自强自立的品格，但总体来看资助金额不是很多，只能作为生活费的补充；困难补助与学费减免只面向少数家庭特别困难或遭遇特殊意外的家庭，资助面很有限。拉开贫困生收入差距的主要是奖学金，尤其是主要奖励品学兼优的贫困生的国家励志奖学金。它覆盖面较广，资助金额大，一般按20%的贫困生比例发放，资助金额为每生每年5000元，不仅可以改善贫困生的经济状况，还可以敦促其认真学习，提高人力资本水平——以往有研究认为，由于家庭资助没有偿还压力，而且父母也无法监督子女行为，因而难以对学生的学业成就形成有效激励。而部分学生资助，如学生贷款和勤工助学使得资助学生面临一定的成本风险和付出风险，会对其学业表现形成激励效应。[①] 同理，学生资助需要学生的学习或劳动付出，对其人力资本发展的促进作用可能更好。例如，在争取国家励志奖学金的过程中，除了学习成绩名列前茅之外，贫困生还需要多次参与学校实践活动以及维持和师生的良好关系，获得较高的群体评价。这就对高校贫困生的日常学习和生活形成了持续激励和约束。而且，国家奖学金具有人力资本标识意义的信号，对就业具有帮助作用。在本书的访谈对象中就有因为获得国家励志奖学金而提前高质量就业的案例。

在调查中发现，学生资助对多数贫困毕业生的求职就业都发挥了重要作用。有位来自新疆的贫困生谈到：“很感谢国家资助我度过大学生活。除了经济帮助外，在申领助学金过程中，让我结识许多刻苦优秀的贫困生同学，也了解到了更多资助政策。毫不夸张，在大学就读期间，我就将获得资助作为最大的学习动力，也有积极性参加集体活动和社会实践。最终通过努力，连续四年拿到国家励志奖学金。这不仅让我自己的生活得到改善，最主要的是，丰富的经历让我在就业初面中脱颖而出，最终成功获得了在家乡乌鲁木齐的工作，一切都很满意。”因此，高校贫困生在校期间应积极申报学生资助项目，同时努力学习，提高学习成绩，力争获得奖学

① Bodvarsson, B. &Walker, R. L. (2004). Do parental cash tranformance in college? Economics of Education Review, 23 (05), 483 -495.

金尤其是国家励志奖学金，以确保自己在校期间的基本经济来源，同时积累更多的人力资本。

实习兼职收入也是高校贫困生重要的收入来源。实习兼职是许多大学生在校期间都有过的人生经历，但相比之下，贫困生参与的比例和频次更高。在调查中，绝大多数贫困生都不同程度地参加了校外实习和兼职。通过校外工作，多数贫困生既增加了经济收入，也提高了自己的实践能力和人力资本，还有助于拓展人力资本，提高就业质量，因而深受贫困生欢迎。在本书的调查中就不乏优秀贫困生通过名企实习增长了才干，毕业后留在该单位工作或因其高质量实习经历而得到其他高质量就业机会的案例；另外，在校外实习和兼职活动中，也有一个突出矛盾，即校内学习和校外工作的平衡问题。在调查中发现，有少数贫困生在校外兼职时间过多，影响了学习主业，或者长期从事一些低技术门槛的工作，无法获得更多高质量的人力资本和社会资本。这样的实习兼职虽然短期内改善了经济条件，但从长期来看得不偿失，不利于未来高质量就业，应该予以避免。

6.1.4 科学制定就学就业策略提升就业资本效能

职业规划和就学就业策略对高校贫困生的就业质量也有重要影响。众所周知，人力资本是高校毕业生安身立命的根本，但即便是完全等量劳动所形成的不同学科专业的人力资本在同一劳动力市场，或同一人力资本在不同地域的劳动力市场，有着不同的价值。这就表明，人力资本的价值受到学科专业和就业地域的影响；再进一步看，这种学科专业和就业地域对人力资本的影响，实质上体现的是劳动力供求关系对人力资本价值的影响。即，不同学科专业和就业地域的人力资本有着不同的供求关系和市场价值。因此，职业规划与就学就业策略关系到高校毕业生人力资本的市场价值和应用前景。尤其是对贫困生来说，由于家庭经济资本和社会资本匮乏，在劳动力市场原本就不占优势，因此更需要根据自身情况合理定位，制定科学的就学就业策略和职业规划，以更好地实现自身的人力资本价值。

另外，前面研究表明，一般情况下，理工类毕业生就业质量优于人文社科类毕业生，发达地区就业质量优于非发达地区。但在疫情背景下，国家体制内岗位扩张，使得人文社科类毕业生就业质量赶超了理工类毕业生，发达地区就业质量与非发达地区趋同。这就表明，学科专业和就业地域对高校贫困生就业质量的影响具有一定的可变性，而不像人力资本、经济资本和社会资本与就业质量呈显著而确定的正相关性，这就加大了高校贫困生制定就学就业策略及其职业规划的难度。也是在这个意义上，对于高校贫困生而言，何谓科学的职业规划方案和就学就业策略，没有放之四海而皆准的标准答案。以下将结合调查对该问题进行探讨。

第一，从学科专业视角看，梳理历史可以发现，我国自近代以来，理工类人才需求总体上高于文科人才，但这一倾向正在转变之中。我国自清末开始，便逐渐萌生了“重理轻文”的观念，至民国时期基本成型。新中国成立以后，随着工农业建设的大规模开展，理工类人才需求快速增长，进一步巩固了这种传统。“学好数理化、走遍天下都不怕”“富学文、穷学理”之类的俗语在社会上广泛流传，在很大程度上道出了中国工农业建设急需理工类人才的现实。1952～1953年，为培养工业建设人才和师资，教育部在全国范围内进行了大规模的院系调整。调整过后，工科院校从18所增至38所，工科学生比例由1946年的在校生总数的18.9%达到1952年的35.4%，而综合大学由55所骤减至14所，法、工、农、医、师范等人文社会学科全被调出并遭到严重削弱。1956年5月，教育部颁布《中华人民共和国高等学校章程草案》，继续强化“重文轻理”及“重实轻学”的导向，理工类人才培养规模远远超过了人文社科类人才。1965年，为加快工业建设步伐，国务院设立了包括冶金工业部、化学工业部、石油工业部、第一机械工业部到第八机械工业部等18个工业管理部门，大量理工科人才进入中枢机关与核心领导层，由此开创了“工程师治国”的时代。在这个阶段，理工类毕业生的就业质量和发展前景，显然好于人文社科类专业。即使是在“文化大革命”时期，在正规高等教育长期陷入瘫痪、文科教育基本被政治宣传所取代的背景下，非正规形式的理工类人才培养还一直存在，甚至正规的理工教育还曾一度恢复，这在一定程度上折射出国家对理工人才的急需。

改革开放以后，随着社会秩序的逐步恢复，文科教育逐步复苏，一大批人文社科类人才，如政法和财经类专业干部得到培养并在日后走上核心领导岗位。20世纪末至今，随着我国工业化任务的基本完成和市场经济体制改革的深入，开展经济建设、优化社会治理的需求逐渐上升，人文社科类专业的市场需求明显抬头，尤其是经济学、法学、管理学等社会科学在市场经济大潮中有了更加重要的地位，相关人才需求与日俱增，文理格局悄然发生某种转变。据2012年统计，在158位获得学位的省部级官员中，人文社会科学学位获得者有97人，占比61.39%。[①] 这表明，具有人文社科类背景的领导干部群体崛起，符合现代国家治理的趋势。21世纪以后，随着公务员招考和选调生制度的兴起，人文社科类毕业生拥有了比以往更大的舞台。选调生制度起源于1965年批准的《关于分配一批高等文科毕业生到县以下基层单位工作的请示报告》，由于后来的“文化大革命”，这一政策并未得到推行，但主要选拔文科生的主基调被奠定。20世纪80年代，选调生制度逐渐恢复，但由于当时文科教育规模小，大量干部仍然是从大中专院校的理工类毕业生中选拔。但21世纪以后，随着高等教育扩张，选调生的学科偏好越发明显，大多与公务员类似，人文社科专业依然是选调生最主要的专业来源。

透过宏大的历史，可以为个人的学科专业选择提供某些借鉴。总结上述历史可以发现，国家对文理学科大类的需求取决于经济建设和社会治理的需要，且具有一定的周期性。总体来看，我国已基本完成大规模的工业建设，人才需求结构正从“重理轻文”逐渐演变为“文理并重”。尽管当前理工科招生比例和就业质量依然强于人文社科类专业，但两者的差距整体上正在逐步减小。在第二阶段调查中，在体制内岗位扩张的条件下人文社科类专业贫困生的就业质量超过了理工类贫困生的就业质量，就已经显示了这一苗头。在这个意义上，选择文科大类或理科大类的重要性已被选择具体专业的重要性所取代。

从具体专业看，无论文科还是理科，专业的选择同样受到多个因素的影响：首先，专业需求虽有冷热之分，但这种区分不是恒定的，同样受到产业供求关系变动的影响，具有某些不确定性。“十年河东，十年河西”，改革开放以来，所谓的冷门专业和热门专业的名单在不断在变化，因此在进行专业选择时，需要对未来的人才需求做好科学预测，多方听取意见，

① 张广昭，陈振凯．“60后”省部级官员将影响未来中国［N］．人民日报海外版，2012－09－20（05）．

尤其是专业人士的意见，不可盲目跟风。其次，高校贫困生选择学科专业还需要充分考虑家庭经济状况、学业基础和个人兴趣，不宜选择学费过于高昂、学业缺乏基础和兴趣和市场需求明显过剩的专业，否则影响学业的完成度和可持续性。最后，鉴于贫困生社会资本有限，原则上应尽可能选择通用性强、需求周期长、人才需求广的应用型专业以及高学习门槛的“硬核”专业、发展前景广阔的新兴专业、对经济资本和社会资本依赖程度较低的专业等。从具体的专业选择建议看，调查结果显示，目前人文社科类专业中，首先，财经（包括金融、会计、工商管理、经济统计等）、法律类专业适用面很广，既可在体制内单位就业，也可在体制外企业工作，这些专业的贫困生就业率和就业质量也普遍较好；其次，中文、外语、哲学尤其是马克思主义类专业对体制内岗位依赖较大，就业去向包括机关和学校等事业单位，体制外单位就业质量具有较大的不确定性，且差距较大。因此，相关专业贫困生应早做准备，调查了解往年的招录信息与考试方案，并对今后职业发展路径做出必要的布局。在理工科专业方面，其主要就业平台在企业以及部分事业单位（如学校、医院和科研院所等），其人才需求明显受到产业需求的牵引，因此高校贫困生在选择专业时，应密切关注产业需求的变化，尽可能地选择与市场前景广阔的新兴产业和“专、精、特、高”产业相匹配的专业就读。最后，对于已经入学的高校贫困生，理工科贫困生一方面应增强人文素养，人文社科贫困生应强化科学素养，以提高综合素质；另一方面应加强外语、计算机、统计、文字处理等通用技能的培养，提高就业岗位的广泛适应性。此外，还可通过攻读第二学位、选修相关课程、报考职业证书等方式完善知识结构，为跨学科复合型人才培养和切换职业路径奠定基础。

第二，从就业地域选择看，就业地点的差异会带来就业质量的差异，因此贫困毕业生对就业地域的选择对于其就业质量有着重要影响。在地理位置、资源禀赋、基础设施、人文历史环境、政策制度等多种因素综合作用下，我国区域经济发展存在较大差异，经济发展水平明显不平衡。我国各省（区、市）可分为东部、中部、西部三个地区，其中东部地区最发达，中部次之，西部居后；2021年，东部地区生产总值占比为56.9%，中部地区生产总值占比为22%，西部地区生产总值占比为21.1%。再从经济中心地域看，2021年，京津冀、长三角、粤港澳大湾区内地9市地区生产总值分别达 9.6 万亿元、27.6 万亿元、10.1 万亿元，总量超过了全国的 40%，是我国经济发展的压舱石；我国城乡经济发展和城市之间经济发展情况也存在较大差距，已经形成了城市经济发展水平一般远高于农村，北上广深等一线城市高于一般省会城市，一般省会城市高于普通地级城市的格局。可见，区域经济发展不平衡在相当长一段时期内仍旧是我国的基本国情。

从就业质量看，在一线、二线城市经济发达地区，企业集聚，第二、第三产业发展水平高，就业机会多，发展空间大；而经济相对不发达的地方与之相反，就业机会较少，发展空间小。这就导致了不同地区的就业质量差异，由经济最发达地区到最不发达地区，产业发展水平和就业机会依次递减。这一点从近年来各地的“抢人”大战就可以看出，经济较发达地区劳动力供需矛盾问题较小，就业机会多，流动性强，有利于贫困毕业生岗位匹配，实现高质量就业。尤其是对高校贫困生来说，发达地区就业机会多，就业环境相对公平，更容易规避其社会资本匮乏的不足。正因为如此，21 世纪以来，年轻劳动力向发达地区集聚的趋势一直持续，即使在“逃离北上广”的舆情下也是如此。也正因为如此，在本研究第一阶段调查中，发达地区贫困生就业质量明显高于非发达地区；在第二阶段调查中，即使体制内岗位扩张，影响了发达地区贫困生就业质量，但发达地区贫困生就业质量也略高于非发达地区。因此，发达地区就业是帮助贫困家庭毕业生实现高质量就业的重要方式。

基于此，一方面高校贫困生在大学期间可积累一定的经济发达地区实习经验，加深对经济发达地区的了解，提前适应发达地区生活工作方式，毕业之后前往经济发达地区求职。另一方面，从个人的具体选择策略看，高校贫困生选择就业地域还要从自身实际出发，充分考虑本专业在特定地域的人才需求、比较优势和可行性，而不可盲目扎堆“北上广”。例如，发达地区一般产业发展水平高，体制外岗位众多，但体制内岗位数量有限，竞争激烈，倘若报考的机会成本过高，需要审慎评估自己的水平和通过概率，或选择报考非发达地区的体制内岗位。鉴于近年来超大城市人口过于密集，城市管理难度加大，部分产业有外溢的倾向，因此部分贫困生可追踪产业迁移路径，提前布局实现高质量就业。此外，对于部分能够在生源地实现高质量就业的贫困生，可考虑留在家乡工作。

6.2　新时期拓展高校贫困生群体就业资本的社会行动方案

前面研究表明，高校贫困生的就业质量取决于人力资本、经济资本和社会资本数量和质量，同时学科专业、就业地域等因素也对其有重要影响，而传统的就业帮扶机制通常局限于就业环节发力，难以从根本上扭转高校贫困生就业的被动局面。因此，今后的就业帮扶工作应转换理念，从传统的狭义就业帮扶观念转变为“全方位、全过程、可持续、协同发力”的“大就业帮扶”观念，强化贫困生的就业资本，从源头上扭转贫困生就业劣势。而“大就业帮扶”体系可从贫困生多维就业资本建设和完善常态与应急相结合的帮扶机制切入。其工作重点包括：以脱贫巩固为抓手，全面夯实贫困生及其家庭经济资本；将教育扶贫理念与高等教育发展相衔接，全面提升贫困生人力资本；将劳动力市场与全面拓展高校贫困生的后致性社会资本相结合等。此外，还应完善高校贫困生就业的常态化帮扶机制和应急帮扶机制。

6.2.1　以脱贫巩固为抓手全面夯实贫困生经济资本

经济资本是实现贫困生高质量就业的物质基础。前面研究表明，大学生的经济资本对其人力资本和社会资本积累乃至就业质量具有重要影响。而以往高校贫困生经济资本匮乏，严重影响了其就业质量。但近年来在精准扶贫工作的推动下，我国已实现全面脱贫，贫困生家庭经济水平和个人就业经济资本已有明显改善，与非贫困生的经济资本差距缩小。这就为贫困生群体的人力资本和社会资本提升提供了条件，促使其总体就业质量提升。在当下的脱贫巩固期，应做好以下工作，进一步夯实贫困生及其家庭的经济基础。

（1）巩固脱贫攻坚成果，改善贫困生家庭经济条件。共同富裕是社会主义的本质要求，是中国式现代化的重要特征。只有坚持共同富裕战略，才能缩小阶层收入差距，消除贫困和两极分化。当家庭经济收入实现了相对均衡时，贫困生和非贫困生的家庭经济资本才能保持基本均等，避免就业质量差异扩大。当前，推进共同富裕工作的首要任务在于巩固脱贫攻坚成果，防止发生规模性返贫，确保脱贫家庭收入稳定在一个相对较高的水平上。[①] 其主要措施包括：第一，强化防返贫监测与帮扶，将有返贫风险的脱贫户识别为防返贫监测对象，及时帮扶，做到应纳尽纳、帮扶到位、消除风险；第二，强化社会帮扶和驻村帮扶，确保满足脱贫群众生活物资需求；第三，对落后地区给予资金、项目和政策等方面的倾斜，增加项目实施和资金支持力度，推动惠农项目早实施、早落地、早见效。输血式扶贫虽能增加返贫边缘群体的短期收入，但不能彻底化解返贫风险。一旦离开外部输血，其家庭可能随时面临返贫，这就要求"输血式扶贫"与"开发式扶贫"相结合，"扶志"与"扶智"相结合，深入挖掘脱困地区群众的内生动力和产业资源，推动产业扶贫，拓宽脱困地区收入渠道：第一，应为脱贫群众提供技能培训，以为当地产业发展提供充足劳动力，助力贫困生家庭增收创收；第二，要深入推动三次产业深度融合，优势互补，延伸产业链，推动农业产业转型升级；第三，因地制宜发展特色产业，充分发挥资源禀赋优势，探索家庭农场等有利于乡村产业振兴的产业模式，提高地区经济发展水平，确保贫困生家庭收入和经济资本稳步增长。

（2）加大学生资助力度，提升高校贫困生个人经济能力。学生资助是贫困生个人经济资本的主要来源。其目的是为学生的学习和生活筹集资金，满足其基本经济需要。新中国成立以来，我国高校资助政策体系的价值主题经历了"公平—效率—多元—充足"的演变。[②] 精准扶贫工作实施以来，学生资助的力度不断增强，2013～2021 年，各类资助总金额由 574.11 亿元增至 1450.40 亿元，大大提升了贫困生的个人经济资本。其主要措施包括：

第一，聚焦精准资助机制建设与创新。资助机制是决定资助精准度、保障高校资助事业全面均衡发展的制度之源。当前，我国已形成"三个全覆盖"（即各个学段全覆盖、公办民办学校全覆盖、家庭经济困难学生全

① 王明哲，周迪，黄炜．扶贫先扶志——脱贫家庭内生动力对返贫风险的影响［J］．世界经济文汇，2022（05）：1－18.

② 季俊杰，熊婧．高校资助政策价值主题的演进规律与启示［J］．教育学术月刊，2021（09）：37－44.

覆盖)、“三不愁”(即入学前不用愁、入学时不用愁、入学后不用愁)的较好高等教育资助制度安排,[13]但总体上仍存在一些资助机制僵化低效和高效资助机制供给缺位现象。例如,国外广泛使用的资助包机制具有促进资助公平与效率的功能,但目前只在国内少数高校试点,尚有待进一步推广。[14]为此,“十三五”时期,国家就对学生资助工作提出了建立和完善精准资助机制为主要抓手的要求。例如,2015 年我国就对助学贷款实施了扩大贴息范围、延长还款期限、建立还款救助办法的新机制,减轻了学生负担,提高了贷款的可持续性,其经验很值得借鉴。“十四五”期间,高校资助工作应持续改革和创新精准资助机制,将各种资助机制统一置于精准资助理念的视角下加以审视,着力完善现有机制,同时对需求显著的新机制开展可行性论证与设计,以提升资助精准度。

第二,进一步提升资助力度,创新资助方式,保障高校资助供给的充足与多元。在资助力度方面,2018 年我国高校资助经费已增至 1150 亿元,比 2014 年增长 60%,资助充足程度进一步提升。但当前的主要问题是,多数资助项目金额的涨幅明显低于物价和基本生活水平的涨幅,因此,对标物价和生活水平,适当提高资助标准势在必行。例如,2015 年以来我国已多次扩大奖助学金范围,提升奖助学金的资助标准,提高勤工俭学的最低时薪,但是助学贷款每生每年 8000 元的资助标准自 2014 年起从未更新;在资助来源和资助方式方面,捐赠在高等教育发达国家的学生资助资金中占相当比例,而我国的捐赠占比还很低。又如,美国贷学金种类多样,通过显著差异的利率水平,以满足不同社会阶层家庭的学生贷款需求,而我国贷学金种类很少,以国家助学贷款为主,且只以低利率供给贫困学生。因此,今后应合理借鉴国际经验,积极引导社会群体多方参与高校资助工作,努力提升资助资金来源和资助方式的多元化水平。

第三,善用新技术新方法,强化高校资助分配的公平与效率。发达国家对高校资助对象的认定和资助分配,大多建立在完善透明的税收与收入申报系统基础上,而我国目前相关制度尚在建立完善之中。因此,如何在信息不透明的情况下避免资助对象误判和分配不公仍是我国高校资助工作的一大难题。借助当前快速发展的信息技术,可考虑建立政府与学校共享的大数据管理平台,利用增强数据挖掘、云计算和机器学习等新技术手段,科学识别资助对象,同时实时监测个人资助需求与供给变化,制订个性化的资助方案，保证既适当拉开资助差距又避免旱涝不均，实现精准资助管理，提高资助分配的公平与效率。

第四，建立完善资助育人体系，为下一阶段高校资助工作重心的转向奠定制度基础。2020 年基本消除绝对贫困后，我国已进入以相对贫困和精神贫困为特征的“后精准扶贫时代”，[15] 从这一趋势可以预见，届时高校困难学生的绝对贫困程度将大幅降低乃至消失，学生资助需求也将从以温饱型经济需求为主转变为以素质发展型需求为主。在这一背景下，以往高校盛行的济困型资助工作必将向发展型资助转型，其工作重心也必将转向“资助育人”。因此，今后高校应未雨绸缪，加快建立和完善有助于解决困难学生的相对贫困和精神贫困问题的资助育人体系，以更好地适应下一阶段高校资助工作的重心转换。①

6.2.2 以教育扶贫为理念充实贫困生人力资本

人力资本是实现贫困生高质量就业的有力保证。而为贫困家庭提供高质量教育，提升其人力资本，使其具备自我发展能力是教育扶贫的核心要义。这就要求政府、高校和社会各界应将教育扶贫理念贯穿人才培养周期的全过程，切实提高贫困家庭学生的人才培养质量和人力资本含量，为其高质量就业奠定最重要的人力资本保障。

（1）以教育扶贫理念推动基础教育发展，夯实高校贫困生的素质基础。基础教育是面向全体学生的国民素质教育，对贫困群体基本素质和劳动能力形成具有不可替代的作用，也为贫困生接受和高质量完成高等教育奠定了素质基础。基础教育一直是我国教育扶贫事业的重点领域。多年来，在政府主导下，我国在基础教育领域采取了一系列教育扶贫措施，努力帮助贫困群体高质量完成从义务教育到高中教育的学业，并取得了显著的效果：第一，新中国成立至今，我国开展了三次全国范围的“扫盲”运动，我国文盲率从 80% 降低至现在的 2.67%，切实提升了贫困群体的文化水平；第二，从 1986 年《中华人民共和国义务教育法》颁布实施，到 2000

① 季俊杰，熊婧. 高校资助政策价值主题的演进规律与启示［J］. 教育学术月刊，2021 (09)：37-44.

年中国初步实现“两基”战略目标，再到2011年全面完成“两基”战略任务，经过政府和人民25年艰苦卓绝的努力，我国全面普及了九年义务制教育，切实提升了全国基础教育的质量，避免贫困家庭因经济和观念问题失学，并在基础教育中引导贫困家庭认识到教育的重要性，树立教育改变命运的理想信念，为其今后发展奠定了基础；第三，在非义务教育领域，针对高中教育存在的贫困和边远地区教育资源短缺、普通高中教育与中等职业教育发展不协调的问题，“十三五”期间国家着力扩大高中学位容量，提高高中生的资助覆盖率及升学率，满足适龄青少年接受高中阶段教育的需求，保持高中教育的可持续发展，为贫困群体有机会接受高等教育奠定了基础。今后教育扶贫事业应在以往成绩上继续巩固教育脱贫攻坚成果，把工作重点放在脱贫地区，进一步提升欠发达地区义务教育学校、公办幼儿园的建设水平，积极扩大基础教育学位供给，提高欠发达地区学前教育入学率和义务教育巩固率，加快缩小脱贫地区与其他地区教育差距，保障困难群众受教育权利，提升贫困生基础教育质量，为其接受高等教育打下良好基础。

（2）将教育扶贫理念契入高等教育发展，全面提升高校贫困生的人力资本。高等教育指在完成中等教育的基础上进行的专业教育和职业教育，是培养中高级专门人才的教育活动，分为普通高等教育和高等职业教育两个通道，所以高等教育扶贫同样应从两个方面出发，全面提升贫困生的人才培养质量。

首先，应增加贫困家庭学生接受优质高等教育的机会。实现教育扶贫理念与普通高等教育发展有机融合的重要表现是满足贫困学子接受优质高等教育的需求。由于我国区域基础教育水平发展不平衡，贫困家庭学子进入重点高校的人数比例远远低于中上收入家庭的学生，影响了高等教育公平，也不利于教育脱贫巩固。为了解决这一问题，除了大力提高欠发达地区的基础教育质量外，近年来我国结合农村和欠发达地区实际情况，持续实施重点高校招收农村和贫困地区学生专项招生计划，帮助贫困生接受优质高等教育，促进了高等教育公平和地区脱贫。今后还应继续坚持实施，并可考虑适当加大专项招生计划的招录人数比例，以增加高校贫困生的优质人力资本，促进脱贫地区的加速发展。

其次，教育扶贫理念与深化普通高等教育改革相融合。实现高质量就业是贫困家庭投资高等教育的核心动力，也是其实现脱贫的重要途径。因此，最实在、最直接的高等教育扶贫途径就是提升高校贫困生的就业质量。基于此，高校应从如何促进贫困生就业的角度去思考和布局高等教育改革。其重点工作包括：推动就业与招生培养联动改革，优化学科专业设置，引导高校重点布局社会需求强、就业前景广、人才缺口大的学科专业，对就业率过低、不适应市场需求的学科专业要及时调整；开展高校毕业生就业状况跟踪调查，将调查结果作为绩效评价和专业设置与管理等重要依据；依靠就业大数据调整招生计划安排和人才培养方案，不断提高人才培养和社会需求的契合度；还应实施供需对接就业育人项目，在定向人才培养培训、就业实践实习基地建设、人力资源提升等方面促进校企供需对接，深化产教融合、校企合作，培养更多实用型、复合型和紧缺型人才，确保贫困生的人力资本有用武之地，能够实现高质量就业。

最后，以教育扶贫理念带动高等职业教育工作。高等职业教育是教育扶贫的有效方式，习近平总书记在中央扶贫开发会议上指出："一个贫困家庭的孩子如果能接受职业教育，掌握一技之长，能就业，这一户脱贫就有希望了"。相较于辍学打工，贫困群体子女通过接受高等职业教育掌握一项职业技能，对其收益更为直接。而且，高等职业教育的时间及经济成本比普通高等教育低，还能够帮助贫困生早日就业，缓解家庭经济压力，使其凭借一技之长，获得相对稳定和高质量的工作。所以做好教育扶贫理念与高等职业教育的衔接工作是提升贫困生人才培养质量的重要方式。该工作可从两个方面展开：一方面，大力培养学生的职业技能。职业技能是贫困毕业生求职就业和安身立命的看家本领，也是切断贫困代际传递，防止家庭返贫，实现脱贫致富的依托。职业院校应加大对贫困生职业技能的培养力度，可根据特色专业和当地龙头企业的合作项目来定向培养贫困生的职业能力，安排贫困生在实习实践中运用技能，熟悉操作流程，培养贫困生过硬的就业能力。另一方面，完善普职融通渠道。部分就读于职业院校的贫困生在职业教育过程中可能会有某些接受普通高等教育的需求，但是由于缺乏普职融通渠道，难以接触更为高深的理论知识提升自身素质，实现高质量就业。因此，今后应畅通普职融通通道，同时职业学校也应重视文化教育，帮助有学习意愿的贫困生提高理论素养，为更多职业院校贫困生提供人力资本提升和社会阶层流动的机会。

6.2.3 劳动力市场建设与拓展贫困生社会资本并行

社会资本是影响贫困生就业质量的重要因素。在以往的研究中，社会资本通过三种途径影响大学生就业：一是获取求职信息；[①] 二是促进劳资双方相互了解与信任，提高求职效率；[②] 三是施加人情影响，影响录用决策。而贫困生由于缺乏社会资本，长期在就业中处于劣势地位，因而是其就业的薄弱环节。

但正如边燕杰所言，“经济社会运行规则的制度化程度越高，社会行为受制度规则约束越严；市场竞争程度越强，社会行为受到内部监管的力度越强；从而社会资本运作环境风险越高，关系人越不愿意给予社会资本”。[③] 这就表明，社会资本在就业中的作用会随着市场化进程和经济理性水平的提升而不断衰减。以往关于职业代际流动的研究为其从侧面提供了证明。例如，严善平（2000）利用 1997 年天津居民问卷调查的有关资料，发现大多数职业存在着父子或母女同职倾向，揭示了家庭背景对个人的地位实现有重要意义；[④] 朱晨（2017）利用 2000 ~ 2005 年全国人口普查和人口抽样调查数据，发现中国职业代际传递和继承现象逐渐减少，父辈职业所隐含的社会资源在子辈职业选择方面所起的作用大幅减少；[⑤] 祝毅等（2020）使用中国劳动力动态调查（CLDS）2014 年数据，发现自致性因素对青年初职地位获得的影响在不断增高；[⑥] 梁霄羽（2018）使用中国综合社会调查（CGSS）2015 数据研究，结果表明我国目前代际流动性较好，

---

① Michael B. Aguilera, Douglas S. Massey, “Social Capital and the Wages of Mexican Migrants: New Hypotheses and Tests”, Social Forces, Vol. 82 (02), 2003, pp. 671 - 701.

② Roberto M. Femandez, Emilio1 Castilla, Paul Moore, “Social Capital at Work: Networks and Employment at aPhone Enter”, The American Journal of Sociology, Vol 105 (05), 2000 1288 - 1356.

③ 边燕杰，孙宇．职业流动过程中的社会资本动员［J］．社会科学战线，2019，No. 283（01）：231 - 239，282.

④ 严善平．大城市社会流动的实态与机制——来自天津市居民问卷调查的实证分析［J］．中国社会科学，2000（03）：104 - 114，205.

⑤ 朱晨．职业代际继承与流动：基于中国人口普查数据的实证分析［J］．劳动经济研究，2017，5（06）：87 - 106.

⑥ 祝毅，张顺．教育与家庭地位影响青年初职地位获得的相对强度：1977 - 2014［J］．复旦教育论坛，2020，18（06）：79 - 86.

随着产业优化升级和政府反腐力度增大，社会资本的作用效果逐渐减弱；[①]增国华等（2020）通过2018年中部某高校毕业生就业调查数据，提出整体上代际传递现象已有好转，职业代际流动水平逐渐提高。[②]这些调查都表明随着社会发展，职业代际传递现象和社会资本的负面作用会逐步减弱。另外，鉴于人情关系在我国传统中根深蒂固的地位，其对大学生就业的负面影响在较长一段历史时期内都会顽固存在，因此对贫困生的社会资本应从两个方面着手进行帮扶。

（1）完善劳动力市场建设，弱化社会资本对贫困生就业的负面影响。

在促进贫困生就业方面，政府的首要任务是建设一个公平有效的劳动力市场。由于我国市场经济体制下的劳动力市场起步较晚，再加上传统因素的影响，学生就业质量在很大程度上取决于人情和社会关系，这对贫困生就业带来了不利影响。因此，作为公共管理者，政府首先应进一步完善劳动力市场的就业法规和制度建设，培育自由、竞争、公平的就业市场，优化就业环境，强化求职招聘的规范化管理，从根本上为贫困生就业提供一个公平公开的就业环境，抑制社会资本不良运作的空间。在具体操作上，目前机关事业单位和部分国有企业招聘坚持“逢进必考”原则彰显了机会公平与规则平等。尤其是公务员招考，坚持考录政策、录用计划、资格条件、考试成绩和录用结果“五公开”政策，基本杜绝了“暗箱”操作，为贫困家庭学生提供了阶层上升流动渠道，获得了广泛的社会认同，对大学毕业生有着巨大的吸引力。今后可以机关事业单位招录方式为示范，逐步推广至国有企业和体制外单位，以此为突破口建设更加公平公正的劳动力市场。

（2）带领和引导贫困生扩大人际接触面，增强其后致性社会资本。

尽管随着劳动力市场的完善，社会资本对就业的影响会有所弱化，但它依然是就业质量的影响因素。因此，学校应带领和引导贫困生扩大后致性社会资本。

首先，增强贫困生对社会资本的认知度和敏感度。由于家庭环境、社会压力和心理状态等原因，贫困生的先赋性和后致性社会资本均在同龄人

① 梁霄羽．社会资本与代际职业流动的实证研究［D］．南宁：广西大学，2018．

② 曾国华，吴培瑛，秦雪征．谁在子承父业？——高校毕业生职业代际传递性差异及成因［J］．劳动经济研究，2020，8（03）：97－119．

中处于劣势地位，却往往回避必要社交。另外，贫困生踏实勤奋，后天可塑性较强。因此可增强其对人际交往与就业之间科学关系的认识，使其认识到拓展后致性社会资本的必要性、可能性以及路径。其次，积极引导贫困生积极参与校园实践活动，参与竞选和担任学校或班级干部，以扩大交往范围，在公共服务中拓展社会资本，增加后致性社会资本。再次，充分利用学校广阔的校友资源和师资资源，通过各种学校活动和校友见面会，创造贫困生与更高层次人员接触学习的机会，扩大交往边界，同时鼓励贫困生主动打破社会地位、身份、年龄等因素造成的交往限制，使原有的镜面型社会关系迭代升级，提高社会交往质量。最后，引导和带领贫困生走出校园，积极参加各类社会实践活动，通过与社会各界人士建立联系的方式，扩大高校贫困生的后致性社会资本，并促进其人力资本、社会资本和经济资本的相互补充和转化，提高其就业质量。

6.2.4 完善高校贫困生就业创业的常态化帮扶机制

在一般意义上，就业创业帮扶机制是指各种促进就业创业的支持措施。高校贫困生就业创业的常态化帮扶机制特指在正常的劳动力市场环境下为支持高校贫困生顺利就业而采取的支持措施，它是确保贫困生就业质量底线的制度保障，适用于最大多数的贫困生群体。在目前高校对贫困生就业创业采取的常态化帮扶措施中，有的是针对所有大学生的帮扶措施，如开展就业观念指导、就业能力辅导和就业信息服务等；有的是对贫困生就业采取的专项帮扶措施，如“一对一”帮扶、开展扶志赋能行动、给予就业资助和就业奖励或临时困难补助、贫困生优先推荐、就业指导重心前移、为特困生发放“助就金”、提供岗位帮助等。政府采取的常态化措施包括：建立国家级和省级大学生就业服务网络平台、召开网络招聘会、发放求职补贴、对某些公共岗位和社会急需岗位委托招聘贫困生、对家庭特别困难的学生采取“兜底安置”等；企业采取的措施包括：通过在学校设立奖助学金的形式，资助学生“订单式”就学，毕业后可直接进入企业工作，等等。这些常态化措施大多收到了较好的成效，保障了贫困生就业质量提升，今后应继续实施；另外，在现有的常态化帮扶措施中，有的措施不乏有待完善细化之处，有的措施还处于缺失状态，影响了高校贫困生就业质量提升。今后在贫困生就业帮扶机制方面，应做好以下工作。

(1) 完善和创新贫困生就业常态化帮扶机制。

首先，提高大学生就业平台的管理和运行水平。政府就业信息服务平台虽然有效帮助高校毕业生接受精准的职位推荐，了解行业发展前景和提高职业技能，但许多企业未能及时维护岗位招聘与企业信息，其招聘渠道更倾向于稳定成熟的市场化招聘平台，或直接通过各大高校就业官网为应届生开辟申请校招通道，因此，国家大学生就业服务平台中的就业信息尤其是岗位信息有待进一步完善。另外，通过数字化技术开展的招聘活动增添了学生与企业沟通的桥梁，但对双方来说仍存在一些挑战。例如，对学生的网络设备和面试能力提出了更高的要求，学生与考官的线上互动有限，需要努力给考官留下印象，尤其是人机智能面试等新型面试形式要求学生具有较好的表达能力与逻辑能力。

其次，企业的人才甄选与入职意向确认难度增大。线下面试能够设计如无领导小组讨论、角色扮演、情景模拟、各类游戏等丰富的形式，而线上面试形式较单一，基本采用一问一答的半结构化形式，面试官更多的是从应聘者的语言表达中来获取一些有效信息。鉴于此，其一，政府应加强与企业的沟通交流，鼓励企业及时维护更新国家大学生就业服务平台的招聘信息，构建全面可靠的全国性数据互通的就业信息服务平台；其二，各高校应有针对性地提供学生线上面试指导技巧，从面试形式与面试种类出发，讲解线上面试的基本流程、面试礼仪及应对技巧等知识，建立线上精准化指导体系，锻炼学生的组织表达与沟通协调能力，提高其随机应变的线上应试能力；其三，企业要应用好各类人才测评工具，如线上综合笔试、大五人格量表、工作价值观测试、霍兰德职业性格测试、ONET 人岗匹配测试等，为考察应聘者的职业倾向、人岗匹配度、心理健康程度、思维能力等，面试官再根据测试报告，在线上面试时做一些有针对性的追问。

再次，政府与高校等各方积极鼓励毕业生自主创业，以此带动就业，但高校毕业生的创业意愿仍不高，各种配套措施难以吸引毕业生真正走向自主创业的道路。因此，除了应引导贫困生树立正确的创业价值取向、使其认识到新时期社会经济发展亟须创新创业型人才、把握创新创业机遇之外，还应根据贫困生的创业动机，有针对性地调动贫困生创业积极性。另外，还应建立以政府牵头、高校为主和社会多方参与的贫困生创业资助机制，解决创业资金匮乏问题。其一，建立贫困生创业专项财政补贴机制。例如，今后可设立“贫困生创业援助基金”，用于在校贫困生的创业启动资金补贴，以及创业失败后的资金援助等；税务部门可为贫困生提供创业税收优惠政策等。其二，鼓励高校建立贫困生创业投资资金。例如，高校可给予贫困生创业项目一定年限的低息贷款，贷款到期后根据项目运作情况，决定贷款资金后续用途。此外，高校还可以采用市场化方式，投入自有资金入股贫困生的高成长创业项目，学校提供运营指导和帮助，再将收益用于其他贫困生创业项目资助。其三，建立健全社会资金参与机制。各类社会救助机构可发挥其公益职能，为贫困生创业提供项目资金；政府和高校也可加大宣传教育，鼓励社会多方参与创业项目孵化。其四，贫困生自身应珍惜创业资金，对资金进行科学合理规划。学校也应鼓励贫困生在创业成功后，将部分创业收益捐赠给贫困生创业基金，建立创业基金的循环运作机制。在创业能力培养方面，相关工作可从两个方面出发，即强化创业内驱力和提升创业教育外驱力。一方面，高校贫困生应激发自身创业意愿，树立创业自信心和正确的创业价值观，提升创业素质，明确创业发展路径，以强化自我效能感，优化创业模式选择。另一方面，高校应强化创业教育对贫困生的差异化培养。一是指导高校贫困生“以学促创”，建立“专创融合”教育体系，鼓励贫困生树立“专业学习乃创业之本”的观念，避免因急功近利和核心竞争力不足导致创业不可持续；二是改进和优化创业教育的内容设置，有针对性地补足贫困生的能力短板；三是加强贫困生创业实践平台建设，如通过开展实践训练、组建创业项目模拟小组、评估创业项目风险和校企合作等方式为高校贫困生创业提供支撑。

最后，加大贫困生就业补贴和用人单位资助力度。就业补贴对于贫困生就业具有重要的帮助作用，但目前其主要问题在于补贴力度较小，大多仅在千元左右，而且覆盖面不足，发放滞后，对贫困生就业促进作用有限。针对该问题，政府和学校应整合各方力量，增加财政投入，加大对贫困生就业补助力度，力求对有需求的贫困生实现全覆盖，保证就业资助及时足额发放，保障贫困生求职的经济基础。具体可通过对其就业成本的补贴和报销政策，避免贫困生因高额的求职成本而错失就业机会，同时根据地方经济发展和物价水平，实现就业资助的同步增长；应简化不必要的申请、审批流程，避免材料的重复提交；扩大救助范围，制定就业激励政策，鼓励高校贫困生到特定地区、企业和岗位就业，并制定相关经济补偿激励制度，对长期为贫困生提供就业岗位和实习基地的用人单位给予财政补贴或税费减免，以提高其接收贫困生就业的积极性，拓宽贫困生就业渠道；应研究制定适应我国国情的教育捐赠激励与财政配比制度，同时借鉴国外先进经验，规范教育捐资行为和资金分配、使用与监督等，以提高对社会人士参与高校就业扶助的激励力度，从根本上解决贫困生就业资助社会投入不足的制度障碍；此外，在信息时代应充分借助社会媒体的作用，引导更多的社会人士积极参与扶助贫困生就业的队伍中来，形成良好的社会舆论氛围。

(2) 加强对贫困生职业规划和就学就业策略的引导。

科学的职业规划和就业就学策略对促进贫困生高质量就业有重要作用。首先，在高考过后，政府、高中学校和家长就应及早布局，引导学生结合社会需求、学业基础、家庭经济情况和个人兴趣选择学科专业。鉴于贫困生经济资本和社会资本有限，应尽可能选择通用性强、需求周期长、人才需求广的专业以及高学习门槛的“硬核”专业、发展前景广阔的新兴专业、对经济资本和社会资本依赖程度较低的专业，等等。其次，应尽早培养大学生的就业意识和就业能力。低年级大学生对就业市场了解较少，因此学校可通过举办就业专项讲座、开办就业指导班、开设全面系统的职业生涯指导课程等方式增强其对就业形势的理解，帮贫困生梳理好学业与就业之间的关系，帮助其形成恰当的择业观和择业目标，明确就业方向。此外，引导其有针对性地发展专长，提高外语、计算机、文字处理、统计软件使用和驾驶等通用技能水平，实现专业能力、就业能力与综合素质的同步提高，鼓励有条件的学生在国家亟须的“专、精、特、高”的产业就业。再次，体制内岗位就业质量较高，但竞争激烈，有志向从事公共管理的贫困生应尽早着手准备，收集目标地区和单位的历年岗位信息和考试方案；理工科学生应着力提高理论水平和专业技能，课外自学最新技术，为其择业增添砝码。最后，在求职期间，应引导贫困生关注行业动态和薪资水平，为挑选就业区域和企业做准备，然后基于自身优势与需求，在就业地域、行业、单位和岗位上做好选择，以促进实现高质量就业和长期发展。

6.2.5 构建高校贫困生就业的应急帮扶机制

在本书的研究中，高校贫困生就业的应急帮扶机制特指在劳动力市场面临紧缩或遭遇外部冲击时为支持高校贫困生就业而采取的各种支持措施。它是在面临重大就业危机时确保贫困生就业质量不发生严重滑坡，防范返贫风险的制度基础。以往的经验表明，经济周期和重大突发事件会影响社会就业，加剧高校贫困生就业困境。而国内外的危机应对措施又多为临时性措施，而非制度化的自动调节机制，具有反馈滞后和缺乏稳定性的不足。基于此，本章将应用控制论原理，设计以就业率为主要信号的就业危机应急机制，以实现对高校贫困生就业供求关系的自适应调节，保障高校贫困生遭遇严重就业危机时的就业质量稳定。①

（1）构建高校贫困生就业的自适应帮扶机制的必要性。

前面研究表明，疫情背景下为保障高校贫困生就业，政府牵头出台了一系列措施，其中最为核心的措施是公共岗位（包括体制内岗位、基层服务岗位、公益岗位、参军、科研助理等）和学位扩张政策（研究生、第二学位、专升本扩招），辅之以财政支持（例如发放就业补助金、奖励金和困难补助等），收到了较好的成效，保障了大学生就业质量基本面的稳定，促成了高校贫困生就业质量的相对上升。回顾历史也可以发现，类似措施在以往劳动力市场遭遇重大冲击时也曾多次采用。例如，2009 年美国次贷危机蔓延到我国时，一度引起经济衰退和劳动力市场紧缩。以 2008 年国际金融危机为例，当 2008 年美国金融危机波及中国时，2008 年 GDP 增速从一季度的 10.6% 下滑到三季度的 9.9%。据农业部 2009 年初对 15 个省份、150 个村的抽样调查，在全国 1.3 亿外出农民工中，就有 15.3% 的农民工因经济不景气而失业返乡，总数达 2000 万人。② 2009 年前 9 个月，江西省城镇登记失业人数约 26.5 万人，城镇新增劳动力约为 20 万人，省内农村富余劳动力新增转移就业 29 万人左右，供给总量近 75.5 万人，而同期江西省城镇实际新增就业岗位仅 36.6 万个，供求相差近 40 万个。再加上春

① 本部分设计理念借鉴了论文《基于就业率的学生资助自适应供给系统的构建》（季俊杰．《教育与经济》2012 年 2 月）。

② 宋振远．2000 万失业农民工返乡之后［N］．中国青年报，2009－02－11．

节期间从外省返回人员最高达190万人，其中51万人受经济危机波及返乡待业，就业压力之大不言而喻。[①] 同样，受到国际金融危机影响，许多企业出现了倒闭、减产或裁员，也加剧了大学毕业生的就业难度。据人力资源和社会保障部统计，2009年第一季度大学生毕业生签约率为20%～30%，而2009年6月，全国高校毕业生签约率达到45%，均低于同期水平。[②] 在这一背景下，我国也曾采取过包括公共岗位扩张、学位扩招和财政支持等类似措施，支持大学生就业，也收到了较好成效。

再进一步看，除了疫情、金融危机等重大突发事件外，市场经济运行中固有的经济周期（business cycle）也会对大学生就业造成不利影响。所谓经济周期，是指经济运行中交替出现的经济扩张（expansion）与经济紧缩（contraction）的波动变化：前者正值经济快速增长，劳动力需求和群众收入上升，社会贫困人口减少，大学生就业相对容易；后者指经济增速放缓或衰退期，此时企业开工不足，劳动力需求和群众收入下降，贫困家庭增加，大学生就业更加困难。例如“新常态”经济周期[③]对大学生就业就可能带来诸多负面影响等。[④⑤⑥]

无论是市场经济固有的经济周期，还是具有不确定性的重大突发事件，都会干扰到正常的大学生就业。尤其对于家庭经济困难、社会资本匮乏的高校贫困生，其就业将会面临更为严峻的挑战，若处置不当，可能导致家庭返贫现象。因此，构建高校贫困生就业的应急帮扶机制势在必行。而检视以往的应急措施可发现，它们虽然都收到了较好的成效，但大多存在两个问题：第一，主要针对全体大学生，而非专门针对贫困生；第二，

---

① 李兴文．全国劳务输出大省江西省农民工返乡调查报告．http：//news. qq. com/a/20081113/000988. htm，2008－11－13.

② 刘成．我国大学生就业政策体系形成鼓励企业聘毕业生［N］．中国青年报，2008－6－5.

③ 社科院报告：中国正处于“新常态”经济周期探底过程，人民网－财经频道，http：//finance. people. com. cn/n/2014/1207/c1004－26161295. html.

④ 李长安：经济新常态下就业面临的四大新挑战，搜狐财经，https：//business. sohu. com/20160711/n458644785. shtml.

⑤ 何发胜．经济新常态下大学生就业：问题、成因与对策［J］．教育现代化，2017，4（49）：291－295.

⑥ 季俊杰，陈仕平．经济新常态对大学贫困生就业的影响及其对策［J］．江西科学，2018，36（01）：172－176.

以临时性的行政化手段为主，而非制度化的自动调节机制，具有内生性不足、反馈滞后和缺乏系统性和协调性的不足——如就业危机来临，便紧急出台措施，属于“事后调节”，等到措施生效，就业工作已受影响。而且这类应急措施政出多门，缺乏系统性和协调性，容易顾此失彼。相应地，理想的应急帮扶机制应具备两个条件：第一，应急措施制度化、机制化，这样可增强就业危机干预工作的稳定性、前瞻性和灵敏性，从而避免了以往反应滞后的不足；第二，应急措施统一简洁，易于操作和协调，最好能够“自动”实施。基于此，本章将应用控制论（Cybernetics）原理，设计以就业危机管理为目的、以就业率为主要信号的高校贫困生就业自适应帮扶机制，以实现对高校贫困生就业的应急管理。

（2）高校贫困生就业自适应帮扶机制的构建方案与可行性。

扶助高校贫困生就业是实现教育公平和就业公平的重要途径，是政府重要的公共职责。目前，国家直接帮扶高校贫困生就业的主要方式是提供公共就业岗位和就业补贴。此外，在高校贫困生生活和学业资助方面，公共财政还通过直接向贫困生提供奖助学金的方式，解决学生的学费、住宿费和生活费。考虑到经济下行时期高校贫困生数量增加，困难程度上升，所以其学业和生活支出也应是就业危机干预的重要内容。因此，可将就业、学业和生活三类保障型资助资源和专项就业岗位供给加以整合，建立以就业资助和公共就业岗位供给为主、生活和学业资助为辅的就业支持系统，再将高校毕业生就业率和社会就业率指标作为系统资源供应量的预警和调节指标，以实现系统资源供应的自适应调节。

①设计原理。

中国高校贫困生就业的应急帮扶机制必须满足两个条件：第一，在功能上可以自动调节就业资助量和公共就业岗位供应；第二，机制设计具有一定的“自适应性”，这样可以使就业支持系统应急经济周期和重大突发事件的措施更加常规化，且更好操作。按照这一要求，可以将控制论作为设计就业支持供给机制的基本原理。控制论是研究动态系统在变化的环境条件下如何保持平衡状态的科学。而自适应系统（adaptive control system）可以采集不断变化的输入控制信号（Input controlling signal），然后通过自适应控制机制（adaptive control mechanism）的作用，使系统运行达到预定目标。因此可以借鉴控制论原理来设计一个不断适应需求变化的就业支持自适应供给系统。其具体的工作原理为：当供给调节信号（即控制信号）输入时，供给调节机制（即自适应控制机制）按特定方式作用于就业支持体系，最终实现就业支持的供求平衡。

从前面可以看出，要设计高校贫困生就业支持自适应供给系统，必须确定两个关键因素：供给调节信号和供给调节机制。前者用来反映经济环境和资助需求的变化；后者调节就业支持供给，使其与资助需求相匹配。那么，在这个自适应供给系统中，可将就业率作为主要调节信号，建立高校贫困生就业应急帮扶机制。

②基于就业率的高校贫困生就业支持调节机制构建。

目前，国家直接介入高校贫困生就业的主要方式有两类：其一，提供经济补贴，即由政府向高校贫困生提供的一次性就业补贴、学校给予“双困生”的就业补贴和交通住宿求职。[①] 前面研究表明，这种就业支持方式可以缓解学生就业的经济压力，提高就业竞争力，但目前资助面和资助力度较小，其作用相对有限。其二，直接提供公共就业岗位和教育机会，如特岗教师计划、大学生村官、“三支一扶”、“大学生志愿服务西部计划”等基层项目、参军入伍计划、研究生、第二本科和专升本规模等，这些岗位增加了贫困生的就业机会，但其项目启动存在滞后性，而且与就业补贴的发放存在脱节现象。因此可考虑将这两类旨在解决高校贫困生就业问题的帮扶项目整合在一起，再以高校毕业生就业率指标作为调节信号，并设定好信号调节阈值，实行就业支持资源的同比例变化。

在具体操作上，当前政府和高校提供的就业资助覆盖面小，力度不足，因此首先应适当提升其资助面和资助力度，并将其作为就业资助供给量的基数。然后参照高校毕业生的就业率变化，进行就业资助供应量的动态调节。在公共就业岗位供应方面，可将国家非危机时期提供的公共就业岗位数量作为基础，然后参照高校毕业生就业率变化进行同步调节。这样，就业补贴拨付和公共就业岗位供应规模的调节机制为：

$$EA = EA_0(1 + \Delta UE) = EA\ G_0(1 - \Delta E) \tag{6-1}$$

$$EO = EO_0(1 + \Delta UE) = EO_0(1 - \Delta E) \tag{6-2}$$

① 我国高校多为公立高校，因此学校向贫困生发放的求职补贴也可视为公共财政资金的一部分。

其中，EA（Employment Aid）表示就业补贴；EO（Employment Opportunity）表示就业岗位供应；EA_0和EO_0分别表示基期的就业补贴和公共就业岗位供应规模；ΔUE（Unemployment）表示失业率增量，可正可负。ΔE（Employment）表示就业率增量，可正可负。

通过上述措施，可将大学生就业率作为统一的调节信号，实现对高校贫困生就业资助和岗位供应的动态调节。一旦就业率下降至某一预警阈值，则该机制及时做出应急反应，增加就业支持资源投放，改变以往应急措施仓促凌乱、缺乏协调性的不足，保障高校就业扶助工作的稳定有序。

③基于就业率的高校贫困生学业资助调节机制构建。

尽管我国高校学生资助体系项目繁多，但从整体情况看，国家助学贷款一直是我国高校资助体系的支柱项目。它资助力度强，覆盖面广，主要用于解决学费和住宿费，且运行成本低，可自我循环。只要措施到位，其资助量具有相当的弹性，可以短期实现逆周期增长，因此更加适合作为就业危机时期保障高校贫困生学费供应的基础项目。其具体机制创新可以从改革风险补偿金机制着手。

学生贷款是由商业银行自主经营的资助项目。在现行制度框架中，主要是通过财政补贴调节学生贷款供给量，即增加补贴，贷款扩张；减少补贴，贷款紧缩。其中风险补偿金对贷款规模的调节功能最为显著。现行做法是高校和政府按当年贷款发生额的一定比例给予贷款机构以风险补偿金，以拓展其“安全边界”，其具体比例在不超过15%的条件下由招标或协商确定。由于风险补偿金直接补贴贷款机构，可以迅速起到分担贷款风险、激励贷款供给的作用；还由于学生贷款的供给弹性灵敏，少量的供给补贴就能引起贷款规模骤增，因此自政策实施之日起，风险补偿金便一直作为激励学生贷款供给的主要手段。

由于风险补偿金对贷款供给具有强激励功能，同时贷款机构又可以在15%的范围内竞价风险补偿金比例，因此贷款机构可以根据经济周期所引起的贷款风险变化，自主调节风险补偿金比例，并由此影响贷款规模。即，经济紧缩期间，贷款风险上升，提高给予贷款机构的风险补偿金比例，促使贷款扩张；反之亦然。因此，现行的风险补偿金机制本身就应该具有一定的“反周期自适应供给”功能。要构建学生贷款的反周期供给机制，可以将现行风险补偿金机制作为基础。

另外，现行风险补偿金机制的不足之处在于其比例上限始终保持15%。风险补偿金是对贷款风险的补偿，而贷款风险又随时处于变化之中，所以风险补偿金比例本应根据风险水平浮动，而非规定一个恒定上限。如果说在经济扩张期间，15%的比例上限尚能满足贷款机构的要求，那么在经济紧缩期，这一比例上限很可能无法弥补贷款风险，并引起惜贷。因此，要强化学生贷款的自适应供给功能，应取消风险补偿金比例的恒定上限，使其根据贷款风险水平的变化浮动。

贷款风险水平的变化，也可以参考大学生就业率予以确定。尽管恶意拖欠等信用失效原因增加贷款风险，但多个调查结果和实证研究表明，贷款违约的主要原因是学生无偿还能力。[①] 学生贷款的风险水平与毕业生的就业状况有很强的负相关性。因此，可考虑将毕业生就业率作为反映经济周期和贷款风险变化的调节信号。相应地，风险补偿金比例上限的调节机制为：

$$RP_{Max} = 15\% + \Delta UE = 15\% - \Delta E \qquad (6-3)$$

其中，RP_{Max}（Maximum of risk premium）表示风险补偿金上限，是一个比例值；15%为2004年政策规定的风险补偿金比例上限，本书暂以此作为一个基期数据；ΔUE（Unemployment）表示失业率增量，可正可负。ΔE（Employment）表示就业率增量，本身也可正可负。

经过上述调整，风险补偿金的比例上限将在基期比例上限（此处为15%）的基础上紧盯就业率/失业率参数浮动，从而灵活反映经济周期的变化，并实现反周期供给调节，即当经济紧缩、贷款风险增大时，风险补偿金的比例上限和相应支出将随着失业率上升而上升，贷款实现扩张；反之，风险补偿金比例上限和支出下降，贷款紧缩。其自动调节贷款供给的逻辑过程，即学生贷款的反周期供给机制可表示为：经济紧缩（扩张）→学生就业率下降（上升）→贷款风险上升（下降）→风险补偿金比例上限提高（下降）→贷款扩张（紧缩）。

④基于就业率的高校贫困生生活资助调节机制构建。

如果说依靠“盯住就业率”的风险补偿金机制可以实现学生贷款的反

① 廖茂忠．学生贷款违约影响因素研究［D］．武汉：华中科技大学，2008．

周期供给，基本上解决了经济紧缩期高校贫困生的学费和住宿费问题，使其不至于失学，那么在经济紧缩期间，学生生活资助不足的矛盾则必须通过构建生活资助反周期供给机制化解。

在现行资助政策体系中，助学金的主体是国家助学金，是贫困生生活资助的主要来源；国家励志奖学金发放给品学兼优的贫困生，因而也具有一定的生活资助功能。这两类项目比较适合作为生活资助反周期供给的主体项目。目前，国家助学金和励志奖学金由国家财政全额投入，要建立生活资助的自适应供给系统，其实质就是要建立国家生活资助资金的动态调节机制，使资助资金规模与资助需求的变化挂钩。而要实现这一点，可以引入社会就业率指标作为生活资助供给的调节信号和中介变量，以实现生活资助资金与失业率的同比例增长。这是因为，学生父母一旦失业，家庭经济很可能陷入贫困，这样贫困生规模和资助需求与失业率在一定程度上就形成了正相关关系，社会失业率越高，贫困生越多，相应地，学生生活资助规模也应越大。这样，国家助学金和励志奖学金拨付规模的供给调节机制为：

$$SG = SG_0(1 + \Delta UE) = SG_0(1 - \Delta E) \tag{6-4}$$

$$NS = NS_0(1 + \Delta UE) = NS_0(1 - \Delta E) \tag{6-5}$$

其中，SG(state grants) 表示国家助学金；NS(National Encouragement scholarship) 表示国家励志奖学金；SG_0和NS_0分别表示基期的助学金和励志奖学金规模；ΔUE(Unemployment) 表示失业率增量，可正可负。ΔE(Employment) 表示就业率增量，可正可负

对于上述模型，有两点需要指出：第一，学生贷款与国家助学金和励志奖学金的供给调节虽然都引入了就业率指标，但前者引入的是高校毕业生的就业率指标，而后者引入的是社会就业率指标。其原因在于：助学贷款规模主要取决于贷款风险，而贷款风险又与学生就业率相关，因而只有将学生就业率与风险补偿金比例挂钩才能激励贷款供给。而国家助学金和励志奖学金规模主要取决于贫困生数量及其资助需求，而它又与社会就业率的变化相关，因此只有引入社会就业率指标才能反映贫困生资助需求的变化，保障学生资助的供给。第二，上述资助项目都是以就业率为基准进行调节的，但基于就业率指标带来的资助增长很可能只是资助所需的下限。其隐含的假定是：学生和学生家长无法就业，会导致贫困，造成资助

需求上升；但在经济紧缩期，没有失业的人口，也可能因为薪酬下降或其他原因而返贫。因此，本书所建立的学生资助反周期供给机制，只是满足经济紧缩期间学生资助增长的最低需求，换言之，相关资助增量只是财政投入的底线，而非理想水平。在满足上述投入之外，政府还可进一步加大投入，使贫困生的经济需求得到更充分的满足。

经过上述调整，当经济紧缩、社会失业率上升时，国家助学金和励志奖学金规模将随失业率同步上升，生活资助供给实现扩张；反之则紧缩。其自适应供给功能的逻辑过程为：经济紧缩（扩张）→就业率下降（上升）→生活资助增加（下降）。这样，学生生活资助的自适应供给系统也得以建立。

此外，学费减免和勤工俭学在经济紧缩期间也可作出相应调整。由于勤工助学不用负债，也可锻炼能力，因此一向受到贫困生青睐。高校的后勤岗位可在周末和假期中全部对贫困生开放，以此来补充助学岗位不足。而学杂费减免是专门应急家庭极度困难的特殊学生，如孤儿，国内各校历来都从严控制。考虑到经济紧缩期间的特殊情况，可由政府拨出专款，增加特殊学费减免项目，以因重大突发事件导致父母双失业、因天灾失去经济供给能力的学生为对象。

经过上述措施，以政府为管理主体的高校贫困生就业应急帮扶机制就得以建立。这个自适应系统以大学生就业率和社会就业率为自适应调节信号，以就业资助、公共就业岗位供应、风险补偿金浮动机制和奖助学金动态拨付机制为自适应调节机制。当就业率信号变化达到某一预警阈值时，在自适应调节机制的作用下，高校贫困生就业的应急帮扶机制生效，增加就业、学业和生活资助资源投放，可促进高校贫困生就业工作的稳定（其系统结构和运行机制参见图 6.1）。相比以往静态视角下的就业危机干预措施，该机制避免了调节措施的滞后，增强了多种措施的协调性，使危机管理更加简明、迅捷，也更富有弹性和适应性。

最后需要指出的是，在应用该机制前，需要认真研究并科学计算毕业生就业率。实际上，目前国内部分高校公布的就业率数据并不能真实反映学生的就业情况。因此必须对原有的就业率数据进行更加严谨的再统计。上述机制构建方案可以开拓决策者的思路，但与所有理论模型一样，面对实际经济生活，其实践会受到诸多因素的制约。因此，在实际应用时，应在遵循基本机理的基础上，辅之以“相机抉择”的决策方式，以提高决策水平。

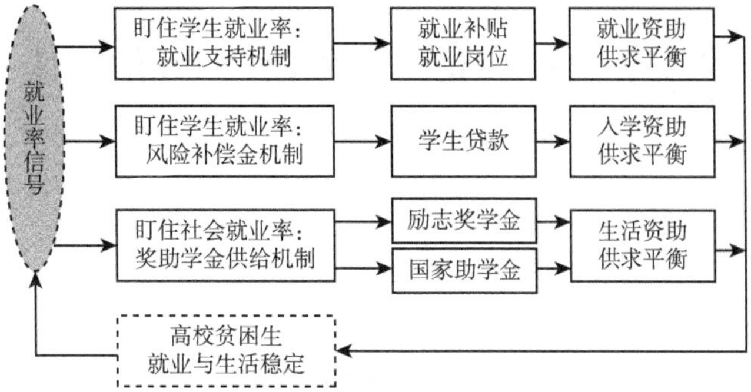

图6.1　中国高校贫困生就业的应急帮扶机制运行

第7章　研究结论与展望

7.1　研究结论

通过本书的调查，可以得出以下发现和结论。

第一，精准扶贫初期，江西革命老区高校贫困生的就业质量存在内外部异质性：从外部异质性看，高校贫困生的就业质量低于非贫困生，证实了以往社会各界的直观判断，也折射出贫困生就业的困境，表明了高校贫困生就业帮扶的必要性，两者的差异小于预期，与精准扶贫工作优化了贫困生的经济资本，改善了其就业质量有关，折射出扶贫工作的成效；从内部异质性看，理工科贫困生的就业质量高于人文社科类贫困生，江西省外就业的贫困生就业质量高于省内就业的贫困生，理工科与发达地区就业的贫困生就业质量与同类非贫困生的毕业生就业质量相对更均衡。贫困生就业质量内外部异质性的主因都指向了社会资本。即，精准扶贫改善了高校贫困生的经济资本，但其社会资本依然匮乏，导致其体制内就业人数比例和就业质量均低于非贫困生；而在贫困生群体内部，选择理工类就读和省外就业，能更好地规避社会资本匮乏的不利影响，因而其就业质量较高。这就提示我们，今后要善用贫困生就业质量数据，总结高质量就业经验，强化贫困生社会资本，引导高校贫困生制定合理的就业就学策略，以提升高校贫困生就业质量。

第二，脱贫巩固叠加疫情时期，江西革命老区高校贫困生的就业质量内外部异质性都发生了变化：从外部异质性看，新冠疫情的确对大学毕业生就业造成了冲击，高校贫困生与非贫困生的就业质量均出现下滑，但得益于国家扶贫政策，贫困生就业质量下滑幅度较小，虽有不利影响但不会干扰脱贫巩固大局；高校贫困生的就业质量罕见地超越了非贫困生。这表面上系贫困生体制内就业比例上升所致，但其实质在于在脱贫巩固叠加疫情背景下，国家经济扶贫行动改善了高校贫困生的经济资本，教育扶贫夯实了高校贫困生的人力资本，就业环境优化弱化了社会资本对就业的影响，在多方发力下高校贫困生的就业竞争力得到释放。因此，高校贫困生就业质量的改善具有历史的必然性。在内部异质性方面，高校贫困生就业质量与其经济资本、人力资本和社会资本正相关，表明高校贫困生就业服从大学生就业的一般规律；在疫情背景下内部异质性最大的变化在于人文社科类贫困生就业质量赶超了理工科贫困生，非发达地区就业质量与发达地区趋同。这一变化表面上系疫情背景下人文社科类和非发达地区就业贫困生更多地进入了体制内“避风港”所致，但其根源在于前者学科更为对口，后者招考难度更低，从而更多地分享了国家释放的体制内岗位红利。调查总体表明，国家扶贫战略和就业帮扶政策是颇有成效的，高校贫困生的就业阻碍因素正在消减，下一阶段就业支持工作的重点应转向全面提升贫困生就业率和就业资本，同时做好后疫情时代贫困生就业帮扶回归常态化的准备，防范就业质量过快回落，影响脱贫巩固。

第三，总结调查发现，江西革命老区高校贫困生的高质量就业经验可以概括为：勤于积累人力资本；积极拓展社会资本；尽力改善经济资本；制定科学的就业规划与就业就学策略。基于上述认识，今后高校贫困生就业帮扶工作应扩大视野，提高站位，从局限于就业环节发力的狭义就业帮扶观，向“全方位、全过程、可持续、协同发力”的“大就业帮扶”理念转变，从根本上扭转高校贫困生就业的被动局面。新的大就业帮扶体系可从贫困生多维就业资本建设和完善常态与应急相结合的帮扶机制切入，其具体的工作路径包括：以脱贫巩固为抓手全面夯实贫困生经济基础；以教育扶贫为理念提高贫困生人才培养质量；劳动力市场建设与拓展贫困生社会资本并行；将劳动力市场建设与全面拓展高校贫困生的后致性社会资本相结合等。此外，还应完善高校贫困生就业的常态化帮扶机制，构建以就业率为预警和调节指标的自适应应急帮扶机制。

7.2 研究创新与展望

7.2.1 创新点

本书的创新之处在于：

第一，研究选题创新。高校贫困生就业质量关系到教育脱贫能否实现，但这一问题以往并未得到系统研究。在以往的就业质量研究中，绝大多数都是针对普通大学生群体，对高校贫困生这一特殊群体的就业质量专项研究非常少见，即便有少数研究涉及这一问题，也以定性分析为主，仅涉及起薪、就业满意度等少数指标，并未对其进行全面的量化测评。而本书建立了具有5个一级指标、10多个二级指标的高校毕业生就业质量的评价体系，并以江西革命老区为调查省域，对高校贫困生的就业质量及其异质性进行了跨期调研、量化评价和群体比较，系统探求了高校贫困生就业质量及其异质性的基本状况、影响因素、动态发展、提升经验与帮扶对策等问题，有利于深入认知高校贫困生就业的一般规律和个性特点，促进高校贫困生高质量就业和脱贫巩固，在研究选题和内容上具有创新性。

第二，研究范式创新。以往对高校贫困生就业质量的探讨，大多从静态微观视角出发，将论域局限在就业环节，关注的是某一时点的就业质量状况。这种研究范式忽视了就业质量的可变性和社会规定性，有可能产生“刻舟求剑”“见木不见林”的认知盲区，影响贫困生就业状况及其帮扶政策评价的科学性。而本书从动态宏观视角出发，借鉴同期群研究范式，通过两阶段调查，将精准扶贫初期与脱贫巩固初期的贫困生就业质量状况加以比较，反映其变化，探求高校贫困生就业质量的发展规律及其时代动因。另外，将高校贫困生就业质量与其多维资本状况相联系，提高了研究站位，摆脱了以往“就事论事”的窠臼，更有利于揭示高校贫困生就业质量问题的社会根源，提高了帮扶对策的有效性和精准性。

第三，学术观点创新。本书还为学界提供了一系列值得关注的研究发现、研究观点、研究概念和新理念。例如，第二阶段调查发现，贫困生就业质量高于非贫困生，人文社科类贫困生的就业质量高于理工类贫困生，这就打破了以往非贫困生就业质量高于贫困生，理科生就业质量高于文科生的常规认知；又如，本书提出了在精准扶贫背景下引起高校贫困生就业质量异质性的主因是社会资本而非经济资本，疫情背景下体制内岗位扩张是高校贫困生就业质量异质性变化最大的推动力，并加速弱化了社会资本对就业的作用等一系列观点，都为前人所未言；再如，本书提出了“就业质量异质性”概念，并从内部异质性、外部异质性和时间异质性等维度加以诠释，系本书研究者首创，有利于为就业质量研究搭建理论框架；此外，本书还提出了诸如“大就业帮扶”“自适应帮扶机制”等新理念，都颇具新意。

7.2.2 研究局限与展望

由于研究水平和时间限制，再加上疫情的意外冲击，本书也存在某些局限性，这主要体现在以下几个方面。

第一，调查统计的样本量可能有限。本书的调查对象是高校毕业生。他们多数人毕业后都已离开就读地，而且就业初期流动性比较强，因此整个调研的流程，从建立联系到向其发放和回收问卷，耗时比较长，难度比较大，而本书涉及的高校又较多。因此，尽管在关于就业质量的两阶段正式调查中均发放了1000多份问卷，数量相对充足，但就业质量预调查的有效样本数量均在300份上下，样本数量偏少，可能会影响研究结论的一般性。因此后续研究可考虑扩大样本数量，以进一步验证研究结论。

第二，由于研究精力的限制，本书对高校贫困生就业质量影响因素的分析和推断，主要通过调研结果、理论研究和文献佐证的方式进行，虽有一定的说服力，但未进行严格的因果推断，今后可考虑引入各类测量指标，评价高校贫困生的人力资本、经济资本和社会资本的数量和质量及其就业质量数据，然后建立因果推断模型，对其因果关系予以精准计算；本书关于高校贫困生就业应急应对机制的可行性和成效，需要在实践中得到进一步的应用和检验。这些问题都有待在后续研究中进一步展开。

第三，本书建立在调查基础上，各调查的背景、目的、内容、方式及其研究工具有所差异，再加上时间跨度长，对各问题进行研究的起止时间和时代背景也有所不同，且追求研究视角的宏微观相结合，因此尽管笔者力求将这些研究统一在“高校贫困生就业质量问题研究”的主题下，但研究报告各章节之间仍不免存在庞杂之处和研究视角不统一的问题；在研究过程中意外发生的疫情冲击，不仅严重干扰了调查工作，而且对大学生就业造成了严重影响，本书不得不根据新的就业形势与需要，调整了某些研究主题和研究假设，因此本书的部分内容可能缺乏严格的对应性；本书覆盖内容广，统计量大而烦琐，尽管已对统计结果进行核对，但可能依然存在错讹之处。基于此，笔者期待今后和国内同仁一起，在后续研究中完善上述问题。

参考文献

[1] 闵维方，马莉萍．教育经济学［M］．北京：北京大学出版社，2020.

[2] 范先佐．教育经济学新编（第四版）［M］．北京：人民教育出版社，2015.

[3]［美］乔治·J. 鲍尔斯（沈凯玲译）．劳动经济学（第七版）［M］．北京：中国人民大学出版社，2018-11-01.

[4] 伊兰伯格·史密斯．现代劳动经济学（第十版）［M］．北京：中国人民大学出版社，2012.

[5] 陈婷婷．大学本科生初次就业质量研究［M］．北京：经济科学出版社，2015，6.

[6] 麦可思研究院．中国大学生就业蓝皮书（2014-2020）［M］．北京：社会科学文献出版社，2014-2020.

[7] 中共中央党史和文献研究院．习近平扶贫论述摘编［M］．北京：中央文献出版社，2018.

[8] 国务院扶贫开发领导小组办公室．中国扶贫开发年鉴（2014-2020）［M］．北京：团结出版社（中国农业出版社、知识产权出版社等），2014-2020.

[9] 董克用．李朝平．人力资源管理概论（第5版）［M］．北京：中国人民大学出版社，2019.

[10] 赖德胜．2011 中国劳动力市场报告——包容性增长背景下的就业质量．［M］．北京：北京师范大学出版社，2011，11.

[11] 冈纳·缪尔达尔．世界贫困的挑战——世界反贫困大纲［M］，顾朝阳译，北京：北京经济学院出版社，1991.

[12] 钟云华. 学生贷款的社会流动效应研究——基于资本转化的视角［M］, 北京：中国社会科学出版社，2014.

[13] 毕鹤霞，沈红. 中国高校贫困生家庭“因何致贫”——基于全国105所高校的实证研究［J］. 教育与经济，2010（04）：16-22.

[14] 曹海娟. “教育致贫”问题探析［J］. 教育发展研究，2010（11）：40-44.

[15] 方宝. 三十年来我国高等教育经济功能研究的发展及偏误［J］. 河北师范大学学报（教育科学版），2015，17（05）：73-78.

[16] 黄承伟，刘欣. “十二五”时期我国反贫困理论研究述评［J］. 云南民族大学学报（哲学社会科学版），2016（03）.

[17] 林乘东. 教育扶贫论［J］. 民族研究，1997（03）：43-52.

[18] 王庚，蔡颖，桂肖敏. 人力资本和专业选择对大学生起薪的影响研究——基于大学生就业统计数据的实证分析［J］. 中国大学生就业，2015（15）：34-39.

[19] 王占国. 高校毕业生起薪影响因素及性别差异研究［J］. 教育与经济，2015（05）：40-45.

[20] 刘敏，陆根书. 高校毕业生起薪的性别差异状况及其影响因素［J］. 高等教育研究，2016，37（05）：43-50.

[21] 岳昌君，白一平.2017年全国高校毕业生就业状况实证研究［J］. 华东师范大学学报（教育科学版），2018（05）.

[22] 高晓霜，罗鄂湘. 大学生起薪影响因素的实证分析——基于分层分析方法［J］. 科技与管理，2013（01）.

[23] 蔡海静，马汴京. 高校扩招、能力异质性与大学生毕业生就业［J］. 中国人口科学，2015（04）.

[24] 岳莉萍，马瑞光，闫馨心. 性别歧视还是专业选择？——大学毕业生就业起薪差异影响因素研究［J］. 理论导刊，2016（05）：94-98.

[25] 刘京鲁，岳昌君，杨海燕. 我国硕士研究生就业结果及起薪的影响因素研究——基于2019年全国高校抽样调查数据的实证分析［J］. 教育学术月刊，2020（11）：64-72.

[26] 岳昌君. 高校毕业生就业状况分析：2003~2011［J］. 北京大学教育评论，2012，10（01）.

[27] 李琦．基于灰色模型对高校毕业生就业地域选择的实证研究——以全国9所高校毕业生就业质量报告为例［J］．高等工程教育研究，2021，(S1)：123－128.

[28] 贾巍巍，岳昌君．英语水平高能带来高就业起薪吗？——基于2017高校本科毕业生调查的实证研究［J］．教育学术月刊，2019（05）：78－86.

[29] 吴晓蓉，范小梅．教育回报的反贫困作用模型及其实现机制［J］．教育研究，2018，39（09）.

[30] 杨小敏．"教育致贫"的形成机制、原因和对策［J］．复旦教育评论，2007（03）.

[31] 杨波．高等教育中的个人成本与收益分析［J］．人民论坛，2011（17）：126－127.

[32] 邓峰，岳昌君．大学生就业市场景气指数的建构与分析［J］．教育研究，2021（02）.

[33] 岳昌君，等．2019年全国高校毕业生就业状况实证研究［J］．华东师范大学学报（教育科学版），2020（04）.

[34] 高文书．新冠肺炎疫情对中国就业的影响及其应对［J］．中国社会科学院研究生院学报，2020（03）.

[35] 李涛，等．新冠疫情冲击下我国高校应届毕业生就业现状实证研究［J］．华东师范大学学报（教育科学版），2020（10）.

[36] 毛宇飞，曾湘泉．新冠肺炎疫情对高校毕业生就业的影响——来自招聘网站数据的经验证据［J］．学术研究，2022（01）.

[37] 岳昌君，杨中超．我国高校毕业生的就业结果及其影响因素研究——基于2011年全国高校抽样调查数据的实证分析［J］．高等教育研究，2012（04）.

[38] 刘自团，陆根书．家庭经济资源对大学毕业生就业质量影响的实证研究——基于陕西高校毕业生就业创业跟踪调查［J］．北京工业大学学报（社会科学版），2021（03）.

[39] 岳昌君，张恺．高校毕业生求职结果及起薪的影响因素研究——基于2013年全国高校抽样调查数据的实证分析［J］．教育研究，2014（11）.

[40] 邹波，周家星．大学生如何能够找到“好工作”——人力资本影响大学生就业质量的实证分析［J］．教育学术月刊，2019（10）．

[41] 卿石松，曾湘泉．本科毕业生起薪的专业差异分析［J］．北京大学教育评论，2013（04）．

[42] 冯沁雪，等．专业兴趣会影响就业质量吗？——基于2009—2019年高校毕业生就业调查的实证研究［J］．教育与经济，2021（04）．

[43] 邓峰．高等教育质量与高校毕业生起薪差异分析［J］．教育研究，2013（09）．

[44] Bernal，P．，et al. Estimating Effects of School Quality Using Multiple Proxies［J］．Labour Economics，2016（02）．

[45] 彭正霞．大学毕业生就业质量的影响因素及路径分析［J］．中国高教研究，2020（01）．

[46] 李春玲．疫情冲击下的大学生就业：就业压力、心理压力与就业选择变化［J］．教育研究，2020（07）．

[47] 卿石松，曾湘泉．就业能力、实习经历与高校毕业生就业——基于山东省2007届高校毕业生的实证检验［J］．中国人口科学，2009，（06）．

[48] 岳昌君，白一平．2017年全国高校毕业生就业状况实证研究［J］．华东师范大学学报（教育科学版），2018（05）．

[49] 岳昌君，张恺．高校毕业生求职结果及起薪的影响因素研究——基于2013年全国高校抽样调查数据的实证分析［J］．教育研究，2014（11）．

[50] 杨素红．专业匹配能带来工资溢价吗——基于江苏高校毕业生就业选择的内生处理效应估计［J］．北京大学教育评论，2018（04）．

[51] 彭国盛，陈成文．关于就业质量问题的研究综述［J］．中国青年研究，2009（12）：72－76．

[52] 元林君．我国就业扶贫的实践成效、存在问题及对策探析［J］．现代管理科学，2018（09）：109－111．

[53] 秦建国．大学生就业质量评价体系探析［J］．中国青年研究，2007（03）：71－74．

[54] 张桂宁．基于就业质量的职业意识教育探析．广西民族大学学

报，2007，29（05）.

[55] 刘素华．建立我国就业质量量化评价体系的步骤与方法，人口与经济，2005，153（06）.

[56] 李斌．试探基于就业满意度的大学生就业质量评价体系［J］. 燕山大学学报，2010（01）.

[57] 柯羽．高校毕业生就业质量评价指标体系的构建．中国高教研究，2007（07）：82－85.

[58] 刘素华，董凯静．再论就业质量［J］．河北师范大学学报，2011，34（01）：35－39.

[59] 教育部信息中心．高校贫困生及受资助情况调查分析与建议［J］．中国高等教育，2013（11）.

[60] 杨海波，王军．就业质量与产业结构调整关系的实证检验［J］. 统计与决策，2018，34（03）.

[61] 张卫国，李晓文．语言能力与择地就业质量——基于普通话的工资效应及其地域差异的考察［J］．宏观质量研究，2021，9（05）.

[62] 凌珑．就业质量与居民主观福利——基于中国劳动力动态调查的实证研究［J］．统计研究，2022，39（10）.

[63] 罗竖元．新生代农民工的择业行为与就业质量［J］．华南农业大学学报（社会科学版），2015，14（01）.

[64] 李中建，袁璐璐．务工距离对农民工就业质量的影响分析［J］. 中国农村经济，2017（06）.

[65] 许岩，杨竹荣．农业转移人口落户城市的就业质量提升效应研究［J］．西部论坛，2022，32（04）.

[66] 吴学亮．大学生高质量就业中政府作用研究［J］．中国报业，2021（24）：78－81.

[67] 李蕙羽．基于就业资本的高校贫困生就业竞争力研究［J］．学校党建与思想教育，2018（13）：78－79，91.

[68] 陈成文，何蛟龙．就业资本、就业单位性质与大学毕业生就业机制的关系——基于湖南省2011至2015届大学毕业生的实证研究［J］. 湖南师范大学社会科学报，2015，44（06）：82－88.

[69] 徐鸿宇，孙干．“五化协同”高校困难生就业帮扶长效机制探

析［J］. 教育与职业，2020（04）：103－108.

［70］季俊杰. 精准扶贫背景下高校贫困毕业生就业质量的异质性测度与提升策略［J］. 教育与经济，2018（03）：89－96.

［71］田秀菊. 贫困大学生就业心理特点分析及问题对策［J］. 教育与职业，2014（24）：173－174.

［72］赵延东. “社会资本”理论述评［J］. 国外社会科学，1998（03）：19－22.

［73］钟云华. 社会资本分布失衡对贫困大学生就业的影响［J］. 湖南师范大学教育科学学报，2020，19（03）：116－124.

［74］钟云华，王骄华. 四维资本视角下贫困生就业困难的根源及其精准化解路径［J］. 教育文化论坛，2022，14（01）：69－76.

［75］吴易雄，王虎邦，贾昆蕙. 人力资本与社会资本理论下教育扶贫政策评估及效能优化——基于对598份有效问卷的深度分析［J］. 中国电化教育，2020（11）：10－18，29.

［76］王霆. 大学生高质量就业的影响机制研究：人力资本与社会资本的视角［J］. 高教探索，2020（02）：108－114.

［77］黄承伟. 中国新时代脱贫攻坚的历史意义与世界贡献［J］. 南京农业大学学报（社会科学版），2020，20（04）：2－10.

［78］袁利平，丁雅施. 教育扶贫：中国方案及世界意义［J］. 教育研究，2020，41（07）：17－30.

［79］张博胜，曹筱杨. 精准扶贫政策对国家级贫困县城乡收入差距的影响［J］. 资源科学，2021，43（08）：1549－1561.

［80］尹志超，郭沛瑶. 精准扶贫政策效果评估——家庭消费视角下的实证研究［J］. 管理世界，2021，37（04）：64－83.

［81］严善平. 大城市社会流动的实态与机制——来自天津市居民问卷调查的实证分析［J］. 中国社会科学，2000（03）：104－114，205.

［82］朱晨. 职业代际继承与流动：基于中国人口普查数据的实证分析［J］. 劳动经济研究，2017，5（06）：87－106.

［83］祝毅，张顺. 教育与家庭地位影响青年初职地位获得的相对强度：1977－2014［J］. 复旦教育论坛，2020，18（06）：79－86.

［84］曾国华，吴培瑛，秦雪征. 谁在子承父业？——高校毕业生职

业代际传递性差异及成因［J］. 劳动经济研究，2020，8（03）：97－119.

［85］韩雷，陈华帅，刘长庚．“铁饭碗”可以代代相传吗？——中国体制内单位就业代际传递的实证研究［J］. 经济学动态，2016（08）：61－70.

［86］李中建，袁璐璐．体制内就业的职业代际流动：家庭背景与学历［J］. 南方经济，2019（09）：69－83.

［87］梁霄羽．社会资本与代际职业流动的实证研究［D］. 南宁：广西大学，2018.

［88］刘彦林，马莉萍．体制内工作的代际传递及机制研究——基于全国高校毕业生就业调查数据［J］. 教育与经济，2018（05）：40－47.

［89］陈荣桂，陶林．重大疫情下高校就业工作创新研究［J］. 宏观经济管理，2020（07）：60－65.

［90］李涛，孙媛，邬志辉，等．新冠疫情冲击下我国高校应届毕业生就业现状实证研究［J］. 华东师范大学学报（教育科学版），2020，38（10）：110－126.

［91］蔡颖．高校贫困生与非贫困生起薪差异的实证研究［J］. 高教探索，2017（04）：113－119.

［92］刘霄．存在、时效与合理？——信号筛选视角下对我国学术劳动力市场中教育信号三重特性的实证检验［J］. 高教探索，2020（12）：98－109.

［93］刘保中，郭亚平，敖妮花．新冠肺炎疫情对大学毕业生就业质量的影响——基于疫情前后全国19所高校的调查对比分析［J］. 中国青年研究，2022（10）：110－119.

［94］魏巍．大学生就业起薪性别差异实证分析［J］. 教育学术月刊，2018（06）：11－16.

［95］钟云华．人力资本、社会资本与大学毕业生求职［J］，高教探索，2011（03）.

［96］陈荣桂，陶林．重大疫情下高校就业工作创新研究［J］. 宏观经济管理，2020（07）：60－65.

［97］岳昌君，张恺．高校毕业生求职结果及起薪的影响因素研究——基于2013年全国高校抽样调查数据的实证分析［J］. 教育研究，2014，35

(11): 72-83.

[98] 赵明. 社会资本对贫困大学生的就业影响研究——基于江苏省8所院校调查结果的分析 [J]. 江苏高教, 2021 (12): 123-127.

[99] 赖德胜. 高质量就业的逻辑 [J]. 劳动经济研究, 2017 (06).

[100] 柯羽. 就业能力对就业质量的影响 [J]. 当代青年研究, 2010 (06).

[101] 刘善仕. 李颖. 翁赛珠. 大学生就业能力对就业质量的影响 [J]. 高教探索, 2005 (02).

[102] 曲绍卫, 汪英晖. 大学生资助对德育水平、学业成绩和就业质量的促进作用 [J]. 中国高等教育, 2018 (05).

[103] 万一, 金蕾莅, 林成涛, 等. 国内顶尖大学毕业生去哪了——基于对C9高校2014-2016年毕业生就业质量报告的调查 [J]. 高教探索, 2018 (06).

[104] 冯沁雪, 曹宇莲, 岳昌君. 专业兴趣会影响就业质量吗?——基于2009-2019年高校毕业生就业调查的实证研究 [J]. 教育与经济, 2021, 37 (04): 56-64.

[105] 王红雨, 闫广芬. 高学历贫困毕业生与非贫困毕业生就业质量的比较研究——以京津冀地区研究型大学学术型硕士毕业生的调查 [J]. 高教探索, 2021 (05): 103-110.

[106] 柳芸芸, 叶映华. "新生代海归"就业质量的影响因素研究——基于有序Logistic—ISM模型的实证分析 [J]. 华东师范大学学报 (教育科学版), 2021, 39 (12).

[107] 王向东, 张应敏, 孙铁燕. 高校毕业生就业质量监测及其提升策略研究——以浙江省十年实证调查为例 [J]. 现代大学教育, 2022, 38 (05).

[108] 王莹. 就业公平: 理论述评与政策启示 [J]. 国家治理, 2016 (29).

[109] 吴新中. 大学生就业质量综合评价指标体系设计 [J]. 统计与决策, 2017 (22).

[110] 张梅. 高校毕业生就业质量量化考核评价方法研究 [J]. 江苏高教, 2019 (08).

[111] 钟云华, 罗筑华, 唐芳芳. 大学毕业生就业质量测量指标体系

建构——基于6省市15所高校抽样问卷调查数据的探索［J］．教育科学研究，2020（09）：30－37.

［112］平卫英，罗良清，张波．我国就业扶贫的现实基础、理论逻辑与实践经验［J］．管理世界，2021，37（07）.

［113］豆小红，黄飞飞．代际公平、向上流动与“穷二代”大学生的职业发展——以湖南的分析为例［J］．青年研究，2011（03）.

［114］王艺菲，陈秀兰，杨越，等．乡村振兴背景下大学生返乡就业的难点与对策研究［J］．农业经济，2022（04）.

［115］吴海江．新形势下大学生如何突围就业阴影［J］．人民论坛，2020（24）：80－81.

［116］祝军，李家华．精准服务 助力大学生就业［J］．中国高等教育，2020（07）：48－49.

［117］陆惠君．高校家庭经济困难学生就业竞争力培养研究［J］．中国成人教育，2017（15）：62－65.

［118］马建新．高校贫困生就业焦虑的现状及对策［J］．教育与职业，2014（29）.

［119］史淑桃．大学生就业质量性别差异渐显的原因与对策［J］．湖北社会科学，2010（12）.

［120］杨其勇，张杰．“五个满意”：高校毕业生就业质量评估体系的思考［J］．西南师范大学学报：自然科学版，2013（01）：151－155.

［121］曹佩琪，于哲．大学生体面就业的影响因素及实现途径［J］．经济论坛，2009（19）.

［122］赵雷．大学生就业质量现状与改善对策研究［J］．山东行政学院学报，2013（06）：35－36.

［123］程延园．就业保护法规与劳动力市场弹性［J］．中国人民大学学报，2009（04）：48－53.

［124］陈均土．美国大学生就业能力培养机制及其启示［J］．教育发展研究，2011（19）：63－68.

［125］陈祯．经济增长与就业增长关系的实证研究［J］．经济学家，2008（02）：90－95.

［126］王丽．非正规就业——大学生弱势群体就业的有效途径［J］．河

北师范大学学报：教育科学版，2005（11）：73－76.

［127］张瑶祥．基于三方满意度的高校毕业生就业质量评价研究［J］．中国高教研究，2013（05）.

［128］李晓萌，王新．大学生选择性失业的思考［J］．教育与职业，2014（04）.

［129］张倩，侯菌茗．大学生就业力培养研究［J］．教育探索，2014（04）.

［130］陈永杰，卢施羽．大学生就业困难与“蚁族”的出现：一个社会政策的视角［J］．公共行政评论，2011（03）.

［131］李涛，孙媛，邬志辉，等．新冠疫情冲击下我国高校应届毕业生就业现状实证研究［J］．华东师范大学学报（教育科学版），2020（10）.

［132］李春玲．疫情冲击下的大学生就业：就业压力、心理压力与就业选择变化［J］．教育研究，2020（07）.

［133］刘成斌，张晏郡．向体制内卷：疫情风险对大学生就业价值观的影响［J］．江汉学术，2021（04）.

［134］董克用，薛在兴．高校毕业生人力资本积累对其就业的影响［J］．中国行政管理，2014（06）.

［135］闵维方．人力资本理论的形成、发展及其现实意义［J］．北京大学教育评论，2020，18（01）：9－26，188.

［136］吴克明，刘若霖，钟云华．社会资本影响大学生就业的两面性研究：理性选择理论的视角［J］．教育与经济，2021，37（04）：65－71.

［137］郭斌．家庭经济资本和文化资本对子女教育机会获得的影响［J］．高等教育研究，2006（11）：24－31.

［138］韩璐璠．家庭资本对大学毕业生初次就业的影响研究［D］．大连：东北财经大学，2016.

［139］岳昌君．大学生跨省流动的特点及影响因素分析［J］．复旦教育论坛，2011，9（02）：57－62.

［140］曲垠姣，岳昌君，纪效珲．大学生经济资助对就业质量的影响研究［J］．清华大学教育研究，2018，39（01）：84－90.

［141］纪效珲．大学生经济资助对人力资本发展的影响研究［D］．北

京：北京科技大学，2017.

［142］钟云华，唐芳芳，吴克明．大学生求职过程中人力资本与社会资本的互动分析——基于“理想类型”视角的个案叙事［J］．湖南师范大学教育科学学报，2021，20（04）：113－122.

［143］杨钋．大学生资助对学业发展的影响［J］．清华大学教育研究，2009（05）：101－108.

［144］鲍威，陈亚晓．经济资助方式对农村第一代大学生学业发展的影响［J］．北京大学教育评论，2015，13（02）：80－96，190.

［145］袁利平，丁雅施．教育扶贫：中国方案及世界意义［J］．教育研究，2020，41（07）：17－30.

［146］张博胜，曹筱杨．精准扶贫政策对国家级贫困县城乡收入差距的影响［J］．资源科学，2021，43（08）：1549－1561.

［147］尹志超，郭沛瑶．精准扶贫政策效果评估——家庭消费视角下的实证研究［J］．管理世界，2021，37（04）：64－83.

［148］祝毅，张顺．教育与家庭地位影响青年初职地位获得的相对强度：1977－2014［J］．复旦教育论坛，2020，18（06）：79－86.

［149］李涛，孙媛，邬志辉．2021年疫情背景下中国高校应届毕业生就业状况有何变化？——一项基于2021年和2020年全国调查数据的实证研究［J］．华东师范大学学报（教育科学版），2022（02）.

［150］赖德胜，石丹淅．我国就业质量状况研究：基于问卷数据的分析［J］．中国经济问题，2013（05）.

［151］史淑桃．高校毕业生就业质量专业差异的比较研究［J］．黑龙江高教研究，2010（01）.

［152］徐晓军．论社会资本的运作空间［J］．华中师范大学学报（人文社科版），2003（03）：53－56，54.

［153］徐晓军．大学生就业过程中的双重机制：人力资本与社会资本［J］．青年研究，2002（06）：9－14.

［154］毛宇飞，曾湘泉．新冠肺炎疫情对高校毕业生就业的影响——来自招聘网站数据的经验证据［J］．学术研究，2022（01）.

［155］陈建伟，赖德胜．疫情冲击下大学生就业形势变化与对策［J］．中国大学生就业，2020（11）.

[156] 中共中央办公厅国务院办公厅印发《关于加大脱贫攻坚力度支持革命老区开发建设的指导意见》[J]. 老区建设.

[157] 徐长玉，徐生雄. 革命老区脱贫致富的现实镜鉴：延安例证[J]. 重庆社会科学，2017 (04).

[158] 何筠，熊天任，胡海胜. 江西革命老区旅游精准脱贫的路径研究 [J]. 江西师范大学学报（哲学社会科学版），2018，v.51；No.201 (03)：108-113.

[159] 黎俊等. 四川革命老区教育精准扶贫的对策研究——以万源茶垭乡为例 [J]. 南方论刊，2020，No.342 (03)：75-79.

[160] 叶怀凡. 革命老区教育精准扶贫的价值与优化路径——基于川东革命老区的考察 [J]. 四川理工学院学报（社会科学版），2019，v.34；No.156 (04)：88-100.

[161] 刘素华. 建立我国就业质量量化评价体系的步骤与方法 [J]. 人口与经济，2005 (06).

[162] 国富丽. 国外劳动领域的质量探讨——就业质量的相关范畴[J]. 北京行政学院学报，2009 (01).

[163] 苏丽锋. 转型期各地就业质量的测算与决定机制研究 [J]. 经济科学，2013 (04)：41.

[164] 谢勇. 基于就业主体视角的农民工就业质量的影响因素研究——以南京市为例 [J]. 财贸研究，2009 (05).

[165] 史淑桃. 大学生就业质量性别差异渐显的原因与对策 [J]. 湖北社会科学，2010 (12).

[166] 刘素华. 建立我国就业质量量化评价体系的步骤与方法 [J]. 人口与经济，2005 (06).

[167] 柳建平，刘卫兵. 西部农村教育与减贫研究——基于甘肃14个贫困村调查数据的实证分析 [J]. 教育与经济，2017 (01)：75-80，65.

[168] 张永丽，梁顺强. 农户家庭教育收益率的测量及其影响因素[J]. 华南农业大学学报（社会科学版），2018，17 (03)：83-92.

[169] 吴迎先. 就业扶贫在精准脱贫攻坚中的作用分析 [J]. 人才资源开发，2016 (20)：121.

[170] 赵丽娜，田原. 供给侧结构性改革下提高就业扶贫精准度路径

研究——河北省视角［J］．现代商贸工业，2018，39（06）：140－141．

［171］元林君．我国就业扶贫的实践成效、存在问题及对策探析［J］．现代管理科学，2018（09）：109－111．

［172］李鹏．精准扶贫视阈下就业扶贫：政策分析、问题诠释与治理路径［J］．广西财经学院学报，2017，30（06）：5－12．

［173］瞿振元．构建符合中国国情的高校毕业生就业指导和服务体系［J］．世界教育信息，2001（09）：27－31．

［174］岳昌君，丁小浩．受高等教育者就业的经济学分析［J］．高等教育研究，2003（06）：21－27．

［175］曾湘泉．变革中的就业环境与中国大学生就业［J］．经济研究，2004（06）：87－95．

［176］赖德胜，田永坡．当前大学生就业难的成因和政策选择［J］．红旗文稿，2009（07）：34－36．

［177］柏丽华．高校贫困生就业难的原因及对策［J］．继续教育研究．2011（09）：117－118．

［178］伍安，张丽．高校贫困生就业竞争力提升研究［J］．当代教育理论与实践．2014，6（09）：163－164．

［179］乔心阳，武灵芝．心理学视角下高校贫困生就业心理素质的有效提升［J］．教育与职业．2015（11）：73－75．

［180］董晓绒．新形势下提升高校贫困生就业能力的新思路［J］．中国成人教育．2016（14）：73－75．

［181］荣立和，贾春水．贫困大学生就业焦虑状态与应对方式探讨［J］．辽宁教育行政学院学报．2017，34（03）：25－27．

［182］姜策．贫困大学生就业难的原因分析与对策研究明．中国大学生就业，2007（01）．

［183］刘素华．全球化对我国就业质量的影响机理及走势分析［J］．人口与经济，2007（02）．

［184］李军峰．就业质量的性别比较分析［J］．市场与人口分析，2003（11）．

［185］刘志国，James Ma，劳动力市场的部门分割与体制内就业优势研究［J］．中国人口科学，2016（04）．

[186] Peter Morton, Corporation Job quality in miero and small enter - prises in Ghana: field research result [J]. Internation Labour Office, 2004 (07).

[187] UNCTAD. Development and globalization: Facts and figures 2016. Geneva: United Nations Conference on Trade and Development, 2016.

[188] AlanWoodley, john Brennan. Higher Education and Graduate Employment in the United Kingdom. European Journal of Education, 2000: 251.

[189] ohnston Brenda. The Shape of Research in the Field of Higher Education and Graduate Employment: some issues. Studies in Higher Education, 2003: 413.

[190] Niall O'Higgins. Government Policy and Youth Employment Paper prepared for the word Youth Summit to be held in Alexandria, 2002: 7.

[191] Ghai. D. Decent Work: Concepts, Models And Indica1ors [J], International Institute For Labor Studies, Discussion Paper, 2002 (01).

[192] Beatso, Job quality and forms of employment: Concepts and the UK statistical evidenee [J]. Critieal Soeial Policy, 2000 (05).

[193] Richard Brisbo, How Canada Staeks UP: The Qtlality of Work: an International Perspecfive [Z]. CPRN, 2003 (02).

[194] Peter Morton Job Quality in Micro and Small Enterprises in Ghana: Field.

[195] Research Results [5]. International Labour Organization, 2004.

[196] Beatson M. Job quality and job security [J]. Labour Market Trends, 2000.

[197] Alan Woodley, John Brennan. Higher Education and Graduate Employment in.

[198] The United Kingdom. European Journal of Education, 2000: 251.

[199] Federal Student Aid Information Center (2003), Repaying Your Student Loans 2003 - 2004, 5 - 6.

[200] Kent, G. Starting Salaries of College Graduates: An Analysisof The 1998 - 2008 Era [J]. Journal of Legal Economics, 2010 (02): 123 - 132.

[201] Arcidiacono, P. (2004). Ability sorting and the returns to college

major. Journal of Econ – ometrics, 121 (02), 343 – 375.

[202] Finnie, R., & Frenette, M. (2003). Earning differences by major field of study: Evi – dence from three cohorts of recent Canadian graduates. Economics of Education Review, 22 (02), 179 – 192.

[203] Kelly, E., OConnell, P. J., & Smyth, E. (2010). The economic returns to field of study and competencies among higher education graduates in lreland. Economics of Education Review, 29 (04), 650 – 657.

[204] Gorlitz, K., & Grave, B. (2012). Wage differentials by field of study – the case of German university graduates. Ruhr Economic Paper No. 316.

[205] ILO. Decent work. 1999, Report of the Director Geneva. European Commission. 2002, Taking stock of five years of the European employment strategy [J]. Communication.

[206] Schroeder, Fredric K, Workplace issues and placement: What is high quality employment? Work., Vo1. 29, Issue4, 2007: 357 – 358.

[207] SenA. Development as Freedom. New York: Alfred Knopf, 1999.

[208] Anonymous. ITUC: Unions to Davos: Jobs the Missing Link; Employment and Incomes Key to Pulling World Economy out of Tailspin, as ILO Predicts up to 50 Million Jobs to Go and 200 Million More into Absolute Poverty, as New IMF Figures Herald Global Recession. [J]. M2 Presswire, 2009.

[209] Costanza R, Kubiszewski I, Giovannini E, et al. Development: Time to Leave GDP behind. Nature News, 2014, 505 (7483): 283 – 285.

[210] Chambers R. Poverty and Livelihoods: Whose Reality Counts? Environment and Urbanization, 1995, 7 (01): 173 – 204.

[211] UNCTAD. Development and Globalization: Facts and Figures 2016. Geneva: United Nations Conference on Trade and Development, 2016.

[212] Hung – Yang Lin, Shu – Jung Li, Hui – Fen Hung. A Good Strategy to Pull the Needy Out of Poverty? Contracting Out the Public Employment Services for the Poor in Taiwan [J]. Poverty & amp; Public Policy, 2014, 6 (03).

[213] Government Reviews Fuel Poverty Strategy [J]. Milne, Roger. Utility Week. 2009 (08).

[214] Sen A. Poverty and Famines: An Essay on Entitlement and Depriva-

tion. Oxford: Clarendon Press, 1981.

[215] DE JANVRY A, SADOULET E. Income Strategies among Rural Households in Mexico: the Role of off – farm Activities [J]. World Development, 2001, 29 (03): 467 – 480.

[216] Xue Eryong, Zhou Xiuping. Education and Anti – poverty: Policy Theory and Strategy of Poverty Alleviation through Education in China [J]. Educational Philosophy and Theory, 2018, 50 (12).

[217] Men are Poor but Women are Poorer: Gendered Poverty and Survival Strategies in.

[218] The Dangme West District of Ghana [J]. Charlotte Wrigley – Asante. Norsk Geografisk Tidsskrift – Norwegian Journal of Geography. 2008 (03).

[219] Gang Violence as Survival Strategy in the Context of Poverty in Davidsonville [J]. Cora Burnett. Society in Transition. 1999 (01).

[220] Kelly Nye – Lengerman, Derek Nord. Changing the Message: Employment as a Means out of Poverty [J]. Journal of Vocational Rehabilitation, 2016, 44 (03).

[221] Macroecological Reforms as a Strategy for Reducing Educational Risks Associated with Poverty [J]. John A. Kovach. Journal of Education Policy. 1998 (02).

[222] Government Reviews Fuel Poverty Strategy [J]. Milne, Roger. Utility Week. 2009 (08).

[223] Anonymous. Mental Health; Court Orders Alabama Department of Mental Health to Reemploy Returning Veteran [J]. Defense & Aerospace Business, 2010.

[224] Schultz, T. W. Investment in Human Capital [J]. Economic Journal, 1961 (326).

[225] Spence, M. Job Market Signaling [J]. Quarterly Journal of Economics, 1973 (03).

[226] Doeringer, P. B. & Piore, M. J. Internal Labor Markets and Manpower Analysis [M]. Lexington, MA: Health, 1971. 214.

[227] Jehn, A., et al. Employment and Wage Gaps among Recent Cana-

dian Male and Female Postsecondary Graduates [J]. Higher Education Policy, 2021 (03).

[228] 张颖. 高校贫困生教育援助及其对策研究 [D]. 武汉：武汉大学, 2013.

[229] 张勉. 城市贫困群体的就业质量研究 [D]. 武汉：华中科技大学, 2006：6－7.

[230] 高丹丹. 政府主导下革命老区精准脱贫问题研究 [D]. 延安：延安大学, 2017.

[231] 严辰辰. 江西革命老区产业精准扶贫新路径研究 [D]. 福州：福建师范大学, 2018.

[232] 尹佩文. 共享发展理念下革命老区教育扶贫问题研究 [D]. 南昌：江西师范大学, 2018.

[233] 高兴艺. 就业质量测度及其对就业数量影响的实证研究：1990－2009 [D]. 青岛：山东大学, 2012.

[234] 戴勇. 基于就业公平的转型期高校贫困学生就业扶助政策研究 [D]. 南京：南京大学, 2011.

[235] 李丽娟. 高校贫困生初次就业的收支状况与家庭经济减贫效应 [D]. 南昌：江西财经大学, 2020.

[236] 刘思. 江西省高校贫困生就业质量评价及其影响因素分析 [D]. 南昌：江西财经大学, 2016.

[237] 王铁男. 高校大学生报考公务员热的实证研究 [D]. 昆明：云南师范大学, 2014.

[238] 习近平. 在深度贫困地区脱贫攻坚座谈会上的讲话 [N]. 人民日报, 2017－09－01 (2).

[239] 联合国教科文组织和国际劳工组织的联合声明 [Z]. 汉城会议, 1999.

[240] 教育部等六部门关于做好家庭经济困难学生认定工作的指导意见 [ED/OL], 中华人民共和国教育部政府门户网站, 2018－10－30. http：//www.moe.gov.cn/srcsite/A05/s7505/201811/t20181106_353764.html.

[241] 2021届高校毕业生就业工作进展情况 [EB/OL]. http：//www.moe.gov.cn/jyb_xwfb/xw_fbh/moe_2606/2021/tqh_210513/sfcl/202105/

t20210513_531163. html.

[242] 卢峰. 疫情期宏观波动与就业形势 [EB/OL], https: //www. nsd. pku. edu. cn/sylm/gd/526240. htm.

[243] 2021 年大学生就业力调研报告 [EB/OL]. http//www. xinhua-net. com/tech/2021 -06/11/c_1127555241. htm.

[244] 中国人民大学中国就业研究所, 智联招聘联. 2021 年高校毕业生就业市场景气报告 [EB/OL]. http: //www. cier. org. cn/.

附录1：精准扶贫背景下高校毕业生就业质量预调查问卷

尊敬的毕业生同学：

首先感谢您在临近毕业之际配合我们的调查。为了更好了解毕业生的就业状况，为今后的就业指导提供建议，特做此调查。问卷采用匿名填写，所有答案均无对错好坏之分，且所有信息将会绝对保密，请您放心填答！再次感谢您的支持！

——××大学大学毕业生就业研究课题组

填写说明：请您在认为合适的选项处打“√”；对没有特别说明的题目，请作单项选择；选项中有空线的地方，请填写相应的“文字”或“数字”。

第一部分　基本信息调查

1. 您的性别是【　　】。

（1）男　　（2）女

2. 您的学校是__________________；专业是：__________________。

3. 在学校提供的助学贷款、助学金、勤工俭学、困难补助、学费减免五种资助方式中，您享受过其中几种【　　】。

（1）5　　（2）4　　（3）3　　（4）2　　（5）1　　（6）0

第二部分　就业质量指标调查

4. 您的毕业去向是【　　】（选择（1）选项的同学请继续完成问卷）。

（1）就业（国内）　　（2）出国（境）就业　　（3）升学（国内）

（4）出国（境）留学　　（5）自由职业　　（6）自主创业

（7）其他灵活就业

5. 您的就业现状是【　　】。

（1）已就业　（2）已有意向但未签约　（3）没有找到工作

（4）不想马上就业　（5）其他＿＿＿＿＿（请填写具体情况）

6. 您就业单位所在地区为＿＿＿＿省＿＿＿＿市＿＿＿＿县＿＿＿＿镇（请填具体城市名称）。

7. 您就业单位的知名度【　】。

（1）国际知名　（2）全国知名　（3）行业知名

（4）当地知名　（5）不知名

8. 您目前就业单位的性质是【　　】。

（1）党政机关　（2）科研、学校、医院等事业单位　（3）军队

（4）国有企业　（5）外资企业　（6）民营企业

（7）公益组织等其他

9. 您与就业单位约定的起薪是人民币【　　】元/月（试用期后税前月工资）。

（1）1000～2000　（2）2001～3000　（3）3001～4000

（4）4001～5000　（5）5001～8000　（6）8001元以上

（7）未约定起薪

10. 根据您的前期了解，相比您所在地区的平均生活水平，您的工资水平属于【　　】。

（1）很低　（2）比较低　（3）相当　（4）比较高

（5）很高

11. 根据您的前期了解，您的就业单位是否给员工提供食、宿、行安排【　　】。

（1）都不提供　（2）只提供班车或交通补贴

（3）只提供餐补　（4）只提供住宿或住房补贴

（5）提供食、宿、行中的两项或两项以上

12. 根据您的前期了解，您的就业单位提供“五险一金”等社会保障的情况是【　　】。

（1）提供“五险”　（2）提供“四险”

（3）提供“三险”　（4）提供“三险一金”

（5）提供“四险一金”　（6）提供“五险一金”

（7）除“五险一金”以外还提供补充商业保险

13. 根据您的前期了解，您的周平均劳动时间（指正常工作时间，不包含加班时间）是【　　】。

（1）不超过40小时　　（2）40～44小时（含44小时）

（3）45小时及以上

14. 根据您的前期了解，您的就业单位是否对加班有硬性要求？______（请填写“有”或“无”）；若有，正式入职后平均每天加班约______小时（若无请跳过本题）。

（1）不超过40小时　　（2）40～44小时（含44小时）

（3）45小时及以上

15. 根据您的前期了解，您的就业工作岗位与您所学专业对口程度【　　】。

（1）完全对口　　（2）比较对口　　（3）一般对口

（4）不太对口　　（5）完全不对口　　（6）不清楚，尚未定岗

16. 根据您的前期了解，您认为您是否能胜任您目前的工作【　　】。

（1）完全胜任　　（2）比较胜任　　（3）一般胜任

（4）不能胜任

17. 根据您的前期了解，您的就业工作岗位与您的兴趣匹配程度【　　】。

（1）完全匹配　　（2）比较匹配　　（3）一般匹配

（4）不匹配

18. 根据您的前期了解，请您对目前就业岗位环境的满意度进行选择【在下表对应格内打“√”】。

	①很满意	②比较满意	③一般满意	④不够满意
（1）就业单位声望和美誉度				
（2）就业单位文化				
（3）就业单位人际关系				
（4）就业单位的交通条件				
（5）就业单位安全条件				
（6）就业单位办公条件				
（7）其他（设施设备、绿化等）				

19. 根据您的前期了解，您的就业单位对您的未来发展是否有公开透明的晋升渠道【 】。

（1）是　　（2）否

20. 根据您的前期了解，您的就业单位是否可为您提供培训学习的机会【　　】。

（1）是　　（2）否

21. 您就业单位的正式劳动合同服务期限为【　　】。

（1）1 年以下（含 1 年）　　（2）1 ~ 3 年（含 3 年）

（3）3 ~ 5 年（含 5 年）　　（4）5 年以上

（5）不清楚

22. 您对所签工作的总体满意度为【　　】。

（1）非常满意　　（2）比较满意　　（3）一般满意

（4）不满意　　（5）非常不满意

23. 您认为您签约单位的发展前景【　　】。

（1）很好　　（2）比较好　　（3）一般

（4）比较差　　（5）很差

第三部分　就业质量影响因素调查

24. 您认为您目前尚未就业的主要原因是【　　】。

（1）准备继续升学

（2）准备申请出国

（3）目前没有接收单位

（4）有单位接收，但薪酬待遇不满意

（5）有单位接收，但专业不对口

（6）有单位接收，但地点不满意

（7）有单位接收，但不看好发展前景

（8）其他________________（请用文字填写）

25. 请您选择在求职过程中您优先考虑的前四项因素。

第一位【　　】　第二位【　　】　第三位【　　】　第四位【　　】

a. 地域　　b. 薪酬与福利　　c. 单位声望与美誉度

d. 个人发展空间　　e. 家庭期望　　f. 个人兴趣

g. 个人能力能否胜任　h. 专业对口程度　i. 是否受众人青睐

j. 其他________________（请用文字填写）

26. 您落实就业单位的主要途径是（选择其中三项并排序）。

第一位【　】　第二位【　】　第三位【　】

（1）校园招聘会　（2）学校（含老师）提供的招聘信息

（3）各类招聘网站信息　（4）彩信/短信/WAP移动求职平台

（5）社会人才市场招聘　（6）报纸/杂志发布的招聘信息

（7）家人或亲朋好友介绍　（8）工作实习

（9）其他________________（请用文字填写）

27. 请您根据自身情况，对下列就业质量影响因素的重要程度进行评判【在下表答案对应格内打√】。

	⑤很重要	④比较重要	③一般重要	②较不重要	①很不重要
（1）专业水平（学业成绩、专业理论及其实践能力）					
（2）通用技能（英语、计算机、驾驶水平等）					
（3）社交能力（语言表达能力、沟通能力、面试能力等）					
（4）择业观（职业兴趣、地域、单位、岗位等个人偏好）					
（5）个人意志品质（吃苦耐劳、踏实肯干等职业精神）					
（6）社会资本（父母、亲友、师长、同学等的社会关系）					
（7）社会实践经历					
（8）准职业形象（形象、气质等）					
（9）其他__________（若无可不填，有的话请用文字补充并排序）					

第四部分　提高就业质量的对策及建议

28. 您在就业中遇到的主要困难和问题是【　】。

（1）学校就业指导不够（包括就业信息不足）

（2）求职方法技巧欠缺

（3）个人能力不足

（4）缺乏实践经验

（5）社会关系欠缺

（6）用人单位选拔不公正

（8）其他________（请用文字填写）

29. 以下四项措施中，请您选择对您提高就业质量帮助最大的两项措施并排序。

第一位【　　】　　第二位【　　】

a. 用人单位选拔制度的改革

b. 政府扶持

c. 个人努力

d. 学校提高培养质量，强化就业指导

e. 其他________（请填写您认为提高就业质量的宝贵建议）

感谢您的意见，谢谢！　调研人：××大学毕业生就业研究课题组

联系邮箱________

电话________

QQ ________

附录2：精准扶贫背景下高校毕业生就业质量正式调查问卷

尊敬的毕业生同学：

首先感谢您在临近毕业之际配合我们的调查。为了更好了解毕业生的就业状况，为今后的就业指导提供建议，特做此调查。问卷采用匿名填写，所有答案均无对错好坏之分，且所有信息将会绝对保密，请您放心填答！再次感谢您的支持！

填写说明：请您在认为合适的选项处打“√”；对没有特别说明的题目，请作单项选择；选项中有空线的地方，请填写相应的“文字”或“数字”。

第一部分　基本信息调查

1. 您的性别是【　　】。

（1）男　　（2）女

2. 您的专业是【　　】。

（1）人文类（文史哲艺术等）

（2）社科类（其他文科专业，如经管、社会学、教育学等）

（3）理学类（物理、化学、数学等自然科学基础专业）

（4）工学类（计算机、电子、机械、土木、农学、医学等自然科学应用专业）

3. 在学校提供的助学贷款、助学金、勤工俭学①、困难补助、学费减免五种资助方式中，您享受过其中几种【　　】。

---

① 此处的勤工俭学主要指学校面向贫困生提供的勤工助学岗位（需提供家庭经济困难证明），而非学生自主在社会上寻找的就业岗位。

（1）5　（2）4　（3）3　（4）2　（5）1　（6）0

4. 您的毕业去向【　】（选择（1）、（2）选项的同学继续完成问卷）。

（1）已就业　（2）自主创业　（3）升学　（4）出国

（5）待业

5. 您所在的生源地【　】。

（1）江西省内　（2）一线城市　（3）粤浙苏闽　（4）其他

6. 您目前的就业地【　】。

（1）江西省内　（2）一线城市　（3）粤浙苏闽　（4）其他

7. 您目前就业单位的性质【　】。

（1）机关事业单位　（2）国有企业　（3）"三资"企业

（4）民营企业

第二部分　就业质量指标调查

8. 您目前工作月实发薪资约为【　】。

（1）很高　（2）较高　（3）一般　（4）较低

（5）很低

9. 您目前单位为您购买了【　】。

（1）"五险一金"及商业保险　（2）"五险一金"

（3）"四险一金"　（4）"三险一金"

（5）"五险"　（6）"四险"

（7）"三险"

10. "食、宿、行"方面，您所在单位给您发放的福利补贴有：【　】。

（1）两项及其以上　（2）仅提供住宿　（3）仅提供餐补

（4）仅提供交通　（5）都不提供

11. 您所在单位的工作环境（对单位美誉度、办公条件、组织文化、人际关系、交通条件、安全性等方面的综合评价）：【　】。

（1）很满意　（2）满意　（3）较满意　（4）不满意

（5）很不满意

12. 您所在的单位每周工作时间约为：＿＿＿＿＿＿【　】

13. 您所从事的工作与您所学的专业是否对口：【　　】

（1）完全对口　（2）比较对口　（3）一般对口

（4）不太对口　（5）完全不对口

14. 与工作岗位的要求相比，您现有的能力：【　　】

（1）完全胜任　（2）比较胜任　（3）一般胜任

（4）不能胜任

15. 您所在单位晋升是否有明确的晋升渠道：【　　】

（1）有　（2）无

16. 您所在的单位是否有入职培训：【　　】

（1）有　（2）无

17. 总体看，您与您工作岗位与您兴趣的匹配度为：【　　】

（1）完全匹配　（2）比较匹配　（3）一般匹配

（4）不太匹配

18. 您认为您所从事的行业前景如何：【　　】

（1）很好　（2）较好　（3）一般　（4）较差　（5）很差

19. 您目前工作单位的类型是：【　　】

（1）党政机关　（2）事业单位　（3）国有企业

（4）三资企业　（5）民营企业　（6）其他

20. 您所从事的工作劳动合同签订期限：【　　】

（1）1年及以下（含1年）　（2）1～3年（含3年）

（3）3～5年（含5年）　（4）5年以上

（5）未签订合同

第三部分　就业质量影响因素调查

下列因素均为就业质量的保障因素。请您根据您个人的求职实际，对各因素的重要性进行打分：（5分最高，1分最低）

21. 专业水平（学业成绩、专业理论及其实践能力）的重要性：__________。

22. 通用技能（英语、计算机、驾驶水平等）的重要性：__________。

23. 社交能力（语言表达能力、沟通能力、面试能力等）的重要性：__________。

24. 择业观（职业兴趣、地域、单位、岗位等个人偏好）的重要性：__________。

25. 意志品质（吃苦耐劳、踏实肯干等职业精神）的重要性：__________。

26. 社会资本（父母、亲友、师长、同学等的社会关系）的重要性：__________。

27. 社会实践经历的重要性：__________。

28. 准职业形象（形象、气质等）的重要性：__________。

第四部分　提高就业质量的对策及建议

21. 您在就业中遇到的主要困难和问题是【　　】。

（1）学校就业指导不够（包括就业信息不足）

（2）求职方法技巧欠缺

（3）个人能力不足

（4）缺乏实践经验

（5）社会关系欠缺

（6）用人单位选拔不公正

（8）其他__________

22. 以下四项措施中，请您选择对您提高就业质量帮助最大的两项措施并排序。

第一位【　　】　　第二位【　　】

（1）用人单位选拔制度的改革

（2）政府扶持

（3）个人努力

（4）学校提高培养质量，强化就业指导

（5）其他__________（请填写您认为提高就业质量的宝贵建议）

23. 您在提高自身就业质量方面，有何心得和宝贵经验？

后续调查组拟对认真填写资料的受访者开展简短的访谈，并予一定现金报酬。若您在这方面有宝贵经验或建议，请留下您的联系方式，课题组

将与您联系。感谢您的支持！【　　】

电话________________________

微信________________________

QQ _________________________

E－mail _____________________

附录3：疫情背景下高校毕业生就业质量调查问卷

亲爱的同学：

您好！非常感谢您在繁忙的学业与工作之余配合进行调查。本次调查为了解疫情下就业情况和高质量就业经验，以助力高质量就业。问卷采取匿名形式，获取的数据仅用于学术研究且完全保密，不会对您的学习生活产生影响。若有任何建议和想法，请在问卷最后一栏填写。

非常感谢您的支持！

1. 您的性别：【　　】

（1）女　　（2）男

2. 您的户籍地是：【　　】

（1）江西籍　　（2）非江西籍

3. 您的专业类型（按专业就近原则选填）：【　　】

（1）人文类（文史哲艺术等）

（2）社科类（其他文科专业，如经管、社会学、教育学等）

（3）理学类（物理、化学、数学等自然科学基础专业）

（4）工学类（计算机、电子、机械、土木、农学、医学等自然科学应用专业）

4. 您就读的专业，属于：【　　】

（1）一本招生　　（2）二本招生　　（3）三本招生

5. 大学期间，您是否担任学生干部：【　　】

（1）班学生干部　　（2）院学生干部　　（3）校学生干部

（4）否

6. 您是否是中共党员【　　】。

（1）是　　（2）否

7. 在校期间，在下列资助方式中，您获得过几种：【　　】

（1）国家励志奖学金　　（2）助学金　　（3）助学贷款

（4）学费减免　　（5）无

8. 当您毕业求职时，您个人或家庭的社会关系对你求职的帮助作用有多大【　　】。

（1）非常大　　（2）较大　　（3）一般　　（4）作用不大

（5）毫无作用　　（6）没有帮助

9. 您父亲的学历__________；您父亲的职业__________；

10. 您母亲的学历__________；您母亲的职业__________；

11. 您目前工作落实情况：（选择1、2项继续答题，3、4、5项停止答题）【　　】。

（1）已经落实　　（2）自主创业　　（3）国内读研或第二学位

（4）出国读书　　（5）没有落实

12. 您工作单位分布在：【　　】

（1）东部　　（2）中部　　（3）西部

13. 您的就业地点位于：【　　】

（1）江西境内

（2）一线城市（北京、上海、广州、深圳）

（3）江西省外其他经济发达地区（除一线城市）

（4）其他地区

14. 您就业的地区类型：【　　】

（1）城市　　（2）城镇　　（3）农村

15. 您目前工作单位的类型是：【　　】

（1）党政机关　　（2）事业单位　　（3）国有企业

（4）私营企业　　（5）三资企业

16. 您目前工作月收入（包括福利补贴）约为：【　　】

（1）3000元以下　　（2）3000～4000元　　（3）4000～5000元

（4）5000～6000元　　（5）6000元以上

17. 相比当地就业的平均收入水平，您的工资水平：【　　】

（1）很高　　（2）较高　　（3）一致　　（4）较低　　（5）很低

18. 在“五险一金”和商业保险中，您所在单位为您购买了：【　　】

（1）养老保险　（2）医疗保险　（3）失业保险

（4）工伤保险　（5）生育保险　（6）住房公积金

（7）商业保险

19. 您所在单位给您发放的福利补贴有：【　　】

（1）餐补　（2）住宿补贴　（3）交通补贴

（4）以上都没有

20. 您所在单位的工作环境（对单位美誉度、办公条件、组织文化、人际关系、交通条件、安全性等方面的综合评价）：【　　】

（1）很满意　（2）满意　（3）较满意　（4）不满意

（5）很不满意

21. 您所在的单位每周工作时间约为______小时。

22. 您所从事的工作与您所学的专业是否对口：【　　】

（1）完全对口　（2）比较对口　（3）一般对口

（4）不太对口　（5）完全不对口

23. 与工作岗位的要求相比，您现有的能力：【　　】

（1）完全胜任　（2）比较胜任　（3）一般胜任

（4）不能胜任

24. 您所从事的工作与您个人兴趣是否匹配：【　　】

（1）完全匹配　（2）比较匹配　（3）一般匹配

（4）不匹配

25. 总体看，您与您工作岗位的人岗胜任度为：【　　】

（1）完全匹配　（2）比较匹配　（3）一般匹配

（4）太匹配

26. 您所在单位晋升渠道是否公开透明：【　　】

（1）是　（2）否

27. 您所在的单位是否有入职培训：【　　】

（1）有　（2）无

28. 您认为您所从事的行业前景如何：【　　】

（1）很好　（2）较好　（3）一般　（4）较差　（5）很差

29. 您认为您所从事的工作所属社会阶层：【　　】

（1）社会上层　（2）社会中上层　（3）社会中层

（4）社会中下层　（5）社会底层

30. 您对您所从事的工作总体满意度：【　　】

（1）非常满意　（2）比较满意　（3）一般满意

（4）不太满意　（5）非常不满意

31. 您所从事的工作劳动合同签订期限：【　　】

（1）1年及以下　（2）1~3年（含3年）

（3）3~5年（含5年）　（4）5年以上

32. 在校期间，你认为您得到的就业帮扶和支持措施（来自学校、政府或社会）：【　　】

（1）很多　（2）较多　（3）一般　（4）较少　（5）很少

33. 根据您的实际观察，影响大学毕业生个人就业质量的最关键因素是：【　　】

（1）学业成绩　（2）家庭背景　（3）学科专业

（4）综合素质　（5）性格特征　（6）机遇

（7）其他（请注明）

34. 在您的求职过程中，您最期盼得到的就业帮扶措施（来自学校、政府或社会均可）是？

____

35. 您在提高自身就业质量方面，有何心得和宝贵经验？

____

36. 疫情对您就业造成了哪些影响？您是如何应对的______

37. 您对提高疫情背景下大学生就业质量有何建议？______

后续调查组拟对认真填写资料的受访者开展简短的访谈，并予一定现金报酬。若您在这方面有宝贵经验或建议，请留下您的联系方式，课题组将与您联系。感谢您的支持！

电话______________

微信______________

QQ ______________

E－mail ______________